发展篇

《幸福拉萨文库》编委会 编著

产业拉萨

从「产业输血」到「产业造血」
以「拉萨速度」铸「雪域品牌」

西藏人民出版社

图书在版编目（CIP）数据

产业拉萨／《幸福拉萨文库》编委会编著. -- 拉萨：
西藏人民出版社，2019.6
（幸福拉萨文库）
ISBN 978-7-223-06293-0

Ⅰ.①产… Ⅱ.①幸… Ⅲ.①产业发展一拉萨
Ⅳ.① F127.751

中国版本图书馆 CIP 数据核字（2019）第 079360 号

产业拉萨

编　　著	《幸福拉萨文库》编委会
责任编辑	仁青才让
策　　划	计美旺扎
封面设计	颜　森
出版发行	西藏人民出版社（拉萨市林廓北路 20 号）
印　　刷	三河市东兴印刷有限公司
开　　本	710×1040　　1/16
印　　张	17
字　　数	260 千
版　　次	2019 年 6 月第 1 版
印　　次	2019 年 6 月第 1 次印刷
印　　数	01-5,000
书　　号	ISBN 978-7-223-06293-0
定　　价	52.00 元

一座古城的光辉之路

　　说起令人神往的雪域圣城、雄伟壮观的布达拉宫、历史悠久的藏文化艺术，人们就会不由自主地想到拉萨。在人们心目中，拉萨是一个美丽圣洁而又神秘独特的地方，那里有珍贵奇异的高原动植物，有巍峨的雪山、辽阔的草原和明媚的湖泊，也有别具一格的民族文化以及民俗风情。正是这些元素赋予拉萨天然的吸引力，使之成为人们心中名副其实的"圣城"。

　　被誉为"雪域圣城"的拉萨，也是一座崛起中的新城。1951年西藏和平解放，使拉萨拥有了全新的生命，随着现代化的发展，拉萨工业开始起步，摆脱了过去只有少数的民族手工业，几乎没有现代工业的局面。

　　1978年，改革开放又为拉萨注入了源源不断的发展动力。特别是2010年中央第五次西藏工作座谈会之后，带着"2020年西藏要同全国一道实现全面建设小康社会"的宏伟目标，拉萨的经济社会迅猛发展，拉萨人民群众的生活水平全面提高，拉萨的整体面貌焕然一新，城市建设日新月异。

经过60余年的发展，拉萨这座从历史深处走来的城市，在北京市和江苏省的对口援助之下，加快实现了跨越式的发展奇迹。如今，拉萨以自信昂扬的姿态，全力实施"产业强市"战略，在全区的产业发展中起到了带头、引领和示范作用，实践着经济社会的进一步腾飞。

产业是一座城市经济发展的灵魂与核心。拉萨集聚了整个西藏自治区的资源、技术、资金、人才以及文化优势，不断促进自身产业的发展与崛起，寄托着推进经济社会实现快速发展的美好理想。

《产业拉萨》一书以拉萨的产业发展为主线，坚持以人为本的理念，讲述了在这一发展过程中涌现出的精彩故事，揭示了拉萨的今昔巨变及其实施"产业强市"战略的深刻内涵与现实意义。

在写作方法上，本书以独特的视角和切入点，采用以点带面的方式，用富有典型性的事迹记录了拉萨从"产业输血"迈向"产业造血"的发展历程，讲述了诸多高原品牌的成长故事，也彰显了拉萨产业发展的内生动力与巨大潜力。

放眼未来，在全球经济体系与世界产业格局之下，探讨拉萨产业发展的新定位，展示拉萨拓展产业版图的长远布局和雄心壮志，变得极为必要。在此基础上，本书融合国际视野，通过深入剖析拉萨实现快速发展的综合优势，总结和展示了具有拉萨特色的产业布局与产业体系，全景描绘了拉萨具有中国特色、西藏特点的"产业强市"之路。

本书的出版得到了众多专家学者的大力支持，在此向所有参与本书编纂出版的同志表示衷心的感谢。虽然一本书的出版凝聚了许多人的心血，但难免存在错误与疏漏，恳请广大读者对本书进行批评指正，以便再版时及时予以修订。

目　录
CONTENTS

第二篇 | 大旅游，大产业：
融入高原和民族特色，创建国际旅游城市

第四篇｜文化为魂，产业为媒： 发展具有浓郁藏文化特色的产业品牌

神奇的"西藏甘露"：

"文化大发展＋产业化经营"模式，做强藏医药品牌

第五篇｜产城融合，双轮驱动：
规划城乡产业发展，促进产城深度融合

第六篇｜促进开放型产业发展：
把握世界经济脉搏，开创产业新格局

第七篇 | 新产业，新业态：
实施创新驱动战略，拓展新兴产业版图

尾　篇｜生态文明视角下的产业发展：
　　　　经济、社会与自然的复合生态系统

序　篇

∧

产业拉萨：
实施产业强市战略，助推
经济飞速发展

发展是解决拉萨所有问题的基础和关键，也是其最大的政治任务。作为一座高原城市，拉萨的经济崛起，离不开产业经济的发展。可以说，没有产业的发展，就没有拉萨的今天与未来。

　　作为"中国梦"的参与者和书写者，拉萨紧跟国家"到2020年全面建成小康社会"的步伐，以先进的理念为指导，深入实施"产业强市"战略，使拉萨迅速进入快速发展的快车道，并日益成为一座美丽繁荣、稳定和谐、宜居宜业的幸福之城。

新常态，新发展：描绘拉萨产业崛起新画卷

2017年是中国"十三五"规划全面实施的第二年。可以说，这是中国社会全面深化改革的关键之年，也是一个重大的历史转折时期。在这一年，"新常态"一词也不断进入人们的视野和耳际。

实际上，自2014年下半年以来，"新常态"就已经成为经济领域的高频词。2014年11月，在北京召开的APEC会议上，中共中央总书记、国家主席习近平首次系统阐述了"新常态"的含义，并着重强调"新常态将给中国带来新的发展机遇"。

在新时期，中国经济的新常态，主要表现为经济增长速度放缓，经济结构优化升级，创新驱动成为新的动力。因此，新常态下的产业发展，一定是有质量、有效益、可持续的发展，是以就业充分、效率提高、结构优化为支撑的发展。

在这场前所未有的巨大变革中，中国经济正经历由"中国制造"转为"中国创造"的产业蜕变，这必然要求舍"速"求"质"的发展模式。然而，当全国各地都在调低经济增长目标时，拉萨在各项改革红利的促动下，实现了逆势增长。

回望历史，人们可以想象这样一幅画面：1300年前，一支支骑着骆驼、牵着牦牛的商队，满载着茶叶、丝绸与瓷器，沿着有"丝绸南路"之称的唐蕃古道，缓缓地穿行在宁静肃穆的神山圣湖之间。

如今，拉萨这座高原古城，将过去的荣耀与未来的希望融为一体，始终如一地保持着它的神圣与骄傲。气势恢宏的布达拉宫依旧在日光之下熠熠生辉，而历史深处传来的驼铃声却早已变为火车汽笛的呼啸长鸣。

可以说，拉萨的发展变化是日新月异的。尤其是近年来，通过充分利用

得天独厚的自然生态、丰富的矿产与生物资源、独一无二的民族文化以及举国援藏的大好形势，拉萨市正全力实施"产业强市"战略，力争为实现经济飞速发展注入强大的动力。

同时，高原的气候与资源优势，也为激发拉萨产业发展内生动力，提供了强大的支撑。作为战略性支撑产业的重中之重，拉萨确立了大旅游理念和大品牌战略。其独特的自然风光、丰富的文化资源，都在一定程度上孕育了拉萨发展旅游业和净土健康产业的肥沃土壤。

目前，拉萨已陆续建成"一区四园"，即拉萨经济技术开发区、西藏文化旅游创意园区、达孜工业园、曲水工业园、堆龙德庆工业园，并将旅游文化产业、净土健康产业、能源产业、优势矿产业、建筑建材产业、民族手工业等六大产业列为战略性支撑产业。

随着基础设施建设的日益完善、人口素质的稳步提高、口耳相传的品牌效应以及眼光超前的旅游业规划布局，拉萨已成为中国乃至世界知名的旅游胜地。拉萨旅游业的长足发展，极大地带动了相关产业的崛起。旅游业与文化产业、特色产业、民族手工业等关联度进一步加强，共同形成了一个大旅游产业链与经济生态圈。

此外，在全力打造产业聚集高地的同时，拉萨也特别注重城乡之间的协调互动，以产业聚集来带动人口聚集，使产业发展与城镇化携手共进，从而实现"产城融合"，催生新的城市经济增长极。

在世界经济遭遇环保瓶颈，环境承载能力普遍趋近极限的背景下，拉萨摒弃"先污染，后治理"的产业发展模式，将目光投向了绿色低碳循环发展模式，大力支持新能源、生物科技、互联网等新技术、新业态，主动出击，集聚后发优势，使拉萨能够沿着环境友好、智慧高效的可持续发展道路高歌猛进。

随着公共服务能力的进一步提升，投资环境的不断优化，非公企业的蓬勃发展，人才引进与培养体制的建立健全以及交通运输系统的提质升级，拉萨的产业版图逐步扩大到全国，并不断走向世界。

宏伟的蓝图已经绘就，奋进的号角已经吹响。新常态、新形势、新阶段、新气象，面对艰巨繁重的改革、发展和稳定任务，面对人民群众希望生活更加美好的新期待，拉萨正以高昂的姿态，积极创新，开拓进取，为开创拉萨产业发展和经济腾飞的新局面，为建设美丽家园、幸福拉萨，谱写宏大而壮美的篇章。

培育特色优势产业，将资源优势转化为产业优势

经济运行离不开制度环境的保障，区域经济的开放与发展也不例外，甚至更易于受到一系列制度因素的影响。在中国的改革开放中，由政府主导而形成的区域发展梯度现象显示，政府的决策和发展战略对于区域经济发展具有重大的影响。

20世纪90年代以来，中国的区域发展战略逐渐成形，从"西部开发""中部崛起"到"振兴东北老工业基地"以及"东部优先发展"，针对资源禀赋和发展状态不同的各个地区，逐渐形成了有差异的区域发展战略。

从产业经济学的角度来看，区域经济关系主要是选择合适的产业分工模式，进而最大限度地发挥本地的比较资源优势，形成区域经济发展合力。拉萨的产业崛起所选择的就是这样一种路径，通过资源的优化配置和大力培育特色产业，拉萨产业的整体创新能力和竞争力都得到了明显的提高。

作为高原城市，拉萨资源丰富多样，极具发展特色产业的优势和潜力。尤其是近年来，拉萨始终坚持培育发展特色产业，提出了"优势区域、优势产业、优势资源、优先发展"的战略，使拉萨特色产业从资源优势向经济优势转变。

立足资源优势和区位优势，拉萨大力实施"提升一产，壮大二产，做强三产"的经济发展战略，突出发展资源、矿产、绿色食品饮料、藏医药、旅

游等特色优势产业，不断加大力度、加大投入，在特色上做文章，在特色上下功夫。

培育特色优势产业是拉萨实现经济快速发展的战略重点，也是把拉萨打造成西藏特色产业大区核心区的重要途径。从基本内涵上看，能被列为一座城市的特色产业，应具备三个条件：一是资源禀赋具有独特性甚至是唯一性，资源可以是自然资源，也可以是社会资源；二是由特色资源转化成特色产品，这种产品的特性就决定了其目标消费人群的特殊性，发展这类产业必须充分考虑这个因素；三是能形成一定的规模或集聚效应，一些无法形成规模的特色资源就不能发展成为特色产业。

拉萨以农牧业资源优势为依托，发展壮大特色产业的发展线路为：

第一，大力发展特色农牧业，不断优化配置农牧业资源合理布局，发展特色农畜产品，加大对农牧业产业化龙头企业的扶持力度，加快拉萨特色农畜产品加工业的发展步伐。

第二，大力发展特色工业、高原绿色饮品业和藏医药业，积极推进特色产业和规模化、标准化的发展，大力发展优势矿产业，进一步做好矿产资源的调查、评价和矿产开发规划工作，并发展一批实力相对较强的矿产企业。

第三，大力发展高原特色旅游业和现代商贸服务业，紧紧抓住青藏铁路发展带来的良机，加大旅游市场发展力度，带动相关产业发展，大力开展创建国家生态园林城市活动。

具体来说，拉萨市大力培育壮大特色优势产业，就是打造以铜、铁、铅、锌等为重点的矿产业；加快青稞、矿泉水、饮品、啤酒等绿色食品饮品开发，推进特色产业规模化、产业化；加快技术改造步伐，适度发展新型环保建材，推动新型建材业快速发展；以民族手工业园建设为依托，大力发展以金属、编织、雕刻、绘画、刺绣、藏香等为重点的民族手工业，做大做精特色品牌；加快发展太阳能等环保能源产业，重点打造从事太阳能光伏、光热、新型电池生产的企业，推动新能源产业健康发展。

在推进特色产业发展过程中，拉萨始终不断加强特色产业基地建设，使得特色产业发展动力十足。此外，拉萨还坚持工业向园区集中，建立健全园区逐级准入机制，加大园区资金投入，进一步完善园区道路、电力、给排水、通信等基础设施，提高园区综合承载能力，积极搭建产业集群发展平台，建立健全服务长效机制，积极争取国家中小企业发展专项资金、自治区经济运行调节资金，引进符合产业发展导向、科技含量高、就业容量大、市场竞争力强的大企业和大项目。2015年，拉萨市区工业经济运行情况良好，累计实现工业总产值50亿元、工业增加值19.4亿元、工业税收4.6亿元，分别比2014年同期增长30.7%、32.3%和31.2%。

培育特色优势产业是拉萨转变经济发展方式、促进经济结构优化升级的重要途径。以建设高原特色工业基地为目标，以"一区四园"为载体，拉萨始终不遗余力地加快资源、地域特色向市场和经济优势转变，并不断推动工业发展上规模、上水平，为促进其经济的飞速发展提供强大动力。

大力发展循环经济，建设可持续发展的产业形态

每一个大国的崛起，都离不开城市的崛起；而每一座城市的崛起，又离不开主导产业的崛起。产业是城市经济的灵魂，一座城市的产业选择，应取决于它的地域条件以及在全国乃至世界范围内的准确定位。

拉萨是西藏自治区的首府，也是国家重要的生态安全屏障及水源地。浓郁的地域文化色彩与丰富的自然资源虽然为拉萨实现"产业强市"的愿景增加了筹码，但自然生态环境脆弱，经济基础相对薄弱，又在一定程度上制约了其产业发展的选择空间和可行模式。像国内其他城市一样大规模地推进三大产业发展的经济模式，显然不符合拉萨的实际。而产业漂移式的招商引资，也无法满足拉萨"既要金山银山，又要绿水青山"的现实要求。

针对高原地区脆弱敏感的特殊生态环境背景，拉萨市政府在过去的几十

年里，始终坚持以环境为基础，以市场为导向，以增加农牧民收入为核心，构建以循环经济和旅游业为龙头的相互支撑、相互发展的产业体系，力图将拉萨打造成一座资源节约型和环境友好型城市。

根据《拉萨市城市总体规划（2007—2020）》，拉萨通过综合运用遥感与GIS技术（GIS即Geographic Information Systems，又称地理信息系统）、生态足迹模型、环境容量分析等当前生态规划研究中较为先进的技术手段和方法，对自身资源、环境承载能力进行了精确的定量分析，并对全市域进行了生态功能分区，科学评价了城市建设用地的生态适宜性，促进了生态环境保护与城市总体发展规划方案的有机融合。

通过对气温、降水、地形、土壤、植被、重要生态单元等因素进行定量分析，拉萨市从地形地貌、水土流失敏感性、土壤冻蚀敏感性、自然保护区及重要湿地这四个方面进行综合评价，将市域总面积的46.3%划为生态功能保护与禁止开发区，38.1%划为生态功能维护与限制开发区，15.6%划为生态功能协调与引导开发区，针对不同的生态功能区制定差异化的空间管制措施。

同时，拉萨市还对中心城区范围内坡度、高程、地质灾害敏感性、生态敏感单元、水系、植被覆盖度、生态服务价值等自然地理条件和生态限制因素进行了用地生态适宜性评价，从而合理划定已建区、禁建区、限建区和适建区，指导城市空间布局。在此基础上，拉萨市确立了生态保护优先的绿色发展模式，指导产业布局在市域生态功能区划的基础上，以保障生态和节约资源为前提合理发展。

近年来，拉萨市坚持生态环境保护优先，大力发展循环经济，在发展中重保护，在保护中求发展，走出一条生产发展、生活富裕、生态良好的文明发展道路。其中，第一产业在积极完善森林草原生态保护奖励机制并建立环境治理和生态恢复责任机制、生态效益补偿长效机制的基础上，重点发展藏药材等特色种植业、畜牧业、旅游观光农业等适应高原自然条件的可循环农牧业，同时合理限定天然草场载畜量规模，适度发展人工草场和围栏养殖，降低了畜牧业对生态环境的损害。第二产业重点发展高原绿色饮品食品、藏药、旅游产品等可持续发展的特色加工业及以新能源、新技术为支撑的绿色循环产业，实行严格的控制措施，提高工业项目在生态环境方面的准入门槛，同时大力倡导低碳环保，扎实推进节能减排，降低资源消耗，减少环境污染。第三产业重点发展生态旅游业及与之配套的服务业，综合协调第三产业发展与生态保护的关系，最大限度降低第三产业发展对生态环境的影响，合理利用、适度开发拉萨独特的旅游资源，保障了旅游服务业的可持续发展。

随着人们对可持续发展理论认识的日益加深，拉萨市不断加大对生态环境的保护力度，发展循环经济的各项举措越来越得到社会各界的重视与认可。作为国家生态安全屏障、全国重要水源地，在振兴产业、发展经济的过程中，拉萨市政府始终秉持对子孙后代负责的态度，坚持科学发展，调整产业结构，大力发展低碳经济和循环经济。

2014年8月，占地1000亩，建筑面积138560平方米，总投资2.4亿元的环保产业园项目正式在拉萨曲水县开建。

该项目分为三期，一期已于2014年年底完工，建成危险废物处理中心、生活垃圾填埋场、垃圾渗滤液处理厂各一座。二期包括4个子项目，分别是餐厨废弃物处置项目、废矿物油再生利用项目、5万吨/年纸木回收再生利用项目、2万吨/年废旧塑料再生利用项目。三期主要建设报废旧机动车拆解及再加工回收利用项目，计划拆解能力达到1万台/年（包括专业机动车、电动自行车等报废的机动或半机动车辆），同时建设3万吨/年的废弃电器电子产品处理及利用项目，开展报废汽车的电器元件、废旧家电、废旧电子产品、印刷电路板废液及电镀废液等的回收，以生产铁、金、银、锡、铂、镍、铅等贵金属。

等废旧塑料回收利用项目、国家级企业研发中心和园区污水处理场建成并投入使用之后，就可以通过设施工艺互补和循环经济利用，实现废物处置"减量化、无害化、资源化"及废物零排放。园区还将统一设置场地建筑风格，集中监控，配备展厅，以期在高原上打造出一个集废物收集处置、综合利用、环保科研、环保科普和成果展示于一体的现代化环保产业园。

建成后的拉萨市环保产业园将成为西藏乃至全国循环经济发展的示范园区之一。它的最终落成，既有助于推动拉萨产业结构的升级，优化资源配置，提高产业竞争力，又有利于增强拉萨自身经济的"造血功能"，促进地区经济的协调发展。

资源节约与环境友好的循环经济发展模式，是拉萨实现产业强市目标的必然选择，唯有如此，拉萨才能扬长避短，真正走出一条可持续发展之路。

实施创新驱动战略，以科技引领新兴产业发展

科技是国家强盛之基，创新是民族进步之魂，科技创新水平越来越成为生产力发展的重要基础和标志，决定着一个国家、一个民族的发展进程。创新是引领发展的第一动力，抓创新就是抓发展，谋创新就是谋未来。

因此，拉萨实现"产业强市"目标的关键就是要坚定不移地实施创新驱动战略，以科技引领新兴产业发展，将科技创新转换为发展动力。

近年来，拉萨市委、市政府紧紧围绕"五大战略"，动员和凝聚各方面力量，积极探索科技服务经济和社会发展的新途径，大胆改革、锐意创新，深入推进创新驱动发展，对科技工作的繁荣进步和产业经济的快速发展起到了极大的促进作用。

《拉萨市人民政府关于引进人才的暂行规定》《拉萨市科学技术进步奖励办法》等一系列政策、法规的陆续修订，加大了对科技创新的奖励和宣传力度，使"创新驱动发展、创新转变发展、创新实现发展"等理念日益深入人心，成为全社会的共识。

在国家与地区政策的鼓励下，拉萨市逐步形成了政府引导、企业自主投入与贷款扶持相结合的多元化科技投入机制。2014年，拉萨市通过多方努力，争取到大量的技术改造、新品种引进和成果转化等方面的资金，在科研

领域投入的资金超过4000万元，实施项目86项，比2013年增长了20%以上。

除了政策与资金的支持，地区首府的资源富集优势，还为拉萨提供了巨大的创新潜力与空间。拉萨集中了全区80%的普通高校、100%的国家级重点学科和大部分重点实验室、科研机构，拥有8家企业工程技术研究中心、17家高新技术企业、1个区级中小企业孵化器，人才资源总量达2.4万余人，其中包含享受国务院、自治区特殊津贴专家19人、专业技术人才1万余人、科技特派员600余人。这些优势对拉萨市创新体制的建立和完善起到了强劲的支撑作用。

至2014年年底，拉萨已经初步构建了以企业为主体，高等院校、科研院所为依托，自主创新与引进消化吸收及二次创新相结合的区域科技创新体系。拉萨市科技部门以科技项目为载体，支持企业开展技术创新工作，助推企业依靠创新实现转型发展，通过产、学、研全力合作的模式，将研究主导产品和关键技术作为技术创新的主攻方向，极大地推动了拉萨市各级企业的自主创新能力、专利意识、技术水平。

根据经济发展的实际需要，拉萨市以"三园三区"为重点，加强对工业科技和文化科技的支持，提高企业科技创新能力，继续推进科技服务进园区工作，在调查、研究、掌握企业科技现状和科技需求的基础上，建立企业供需对接长效机制，成立服务企业的科技服务咨询公司，建成拉萨科技企业信息服务平台。同时，以项目为支撑，支持企业开展技术研发，攻克技术难题，提高企业创新能力。

为帮助企业提高知识产权拥有量，拉萨市政府还特别邀请江苏省科技系统以知识产权专家进藏的服务方式，为园区企业举办知识产权讲座，挖掘专利申请。2014年，园区企业专利申请达222余件，授权128余件。

拉萨市非常重视培育发展战略性新兴产业，通过加强区域间科技合作交流与关键共性技术的研发，拓展了新领域，促进了经济结构的优化升级与经济发展方式的迅速转变。

在区域合作上，拉萨以科技项目为载体，以企业为主体，合作区域逐步从北京、江苏等地扩展到全国各地；在合作领域上，企业与企业、企业与科研院所、科研院所之间开展了广泛合作，涉及经济、社会、文化等各个领域；在合作方式上，从单项援助向合作共赢转变，从单一领域向各个层面延伸，从低水平向高精尖推进，极大地聚集了项目、资金、人才等科技资源；在合作交流机制上，与对口援藏省市建立起了长效机制，定期会商科技援藏工作。

在以政府为引导、以人才为支撑、以企业为主体、以项目为抓手的思想指导下，拉萨市在科技创新成果转化方面取得了令人瞩目的成绩。2006—2014年，拉萨市的专利授权量达844件，占到全区的84%，大大提升了企业的技术水平，企业核心竞争力日益增强。

农牧业科技创新方面，拉萨积极争取国家和自治区重点科技项目，大力实施星火计划和农业成果转化项目，加快推进农业产业化进程，为农牧业生产实现优质、高产、高效、安全提供了保障，驯化和引种的坎巴嘎布、金银花、玫瑰、郁金香、油用牡丹等一批新品种获得了成功。

工业科技创新方面，充分发挥市场配置科技资源的作用，多渠道、多形式加大科技投入，大力支持工业企业开展技术改进和新产品研发等工作。短短几年时间，便开发出新特藏药、青稞红曲茶等各类新产品12个。

民生科技方面，科技成果广泛应用到生态建设、医疗卫生、暖人户、河变湖、树上山等各个领域，实现了科技惠民的目标。同时，连续两年开展青少年创新大赛，效果明显，青少年科技馆、示范基地已建设完成并开放。

虽然拉萨市的科技事业取得了长足的进步和发展，但其科技总体水平仍与其他省市存在一定差距。在新形势下，想要创新发展模式、提高发展质量，就要实施创新驱动战略，以科技创新破解发展难题。

因而，为了早日实现"产业强市"的各项战略目标，拉萨市正紧紧围绕着"充分发挥首府城市首位度作用"的要求，着力突破制约"五大战略"和净土健康产业发展的关键技术，以示范推广新技术、新品种、新产品为重点，转变作风，拓展领域，服务"三农"，惠及民生，走上实现快速发展的快车道。

第一篇

雪域之巅筑堡垒：
以产业筑基，启动拉萨
快速发展强力引擎

产业是经济发展的命脉，是城市生存发展的重要支撑，也是城市综合实力的重要体现。探索一条具有区域特色、西藏特点的产业发展道路，为西藏地区甚至是其他地区的产业发展提供了新的发展模式和思路。这也是拉萨作为西藏首府城市，在资金、技术、人才、信息等进一步聚集的优势下，必须承担的改革破题先锋角色。

第一章

产业强市：
坚持走具有中国特色、西藏特点的发展道路

产业强市是拉萨经济繁荣、实现快速发展的根本。紧抓产业发展，就抓住了经济发展的关键。拉萨实施产业强市战略，既是发挥地域特色，充分利用优势资源，又是大势所趋、民心所向，是实现拉萨经济快速发展的必然选择。

内生动力谋跨越：新常态之下，拉萨实施"产业强市"战略综述

作为西藏自治区的首府城市，拉萨不仅拥有独特的自然景观、富集的矿产能源、深厚的历史积淀以及博大精深的文化传统，也集聚着西藏全区最为雄厚的资金、技术和人才力量。2015年，在全球经济深度调整，全国经济增速逐年回落的情况下，拉萨市经济持续保持了两位数增长，继续领跑整个西藏自治区的经济发展，堪称风景这边独好。

在新常态的总体要求之下，拉萨也只有认识新常态、适应新常态、引领新常态，才能抓住新机遇，战胜新挑战。对于拉萨的产业发展来说，就是要走出一条具有区域特点、民族特色的产业发展道路，为西藏地区乃至其他民族地区的产业发展，提供新思路和新模式，这也是拉萨作为西藏首府城市所必须承担的改革破题先锋角色。

从根本上来看，发展是解决西藏所有问题的基础和关键，也是拉萨作为

首府城市最大的任务，而实施"产业强市"战略，也是促进拉萨经济繁荣，实现快速发展的本质之所在。

到2020年，与全国一道全面建成小康社会是拉萨要实现的目标。然而，站在不同的起点和条件上，在与全国相同的时间点实现同一个目标，对拉萨来说，困难之大可想而知。

这是因为，在未来几年的时间中，拉萨既要补历史欠账，又要迎头赶上，既要变成领头羊，还要成为可以牵引整个西藏经济发展的火车头，这对拉萨来说，无异于巨大的考验。

近年来，拉萨地区的生产总值连续保持两位数增长，经济社会一直保持着可持续发展的良好态势，这是非常值得肯定的。但是，拉萨的领先地位既没有做到面面俱到，也不是一劳永逸的，因而拉萨仍不能松懈奋斗的意志。

拉萨是一座高原城市，生态环境脆弱，其发展基数较小，正处于起飞的调整上扬阶段，客观上存在经济发展基础薄弱、自我"造血"功能不强、持续提高城乡居民生活水平压力大、发展环境不够优化、人民内部矛盾诉求多样、公共安全形势不容乐观、反分裂斗争任务艰巨等诸多问题和挑战。这些因素都决定了拉萨的产业崛起之路不能像平原地区那样按部就班地发展传统产业。

每个地区和城市都有其产业发展的特殊性，没有可以完全照搬的方案和模式。在看到自己的优势和不足之后，拉萨已清醒地认识到，必须摒弃传统的发展模式，坚决冲破思想观念的束缚、突破利益固化的藩篱，走一条独具特色的产业发展之路。这是解决拉萨产业发展不充分、发展质量不高问题的关键，唯有如此才能真正实现拉萨人民的致富梦。

那么，具有拉萨特色的产业发展模式是什么？拉萨的选择是，在严格保护生态环境的前提下，通过产业"造血"，坚持以特色资源为基础、以市场需求为导向、以增加农牧民收入为核心，构建以旅游业为龙头的相互支撑、相互发展的特色产业和特色经济结构体系，形成具有地域和民族特色的现代化富民强市之路。

只是这种发展模式和路径必然也会引发一系列的疑问，即能否彻底改变长期以来的输血式援藏方式，带动拉萨产业的繁荣与发展？能否推动民族团结和社会稳定？是否具有可复制和可持续性？这些问题都是拉萨在探索"产业强市"战略时，需要重视和考虑的关键。

新常态要求新发展，新发展必须依靠深化改革与产业结构调整。对拉萨的产业发展来说，大力发展产业经济，就是要将资源优势转化为发展优势，推动拉萨的产业结构升级、资源配置优化，提高产业竞争力，增强产业的"造血"功能，提升拉萨在区域经济发展中的首位度作用。

随着探索拉萨产业道路的发展路径逐渐深入，拉萨认识到，依靠行政、法律手段往往会陷入部门间的"单打独斗"，而依靠经济手段，促进经济要素的优化组合，提高对外开放质量和水平，尤其是加大对国内其他省市的开放力度，做好"走出去"和"请进来"这两篇文章，那么，社会各方面的积极性都会被调动起来，使更多的资金、技术、人才会集拉萨，改变产业短缺和结构升级困难的现实。

因此，为了改变以往"输血"式发展的被动模式，依靠内生动力增强产业"造血"能力，拉萨利用政策优势，积极推动"产业强市"战略，同步拓展"引进来"和"走出去"两条路线，形成了独特的产业发展思路。

对拉萨而言，实施"产业强市"要实现全民参与、基础设施建设和产业发展齐头并进。这样，在探索中不断成熟的"产业强市"战略如今已逐渐变得清晰而成熟。"一区四园"和"六大产业"的发展思路，既有顶层设计，又有全民参与。

依托自身优势资源，增强内生动力，拉萨产业发展正在由"输血型"向"造血型"转变。现在，拉萨已经陆续建成拉萨经济技术开发区、西藏文化旅游创意园区、达孜工业园、曲水工业园、堆龙德庆工业园的"一区四园"格局，通过破除园区发展基础设施和体制机制的瓶颈，拉萨正在走一条产业入园、要素集聚、集约发展的"产业强市"之路。

总之，要做好新形势下的经济工作，拉萨必须深刻认识经济新常态下的新趋势、新变化，用新常态的思想和观念来认识发展中的重点问题，统一思想、凝聚共识，并严格遵循经济规律，坚持科学发展，从而转变发展方式，促进经济平稳健康发展。

提升一产，壮大二产，做强三产：
构建拉萨现代产业发展新体系

任何一个国家和地区的工业化进程，都伴随着产业结构的形成和演变，拉萨也不例外。世界经济发展史表明，经济发展一方面是生产总值、国民收入等经济总量的不断增长，另一方面则是与总量增长相伴随的产业结构不断由低级向高级演进。

现代经济增长是总量增长与产业结构成长、演进的过程，两者具有相辅相成的内在联系。产业结构，即各产业之间的相互联系及其数量比例关系。国民经济中，各产业之间不仅在经济活动中存在着联系，而且各种资源在产业间的分配以及由此综合形成的产品产量或产值，也存在着数量比例关系。

改革开放，特别是中央第三次、第四次西藏工作座谈会以来，拉萨市经济保持了快速、健康的发展态势，综合经济实力有了显著提高，三大产业的结构也在调整中不断优化。

1994年，拉萨的第二产业增加值首次超过第一产业，产业结构由"三一二"结构转换为"三二一"结构，实现了产业结构调整的一次重大突破。

拉萨市的产业结构虽然呈现与世界发达地区相仿的"三二一"的格局，但并不意味着拉萨的经济已进入后工业化阶段。这一年，拉萨全年的GDP为14.37亿元，而香港同期的数据为10297亿元，上海为1971.9亿元。

从三大产业的发展规模和程度上看，拉萨也远远落后于上述城市。事实上，拉萨三大产业的内部结构并不合理，例如第三产业中现代服务业比重小，尤其缺乏生产性服务业，这也体现出其产业结构发展的不均衡性。由此可见，拉萨产业的"三二一"结构，只是工业发展不充分导致的产业结构水平虚高。

2006年，拉萨市GDP达到102.39亿元，经济总量首次突破100亿元大关，占全区生产总值的35.64%。2014年，这一数字被刷新为353.7亿元。经济总量的突飞猛进，离不开产业结构的合理调整，但要认识到，拉萨产业结构还未调整到最合理状态，它依然困扰着拉萨经济的健康发展。其产业结构不合理具体表现在以下几个方面：

首先，第一产业基础薄弱，总量较小，特色农牧业发展进程较慢，传统种植方式亟待改进，农产品附加值低，比较效益差，制约了农牧民增收和农牧业增效。三农问题依然是拉萨市现代化建设过程中比较突出的问题之一。

其次，第二产业整体安全系数较低，抗风险能力较弱。近年来，拉萨市的旅游业和藏药、健康饮品、矿产品、手工制品等已显示出越来越强劲的优势，但传统产业改造只能依靠引进技术进行，自主研发能力较弱，特色产品面临技术创新和市场竞争力瓶颈、企业融资率低等问题，这些因素都在一定程度上阻碍了企业的正常生产与快速发展。

最后，第三产业水平不高表现在为其第一产业和第二产业服务的作用不突出，过分依赖商贸流通、交通运输、市政服务等传统服务业，新兴第三产业，如金融保险、信息咨询、高科技服务等起步较晚，服务领域狭窄，为生产和生活服务的综合技术服务业及科学研究部门发展更显不足。此外，受基础设施、服务水平及生态环境容量的限制，拉萨的旅游业发展仍需要一个较长的过程，很难在短时间内对第三产业的整体提升起到显著作用。

为了正确处理三大产业的关系，构建科学合理的现代产业结构与发展体系，拉萨市提出并深入贯彻"提升一产，壮大二产，做强三产"的战略方针，以此来推动三大产业间的互补与协调发展。

在提升第一产业方面，拉萨市持续加大投入力度，积极推动现代农牧业的发展，使第一产业在短时间内便上了一个新台阶。通过一系列政策引导与财政扶持，拉萨市的农业综合生产能力迅速提升，农业生产经营逐步走向专业化、标准化、规模化、集约化，工业化、城镇化、农业现代化同步推进，农业粗放经营的生产现状实现了根本性的转变，粮食安全得到有力保障，主要农产品实现了有效供给。

自2013年起，拉萨市开始加快推进曲水县才纳乡国家级现代农业示范区和林周县现代农业示范区建设，高标准建设温室大棚，推进农牧业规模化、标准化生产及农牧业内部结构调整，推广标准化生产和高产创建示范田。同时，拉萨市还进一步加强对涉农企业的扶持，壮大农牧业产业龙头队伍，大力培育"名、优、特"品牌，不断提高农业生产经营专业化、规模化、集约化、合作化水平。

在拉萨市政府的引导与鼓励下，净土健康产业取得了巨大的突破和长足的发展。以饮品、食品、药品、饰品等系列产品为主打的净土健康产业，已衍生出天然饮用水、奶牛、经济林木等九大产业。拉萨市将继续加大科技支撑，延伸产业链条，加强饮用水资源研究、产业开发和产品认证，实施种植养殖示范工程，完善深加工体系，提升高原特色产品附加值，打响"拉萨净土"区域公用品牌，推动拉萨优质农产品走出高原、步入全国、迈向世界。

在壮大第二产业方面，由于特殊的自然、历史等原因，拉萨经济发展起步晚，工业发展相对滞后，因此要付出更多的努力，才能缩短差距，实现快速发展。拉萨的工业化是立足青藏高原的工业化：一方面，高原生态脆弱，保护与恢复难度大，必须走资源消耗低、环境污染少、经济效益好的新型工业化道路，尽可能减少产业发展对自然环境的扰动。在大力推动新型工业化的过程中，拉萨市深入实施工业经济三年倍增及规模以上工业企业培育计划，逐渐形成了一批带动性强、具有可持续发展能力的产业园区、生产基地、企业集群，新型工业化形势良好。另一方面，要着力培育特色优势产业，依托独特的资源优势和后发优势，重点扶持并发展既有地方特色又有比较优势和市场竞争力的战略支撑产业。

在2013年筹备召开的工业专题会议上，拉萨对全市工业化发展进行了研究部署，确立了在发展理念上促进工业化与生态环境相和谐，在发展方式上促进工业化与信息化融合、与城镇化互动，在发展特色上促进工业化与资源优势相结合的方针与思路。

为了进一步壮大第二产业，拉萨市坚持依靠特色、低碳、绿色、质量、效益、品牌取胜的新型工业化发展路子，大力支持企业自主创新、高新技术产业化，努力推动重点产业振兴与技术改造项目落地生根，将文化产业、生物产业、能源产业、建筑建材产业、优势矿产业、民族手工业等优势产业作为重点扶持对象，运用政策、资金、科研、技术杠杆合理调配资源，引导产业布局与发展。

在做强第三产业方面，拉萨坚持以生产型三产促进工业化，以消费型三产支撑城镇化，不断培育创新第三产业业态，高起点、高标准地推进文化、创意、旅游、金融等产业，努力抢占西部地区发展高地。

近年来，拉萨市通过大力发展特色旅游业，已渐渐成为世界著名旅游目的地。商贸物流业的迅速发展，城乡物流体系的逐步完善，农牧区商贸流通服务网络的全面建设，以及相关配套物流园区的不断完善，使拉萨的商贸服务水平取得了长足的进步。

同时，拉萨还积极发展证券、保险、信托、担保等金融业务，增多做强金融主体，创新金融产品，推动企业上市融资，从而建立起符合拉萨实际的金融管理服务体系。

需要明确的是，积极发展第三产业既不是等第一、二产业发展起来以后再发展第三产业，也不是通过削弱第一、二产业来发展第三产业，而是在认清第一、二、三产业的相互联系、相互促进关系基础上推动第三产业的发展。

拉萨在调整自身产业结构的过程中，特别注重三大产业的协调发展，通过切实贯彻和落实"提升一产，壮大二产，做强三产"的战略方针，有利于构建拉萨现代产业发展新体系。

企业集群，产业集聚，要素集约：形成具有拉萨特色的产业模式

从各国经济的发展和产业演化过程来看，产业发展的一个重要特征是：产业总是聚集在某一个特定的区域范围内发展和壮大，而不是在所有地区均匀、等比例地发展。相关企业在异地聚集，几乎都是在市场经济作用下自发形成的。也就是说，在经济全球化的过程中，产业的集聚组群具有自组织性。

产业集群是中小企业发展的重要组织形式和载体，对推动企业专业化分工协作、有效配置生产要素、降低创新创业成本、节约社会资源、促进区域经济社会发展都具有重要意义。

规模收益递增、可流动的生产要素、较低的运输成本是产业集群发生的基本条件，缺少其中的任何一个条件，产业集群就不能发生、增强并持续下去。而在产业集群发生之后，企业只有通过实施规模经济和多样化经济才能提高效益，降低成本，增强自身竞争力。

因此，在企业聚集区域，相关产业或同类产业都具有纵向与横向的紧密联系。此外，传统产业、高新产业或资本与技术结合型产业都可以形成产业集群。

产业集群会加剧企业间的竞争，促进技术进步与创新，降低企业交易成本。生产同类产品的企业聚集在一起，为了争夺市场，企业间势必通过改良技术、提升质量、降低成本、开发新品等方式提高自身的竞争力。企业的集聚，使生产要素集约在一起，缩短了上下游企业间的距离，加强了相关企业间的交流与配合，从而节省了时间、沟通及运输成本。

产业集群带来的外部效应，能为新企业的进入提供方便，有利于新企业获得可靠的市场。创建一家新的企业，首先需要考虑的便是市场问题。产业集群培育了成熟、稳定的客户市场，使新企业进入行业时没有了后顾之忧。

产业集群可以有效地吸收外来资金，促进产业结构升级，其完善的后勤

服务系统、稳定的市场规模、高效的产品供应链、完善的服务体系和良好的上下游企业间协作使集群内企业能够获得稳定的收益，同时有效吸收外部资金。

企业的集聚与产业的集群，使同类或相关产业聚拢在一起，从而节约成本，提高效率，有力地促进了技术的进步，推动着产业结构的升级。可以说，收获规模集群效益，对新型工业化建设有着重要的启示与推进作用。

新型工业化是一条科技含量高、经济效益好、资源消耗低、环境污染少、人力资源得到充分配置的工业化道路，创新是新型工业化的动力和源泉。产业集群会对拉萨的技术进步与经济增长产生多方面的积极影响，能够推动集聚地区新型工业化的建设。

经过多年的发展，拉萨的产业集群已逐步发展壮大，一些地区产业集群所创造的经济效益已达到本地企业新增经济效益的一半以上，产业集群对区域经济的支撑作用日益明显。但不可否认的是，其中仍存在一些问题：发展的总体水平还不高，部分产业集群集聚度较低、创新能力弱、信息化水平低、品牌建设不够、公共服务滞后、基础设施不配套。因此，拉萨产业集群亟待转型升级，提升发展能力。

在2013年10月召开的工业发展会议上，拉萨计划以3年的时间，全面实现工业经济产值倍增，完成规模以上工业企业培育目标，形成一批带动性强、具有可持续发展能力的产业园区、生产基地、企业集群。

按照拉萨市的发展思路，加强企业聚集区建设，打造以"一区四园"为主的产业聚集地，将对拉萨的新型工业化进程起到极大的推动作用，形成具有地方特色和优势的产业发展新模式，并催生新的城市经济增长极。

产业集群是新型工业化道路中提高地区竞争力的重要载体，也是加速新型工业化建设的重要手段。产业集群需要生产和技术研发的良性互动，一方面集聚区建设需要理性化，需要政府在集聚区建设初期的扶持与主导，需要寻找合适的发展机制，以保障集聚区的建设和健康发展；另一方面，产业集群需要市场竞争和引导，使集聚区企业在竞争中生存和发展，促使企业进行技术和产品创新，在集聚区形成良好的创新环境，保障集聚区的可持续发展，更好地带动新型工业化发展。

在未来产业集群建设方面，拉萨市将进一步优化产业布局，引导关联度高的产业向园区集聚，促进资源要素向产业集中，发挥集群效应，从而做大做强产业集群。

如今，拉萨正依托特色优势产业，不断延伸产业链条，提升各个环节的专业化、精细化水平，提高产业间的关联度，并进一步壮大传统支柱产业、培育新兴优势产业，以便形成规模效应明显的产业集群，逐步占领产业链、价值链高端，最终实现产业结构的优化升级。

一区领航，四园添翼，科学规划：
依托"一区四园"，打造产业聚集区

2001年9月19日，国务院批复同意设立国家级拉萨经济技术开发区，结束了西藏无国家级开发区的历史。经过严谨考察与科学论证，开发区最终选址于拉萨市堆龙德庆县（2015年10月后改县为区，设立堆龙德庆区）东嘎镇的东嘎村。

当得知拉萨国家级经济技术开发区将要落户东嘎村时，这片沉寂多年甚至快要被人遗忘的村子突然被唤醒了。敦厚纯朴的村民们欣喜万分，他们梦寐以求的现代生活终于不再是一个梦幻。

随着拉萨经济技术开发区的开建，达孜工业园、曲水县工业园、堆龙德庆工业园和西藏文化旅游创意园也相继建立，并与经济技术开发区遥相呼应，逐渐形成了拉萨"一区四园"大发展的新格局。

1. 拉萨经济技术开发区

十多年前，东嘎村与大多数高原上的普通小村庄一样贫瘠，村民们世代

守望着拉萨的西大门，却一直没能找到致富之路。

东嘎村距离拉萨虽然只有10千米的路程，但经济发展水平与拉萨有着天壤之别。它的贫穷与荒凉和拉萨的富庶与繁华形成了鲜明的对比。

现在，漫步于拉萨经济技术开发区，东嘎村曾经荒芜萧索的土地，已被四通八达的水泥路、拔地而起的新型厂房、自动化的生产流水线所取代，一幕幕现代化产业气息浓郁的场景，勾勒出拉萨工业蓬勃发展的美好蓝图。

拉萨经济技术开发区建成后便成为拉萨的一个新地标，成为带动拉萨经济发展的又一强力引擎。其建设坚持以工业项目为主，吸收外资、致力出口、发展高新技术，集中体现机制创新、对外开放、科学研发、产业带动、转化辐射、试验示范等方面的主体功能，并依托本地资源优势，发展以资源开发和加工为重点的特色企业和高新技术等新兴企业，扶持发展农牧业产业。

开发区特色产业的发展方向主要包括生产具有竞争优势的藏药、医疗保健用品等；生产轻工业品如食品、传统民族工艺品、旅游产品等；研究推广生物工程技术、节约能源技术、环境污染治理技术；引进、开发、推广农牧产品深加工和高原农牧产业化新技术等。

在开发区西藏娃哈哈食品有限公司，走进宽敞明亮的厂房，一条标准化的生产线会首先映入眼帘。每天54万瓶饮料的产量，是娃哈哈在雪域高原的业绩。西藏水质优良、无污染，再加上先进的生产设备，都为娃哈哈提供了产品质量保证。

拉萨是一片投资的热土，西藏各级政府和开发区不仅提供配套服务和政策支持，还会给出具有针对性的建议，指导企业利用西藏资源及其自身技术等优势，开发具有西藏特色的产品。因此，除了娃哈哈这样的知名大型企业落户园区，像天知生物科技开发有限公司这样的高新技术企业，也依托西藏的优势资源在园区内异军突起。

天知生物科技设施完备，胶囊生产车间、饮片生产车间、提取车间一应俱全。目前，作为高科技企业，天知生物科技正依托园区优势以及西藏虫草资源，不断加大研发力度，推动关键工艺的革新，昂首阔步地走在发展的大道上。

2. 达孜工业园

达孜工业园建设于2001年，以高原特色生物、藏毯等民族手工业、藏文化、新能源制造为主导产业，2011年升级为自治区级工业园区。

从建设到现在，园区一直坚持"工业兴县、园区兴工、项目兴园"的发展理念，认真编制园区总体规划和产业发展规划，切实加大招商引资和服务力度，本着布局合理、集中连片、靠近城镇、方便交通、服从环保的原则，吸纳更多有市场潜力的项目在工业园区落户，产业集群的发展格局基本形成。

在园区内，作为西藏自治区农业综合开发产业化经营龙头企业，西藏藏缘青稞酒业有限公司以其标准化的厂房、规模化的生产车间，展示了一家现代企业应有的风采。

工作期间，身着蓝色工作服的工人们有条不紊地做着手中的工作，他们大多是地道的达孜本地人，来自附近的村庄。园区的发展建设不仅解决了他们的就业，极大地增加了他们的收入，也方便他们照顾家庭。

历经十余年的发展，达孜工业园已由杂草丛生、地势凹凸不平的荒芜之地，蜕变成了生机盎然、发展势头强劲的现代工业新区。

在如今的达孜工业园，随处可见的是一栋栋别具特色的建筑、一条条纵横交错的马路、一盏盏整齐美观的路灯，达孜工业园以其独特的园区魅力，展示着它透着浓郁民族风情的工业园区形象。

3. 曲水县工业园

曲水县雅江工业园自2010年正式成立以来，狠抓投资环境建设，积极引导企业围绕提升产品品种质量、节能降耗、安全生产等方面实施技术改造，逐步形成以新型建筑建材行业、净土健康产业、电子科技及再生资源循环利用为主导的产业集群。

秉持着"一切为了发展，一切服从发展"的理念，曲水县工业园不断优化自身环境，从企业切身利益角度出发，颁布了一系列服务制度和优惠政策，让客商进得来、留得住、能发展，充分调动企业的生产积极性，为企业的发展壮大创造了良好的发展环境。

基础设施建设和招商引资是园区发展的生命线。在加大基础设施建设力度的基础上，曲水县以招商引资项目库建设为依托，以建筑建材、绿色食品业、高新技术开发应用和高原特色产品为重点，充分借助雪顿节、厦洽会、西博会等招商平台，积极外出招商，大力推介曲水工业园区的发展优势和发展潜力，招商引资工作成效显著。

目前，曲水县工业企业的专业化、市场化联动和社会化生产不断深入，生产销售情况也呈稳步上升趋势。曲水县工业园对加快拉萨市产业结构优化升级、培育新的经济增长点，以及西藏自治区的工业化进程，都起到了有效的推动作用。

4. 堆龙德庆工业园

堆龙德庆工业园区位于羊达乡境内，毗邻拉萨市火车货运站和全区最大的农贸综合批发交易市场。

园区以"构建和谐社会，打造工业堆龙"为目标，结合本地地域优势，紧紧依靠青藏铁路带来的机遇，不断加大招商引资工作力度，初步形成了以建筑建材业、民族手工业、特色饮食品加工业等为主导产业的产业群。

按照"外引内联并举，大小项目并重"的原则，堆龙德庆工业园认真完善并严格落实招商引资优惠政策，加强与区内外的互助合作，建立利益共享机制，通过以商招商、网络招商、小分队招商和亲情招商等举措，引进了一批技术含量高、综合效益好、带动就业能力强的大项目，经济发展后劲显著增强。

5. 西藏文化旅游创意园

2012年7月8日，西藏文化旅游创意园在拉萨开工奠基，这是一座集商务办公、商业、餐饮娱乐、旅游休闲为一体的现代化园区。

拉萨市致力于将园区建设成为优秀文化的保护区、文化体制改革的先行区、文化产业发展的孵化区和旅游产业壮大的活力区。因此，园区的规划最初是按照"一园两城三区"来构架的。

"一园"即文成公主主题公园。藏文化大型史诗剧《文成公主》演出平台将有机融入公园，建成融教育、观赏、游乐、休闲为一体的主题公园。

"两城"即艺术城和民俗城。艺术城囊括工艺美术产品展销、藏医药产品营销、高原户外文化展示等功能。民俗城以高原生态农家体验消费、高原民俗商品试用销售、民间艺术展观摩为主线，建成西藏原生态民俗文化展示城。

"三区"即文化创意产业区、生态休闲商务区和文化名流居住区。文化创意产业区突出园区产业提升功能；生态休闲商务区突出园区游客接待留滞功能；文化名流居住区突出园区文化元素聚集功能。

西藏文化旅游创意园的建设在扩大就业、增加群众收入、促进产业集群发展、整体提升第三产业，以及推动拉萨经济可持续发展等方面，都具有重要的现实意义和深远的历史影响。

"一区"领航发展，"四园"如虎添翼。拉萨"一区四园"的建设和发展，俨然成为西藏对外开放、吸引外来投资的重要平台，得天独厚的地理条件、巨大的发展潜力和优惠政策，吸引了许多著名企业落户于此，在助推新区经济发展的同时，也为拉萨市经济社会快速发展插上了腾飞的翅膀。

如今，拉萨正充分利用"一区四园"的品牌优势、基础优势，合理规划建设产业特色明显、配套能力强的园区，积极推进基础设施建设，迅速扩充产业承载空间，努力把"一区四园"建设为拉萨市特色优势产业大区的基地，并成为全区经济发展的"引擎"。

第二章

特色优先：
大力发展优势产业，积极优化产业结构

城市产业结构是否合理，特别是第二、第三产业所占比重是否合理，产业布局是否科学，关系着城市的竞争力和未来的发展后劲强弱。因此，调整产业结构，促进产业转型，是拉萨产业发展必须面对的问题。而通过发展特色产业，拉萨在产业结构优化工作上取得了显著的成效。

"四不污染"的圣城：依托资源优势，优先发展战略性支撑产业

一个人的成长，需要以筋骨、肌肉的不断增强为保障；一座大厦的落成，需要无数钢筋、水泥的组合加固来支撑；一座城市的崛起，也需要有各种产业的携手并进与互相支持，尤其是战略性支撑产业的优先发展来保障。

所谓战略性支撑产业，指的是在一定时期内，在经济中占较大比重，对其他产业起重要的带动作用或者对整个经济社会的发展起着稳定的基础性作用的产业。它的发展能够带动区域经济的综合发展，代表着地区经济在可预见的未来的发展方向，对提高综合实力和改善当地民生有着至关重要的作用。

作为西藏自治区首府城市，拉萨是全区政治、经济、文化中心和交通枢纽。通过加快培育旅游文化产业、优势矿产业、生物产业等具有地方特色和比较优势的战略支撑产业，积极优化招商引资环境，广泛开展招商引资活动，吸引了涉及农畜产品精深加工、生物制药、藏医药业、服务业、矿产业、通讯电子等众多领域的企业前来投资兴业。

在几大战略性支撑产业中，旅游文化产业、净土健康产业因具备独特的区位与资源优势，成为拉萨产业发展的重中之重。

拉萨首先确立了"大旅游"理念，通过深度发掘旅游业与其他产业及地域特色的内在联系，促进了旅游与文化产业、农牧业、工业、交通运输业等各个方面的融合。与此同时，拉萨又积极实施"大品牌"战略，推进纳木错（也写作"措"）景区改制扩建，全面启动拉鲁湿地国家5A级景区创建工程，倾力打造一批精品旅游景区。

此外，拉萨还确立了旅游业"大发展"的目标，围绕"吃、住、行、游、购、娱"六要素，切实增强相关产业之间的关联度与融合度，加快推进旅游业由单一旅游门票收入向旅游产业经济的转变。通过一系列工作的落实开展，拉萨成功地吸引了全世界的目光。仅2014年上半年，拉萨接待国内外游客的总数便超过200万人次，实现旅游总收入27.78亿元。

拉萨是藏传佛教"圣城"、历史文化"名城"、青藏高原"净城"、西藏地区稳定"要城"、改革开放"新城"，在发展净土健康产业方面，拥有空气、水、土壤、人文环境"四不污染"的得天独厚的优势。特别是当前中国经济发展进入新常态，电商物流高速发展，拉萨净土健康产业的前景广阔、潜力巨大。

近年来，拉萨市立足高原气净、水净、土净、心净"四不污染"的独特优势，大力推进食品、饮品、药品、饰品"四品"的开发，以市、县、乡、村四级联动形成合力，积极引进加工、销售型企业，培育"净土健康"品牌，不断延长产业链条，使各类产品向高附加值的方向持续迈进。

2013年，拉萨市请农业部规划设计院编制了《拉萨市净土健康产业发展规划种植篇、养殖篇（2014—2020）》，同时注资5.9亿元，先后成立了拉萨市净土健康产业投资开发有限公司和各区县净土健康产业投资开发有限公司。

如今，拉萨各区县也依据自身优势，全力发展净土健康产业，努力为产业发展创造良好的环境，在利用净土健康产业转换资源方面，找到了合适的产业品类与模式，逐渐形成了各自的特色与优势，涉及产业包括天然饮用水、奶制品生产，藏鸡、藏香猪养殖，食用菌、藏药材、经济林木种植，高原特色园艺设施生产，等等。

在净土健康产业蓬勃发展的过程中，拉萨市的非公企业与国有企业齐头并进、竞相发展，呈现出总量扩大、增速加快、结构优化的良好发展势态，成为净土健康产业发展名副其实的主力军。

截至2014年，拉萨市拥有净土健康产业企业88家，其中新引进企业41家，年产值过亿的企业7家，产值过5000万元的企业5家；天然饮用水企业达到25家，新增签约企业12家，签约资金达43.88亿元；全市标准化奶牛养殖小区19个，存栏7.3万头，引进高产奶牛825头；饲草种植面积7.3万亩；标准化生猪养殖基地23个，生猪存栏4.3万头；标准化藏鸡养殖基地26个，存栏24.6万只。

在优势矿产业发展方面，拉萨市已探明的矿种有十多种，主要矿产资源包括铜、铅、锌、钼、金、铁、火山灰、石膏、黏土、矿泉水、地热、泥炭、大理石、石灰石及花岗石等。伴随着交通运输业的快速发展，拉萨市多举并重，不断加强对矿产资源的勘查工作，矿产资源开发利用与保护水平稳步提高，矿产资源开发利用在区域经济和社会发展中起到了重要的支撑作用。

在以藏医药业为代表的生物产业发展方面，拉萨市积极引导藏医药行业树立"以传统为基础、以市场为导向、以科技为手段、以疗效为特色"的经营理念，推出税收、贴息等一系列优惠政策，大力扶持藏医的推广和藏药的开发生产。

同时，拉萨市还加大藏医药物研究开发力度，积极推进现代藏医药产业的规模化、集约化发展，坚持藏医药的合理开发利用，通过政策引导，合理布局，统筹规划，加强藏药材资源的保护，鼓励企业参与发展藏药材人工种植、养殖，从而确保了拉萨市藏药业的快速发展。

藏医药有别于中医、西医，采用纯天然的藏药材生产，在广大消费者中树立了良好的口碑。在青藏铁路开通后，越来越多的藏药产品走向全国市场，其医学与文化价值也越来越多地受到国际社会的重视。

拉萨市依托优势资源，优先发展战略性支撑产业，经过多年的努力，逐渐在旅游文化产业、净土健康产业、优势矿产业以及生物产业等领域取得了一系列成就。战略性支撑产业的发展，为稳定和扩张拉萨经济总量做出了巨大的贡献，对促使整个地区社会和经济的持续进步注入了强劲的动力。

扩总量，提质量，增效益：
促进产业转型升级，不断提升产业层次

随着全国经济发展进入新常态，基础设施互联互通和一些新技术、新产品、新业态、新商业模式的投资机会大量涌现，全国相对发达地区相关产业转移的力度也持续加大，这都为拉萨发展方式的转变、产业的升级提质带来了重大机遇。

在区域经济战略性转型升级的过程中，拉萨一直坚持正确处理"稳"与"进"的关系，坚持稳中求进的工作基调不动摇；坚持正确处理好"质"与"量"的关系，坚持转变方式的工作中心不动摇；坚持正确处理好"调"与"增"的关系，从而推动拉萨经济的持续协调发展。

2014年，为促进农牧业转型升级，拉萨市大力发展净土健康产业。通过规划引领，拉萨各区县发挥比较优势，避免低水平、同质化竞争，形成了各具特色、优势互补的产业发展优势区。

经过不懈的努力，在短时间内，拉萨净土健康产业总产值已达到36.6亿元，实现了从"产品"到"品牌"的重大转变，并带动农牧业生产的稳步提升。其中，城关区、达孜县、曲水县在奶牛养殖示范村、标准小区、现代牧场的建设和生产方面，都取得了突破性进展。

以曲水县为例，通过依托全国农村改革试验区和才纳乡现代国家农业示范区建设平台，曲水县大力打造以玫瑰、藏药材为主的高原河谷特色种植

业，初步实现了"产加销"一条龙发展。除了各类特色经济作物的种植规模扩大，曲水县也进一步开展了产品研发、加工、销售等工作，在延长产业链条的同时，也逐渐形成了特色经济作物的产业化发展优势区。

林周县发挥其资源优势，以牦牛、半细毛羊种畜场为依托，大力发展人工种草，现代畜牧业示范区雏形基本形成。2015年，林周县的人工种草面积达到约3万亩，成为种草养畜示范区，并规划建设"拉萨市草木业科技示范园区"，计划用2～3年的时间，投资6.25亿元，建设10万亩草产业工程与50万头特色牛羊产业工程。

达孜县以乡、村资源优势为依托，以特色产业为主导，确立产业化发展格局，努力实施"一乡一特，一村一品"，按照标准化种养殖、规模化发展、市场化运作的方式方法，积极争取项目，形成了具体包含以章多乡为主的青稞标准化生产基地、塔杰乡为主的黄豆种植基地、以德庆镇白纳村为主的高原特色草莓种植基地、以邦堆乡为主的金银花和饲草种植基地、以雪乡为主的改良奶牛建设基地、以唐嘎乡为主的奶牛和藏鸡养殖基地的达孜特色农业、畜牧业发展格局。

尼木县突出藏香鸡原种保护，通过培育养殖大户和合作社，产业规模迅速扩大，成为拉萨市重要的藏香鸡养殖大县。

堆龙德庆区以岗德林蔬菜花卉生产基地为龙头，带动全区设施农业发展，形成了高原特色现代设施农业示范区。

为了进一步扩大总量、提高质量、增强效益，拉萨市大力培育和支持九大主导产业，逐渐形成净土健康种植业"两区八带"、养殖业"一区二带三板块"的发展格局，同时不断深入挖掘产业间的互补性与协调性，丰富了产业层次，放大了集聚效应，促进了深层产业结构的转型升级。

与此同时，拉萨市还坚持品牌引领，用品牌塑造产业和产品核心价值，扩大净土健康产品市场份额。在充分利用重大活动机遇的基础上，适时推出"拉萨净土"区域公用品牌，吸引了国内外的客商来拉萨投资兴业，令净土健康产业发展焕发出新的活力，凝聚了新的力量。

目前，拉萨净土健康产品进入全国市场，吞巴藏香、古荣糌粑成为国家地理标志保护产品。截至2014年年底，全市净土健康产业企业达到89家。

拉萨以净土健康产业与旅游业为中心，辐射带动农牧业、手工业、传统工矿产业、能源产业、建筑业、加工业、文化产业等向着现代产业模式转型升级，使传统意义上的三大产业不再处于相互割裂、相互区分的状态，转而成为一个相辅相成的有机系统。

随着拉萨市经济社会的发展，文化产业发展的内在要求也越来越强烈，其运行模式已打破了仅由"国办文化"一家的模式，形成了国家、集体、社会、个人齐发展的格局。

近几年，拉萨市的文化产业历经尝试、探索培育，现已进入全面起步阶段。文化娱乐业、音像制品业、工艺美术、书刊印刷业也已初具规模化发展的雏形。文化娱乐业发展与拉萨市经济发展、社会总体消费水平基本相适应。资本多元化格局初步形成，产业群体初具规模。

拉萨岗地经贸有限公司、城关区古艺建筑美术公司被命名为国家级文化产业示范基地，拉萨娘热民俗风情园、拉萨市新华书店有限公司、雅鲁藏布大酒店等一批龙头文化企业迅速崛起。

拉萨市自然景观和人文景观相得益彰，历史积淀与现实潮流融合交汇，在各个方面体现着丰厚的文化底蕴，加之拉萨近年来经济和社会事业持续快速健康发展，为拉萨市文化产业的发展打下了坚实的基础。

丰富的历史文化资源，与净土健康产业、旅游业、手工业、藏医药业、建筑业等均有密切的交织和联系，为拉萨倡导特色产业提供了得天独厚的发展土壤。

经过近几年的持续快速健康发展，拉萨产业经济的综合实力显著增强，发展质量明显提升，产业体系不断健全，配套功能更加完善，净土健康、旅游文化等特色优势产业加速发展，品牌知名度、市场竞争力、区域影响力全面提升，也为增强自身"造血"功能奠定了坚实基础，成为实现拉萨快速发展和长治久安的有力保障。

"好"字当头，"快"在其中：紧抓政策机遇，打造拉萨非公经济发展升级版

2011年11月1日，对于拉萨海螺商贸有限公司总经理尚富文来说，是一个特别的日子。在并未支付任何行政注册费用的情况下，他便顺利地注册了自己的公司，成为西藏"零成本"注册政策的第一位受益者。

走出城关区工商局的尚富文，步履轻盈，内心充满喜悦。那一刻，他强烈地感受到，拉萨非公经济的发展又迎来了一个阳光明媚的春天。

就在2010年9月，党中央、国务院正式下发《关于加强和改进新形势下工商联工作的意见》，召开全国加强和改进工商联工作会议，对进一步推进非公有制经济发展做出了战略性部署。

一年后，西藏自治区政府结合本区实际，在加强和改进新时期工商联工作暨推进非公有制经济跨越式发展会议上明确提出，对非公有制经济"政治上放心、思想上放开、政策上放宽、发展上放胆、工作上放手"，在新的起点上推动全区非公有制经济实现跨越发展。

不久，拉萨市也召开专题会议，并陆续出台了《关于加快推进非公制经济跨越式发展的意见》《关于加强和改进新时期工商联工作的实施意见》等重要文件，明确提出"放心、放开、放宽、放胆、放手"以及"低门槛、零注册、轻税赋、强支撑、少检查、重激励"等鼓励措施。而在此之前，由于思想上放不开等问题，包括拉萨市工商局在内的全国工商系统，都或多或少地存在总体上支持非公经济发展，实际上却重公有轻民营、重监管轻服务、重检查轻支持的问题。

在用足用活中央和自治区关于发展非公有制经济各项优惠政策的基础上，拉萨市以首府城市的宽广胸襟、厚重手笔、大胆气魄与全面服务，制定出一系列放得更宽、突破性更强、含金量更高的政策措施，确保非公有制经

济政治上有地位、发展上有支持、体制机制上有保障、工作上有手段，从而逐步开创了拉萨非公有制经济蓬勃发展的新局面，呈现出总量扩大、速度加快、结构优化、贡献提升的发展态势。

在市场准入上，拉萨坚持"非禁即许，非限即准，宽进严管，强化服务"的政策，除国家明令禁止的以外，所有领域一律对非公有制资本开放，并与其他所有制企业享有同等待遇。

在全面落实和完善税收优惠政策方面，2011—2013年，拉萨市共减免非公经济税收11.54亿元，占全市税收减免总额的97.6%。通过提高起征点，拉萨市绝大多数的个体工商户均享受到了税收减免的优惠政策。2013年，拉萨享受免税的个体工商户为27382户，占全市个体工商户总数的87%。

除了政策鼓励，拉萨市在财政上对于非公经济的支持也毫不手软。拉萨每年都会拨出500万元作为扶持非公经济发展的专项资金，并适当增加了工商联的业务经费。为支持高校毕业生自主创业，每年设立高校毕业生创业资金200万元。此外，拉萨市还投入1500万元用于开设培训班，为非公企业培养技术人才。

针对非公企业规模小、实力弱、带动力不强的现状，拉萨市全力以赴开展招商引资，通过实施"请进来，走出去"战略，将一批潜力巨大的"本土化"品牌推向全国招商平台。

近年来，拉萨市成功举办了"全国民营企业家拉萨行""中国光彩事业西藏行"等活动，落实招商引资项目489个，实际到位资金221.43亿元；举办2014年净土健康产业专题招商活动，正式签约净土产业项目36个，投资33.66亿元。

同时，拉萨还积极参加2014品牌农业发展国际研讨会，成功将拉萨净土品牌推向全国，充分利用藏博会、雪顿节、纳木错国际徒步大会等大型活动，将地域文化和体育文化，以展会的形式与招商引资深度融合，为以众多民营企业为代表的非公经济发展打造了知名度高、影响力大的本土化招商平台，真正实现了"文化搭台、经贸唱戏"。

从无到有，从小到大，从弱到强，拉萨市非公有制经济在改革开放中逐步发展起来，又伴随着国家经济的发展而不断向前。30多年来，非公有制经济的发展取得了丰硕的成果，已经成为拉萨经济发展的重要支撑、财政税收的重要来源以及扩大就业的重要渠道。

截至2015年3月，拉萨市非公企业达到5030家，是2011年的2.2倍；雇工人数达到82728人，比2011年增长66%；注册资金达224.5亿元，是2011年的8.3倍；个体工商户达40335户，比2011年增长20%；从业人员90024人，比2011年增长31.7%；资金数额20.5亿元，是2011年的1.5倍。

2014年，拉萨非公有制经济增加值占全市工业增加值的96%，上缴税金占全市总税收的96%，社会消费品零售总额占全市的62%，民间投资撑起全市固定资产投资的半壁江山，在繁荣经济、改善民生、增加就业、维护稳定等方面发挥了重要作用。

在第二次市级非公经济发展大会上，拉萨政府进一步鼓励非公企业以独资、控股、参股和特许经营等多种形式进入交通、能源、水利、通讯、生态、城建、教育、医疗、文化等领域，承诺为广大非公企业提供更好的投资环境，制定相应措施解决"创业难"、化解"融资难"、破解"用地难"等问题，全力发展拉萨非公经济。

站在新的历史节点上，拉萨将继续深入贯彻"拓通道、壮支撑、强产业"的理念，坚持"好"字当头、"快"在其中，主动认识、把握和适应新常态，做到"一视同仁"，促进"两创驱动"，营造"三个环境"，坚持"四个并举"，有力支撑全市非公经济更好更快发展，为建设美丽家园幸福拉萨、谱写中国梦拉萨美好新篇章做出更大的贡献。

积极瞄准市场需求：坚持以市场为导向，让产业化驶入经济发展快车道

每天清晨，城关区八廓商城外的蔬菜直销车前，都聚集着许多前来买菜的市民。伸缩自如的货架从这种特制的小型货车上铺展开来，上面整齐地摆

放着一筐筐新鲜的蔬菜。车厢上方的电子显示屏上，清晰地标注着当日蔬菜的销售价格。附近的居民可以在这里买到各种物美价廉的蔬菜和农畜产品。

自2014年1月，城关区以市场为导向，启动"菜篮子工程"惠民平价蔬菜直销车进社区项目以来，已有100辆类似"移动超市"的蔬菜直销车陆续投入使用。其中，18辆用于供菜和运菜，82辆分布于拉萨市区的35个销售点，按照"统一配送、统一价格、统一标识、统一管理、统一时段"原则，通过定点直销与巡逻销售相结合的方式，向老城区及低中等收入居民居住区，集中供应蔬菜、酥油、鸡蛋和牛肉等50多种农畜产品。

同时，直销车还能向社区、学校、政府等单位配送新鲜蔬菜，极大地改善了以往农牧民产品销售难，市民买菜难、买菜贵的状况，过去"菜农流大汗、菜贩挣大钱、消费者出大钱"的问题也迎刃而解。

市场是最好的调节器，城关区的蔬菜直销车项目积极瞄准市场需求，在满足市民购菜需求的同时，切实带动了相关产业的发展。

蔬菜直销车机动灵活，可以快速连接蔬菜及农畜品产地与销售地，使农民的"菜园子"与市民的"菜篮子"实现了有效对接。蔬菜及农畜产品的产供销直接面向市场，可以随时根据市场需求调整供应，最大限度地减少了中间流通环节，因而能够以低于市场价10%～30%的价格，使广大市民获得更大的实惠。

在城关区政府和农牧局的支持与协助下，地处近郊的蔡公堂乡白定村因地制宜，利用地缘优势，依靠"政府＋部门＋公司＋农户"的模式，由25名联户代表带领300个联户家庭组成蔬菜种植合作社，通过租用净土农业发展有限公司所属的500个蔬菜大棚，积极开展有机蔬菜种植。

为提升生产效率，城关区农牧局联系了相关农业专家，对25名联户代表进行技术培训。与此同时，为保障蔬菜的销路，农牧局项目工作人员还积极调研市场，根据市场需求指导农户及时调整种植方案，并通过蔬菜直销车项目帮助农牧民完成了农畜产品由产地到餐桌的直接输送。

除了蔬菜直销车项目，拉萨城关区还推出了"果盘子""奶瓶子"等工程，强力推进13个项目，完成3.1亿元的投资。以种植业、奶牛养殖业、农畜产品流通业为中心，利用地处核心城区的地域优势，打造"三园""五沟"项目，最终形成一个以"五大农场"为主的产业化生态体系。

截至2014年7月13日，城关区已将支沟油桃种植、娘热桃树梨树推广种植、夺底葡萄种植、饲草种植、牛奶加工厂、洛欧风情园6个项目建设完成。在建项目包括温室、净菜加工厂、保鲜冷藏库、高标准奶牛养殖中心等，此外，还将提升4个养殖小区的标准化生产水平。

在建项目中有许多引人注目的亮点，例如，500栋高效温室项目，是在蔡公堂乡白定村二组特色园艺产业科技示范园区原有505栋温室的基础上，增建500栋新型温室，每栋温室占地329.9平方米；净菜加工厂项目，将建设蔬菜检测室40平方米，净菜加工车间1475平方米，共包括3条生产线，每条生产线的日净菜产量可达50吨左右，年加工各类蔬菜可达45000吨左右；保鲜冷藏库项目，将建保鲜室9间，冷藏室4间，每间450平方米，共占地8000平方米，建成后保鲜储藏量可达3307吨，制冷储藏量可达2025吨。这些以市场为目标的项目建成后，无疑将大幅推进拉萨的蔬菜产业化进程。

农牧业及相关企业壮大是农牧业产业化发展的重中之重，因此，拉萨非常重视培养龙头企业，鼓励龙头企业集成创新，提高生产经营能力，在注重生态环保和资源集约利用的同时，使拉萨保有碧水蓝天。

在2014年召开的农牧业产业化经营龙头企业授牌会议上，拉萨为28家农牧业产业化经营龙头企业授牌，以实际行动贯彻落实净土健康产业种植养殖业发展规划以及相关的扶持政策，为相关企业的发展提供全方位的支持，为拉萨产业化驶入经济发展快车道提供了强有力的保障。

第三章

产业援藏：
从"输血"到"造血"，激活内生发展力

援藏事业开展20年来，支援帮助西藏的方法，从给资金、建项目的"输血式"援藏，逐渐转变为产业援藏等"造血式"援藏。这是一场内在的自我革命，"造血"就要促进产业发展；而振兴产业，就要树立和强化产业意识和市场观念。从"输血"到"造血"的转变，不仅激活了拉萨自我发展的动力，也使其走出了一条独具特色的"内生成长之路"。

雪域高原洒满北京情："三化四区"孵化幸福堆龙

2015年早春时节，在堆龙德庆羊达现代设施农业示范园区里，一排排布局合理的蔬菜大棚都还披着一层厚厚的棉被，但春天的气息已经扑面而来。

傍晚时分，园区显得有些冷清，周世清和阿佳娘卡夫妇也结束了一天的劳作。娘卡和丈夫就居住在园区里，除了承包园区里的5栋温室大棚，他们还经营着一个副食品小卖部，生活丰盈而充实。

回家之后的娘卡开始在厨房里悉心地准备晚餐，丈夫周世清则忙着修理一辆摩托车。娘卡的刀工很好，晚餐要用的莴笋切得细薄而均匀。和晚餐所用的食材一样，他们平时所食用的蔬菜，都是从自家的温室大棚里采摘的，既方便又新鲜。

对周世清和阿佳娘卡夫妇来说，春天是极为繁忙的季节。他们需要在早

春种植西红柿、黄瓜等蔬菜，到3、4月份，鲜嫩的蔬菜就可以上市销售。他们不用发愁蔬菜种植的销路，蔬菜直销车在园区里就直接订购和装车了，不仅减少了他们的后顾之忧，也为他们增加了收入。

由北京市投资援建的羊达现代设施农业示范园区，是堆龙德庆区全力实现经济飞速发展的一个缩影。作为拉萨的农业产区之一，堆龙德庆通过大力发展净土健康产业，不断加大蔬菜种植力度，快速带领当地群众走向致富之路。

在地理位置上，堆龙德庆是拉萨的西大门，有"上谷极乐之地"的美称，既是109国道、318国道、拉贡高速公路经过的交通要道，也是青藏铁路、拉日铁路、拉林铁路的必经之处，具有很好的交通优势。

作为一座开放的文明新城，以及全国双拥模范县城，堆龙德庆的发展优势可谓得天独厚。自从北京对口援藏以来，这里到处都充满着奋发向上的青春朝气，处处涌动着率先跨越发展的激荡浪潮。

在北京市的大力支持与援助下，堆龙德庆始终紧抓经济建设的中心任务，以科学发展长治久安为主题，严格实施拉萨市"提升一产、壮大二产、做强三产"的经济发展战略，紧紧围绕"三化四区"的发展战略，取得了许多令人瞩目的新成就。

所谓"三化四区"，"三化"即工业园区化、农村城镇化、农业现代化，"四区"即城乡统筹先导区、特色工业集聚区、城郊农业示范区、拉萨现代新城区。全力推进"三化"的进程，加快"四区"的建设步伐，便是堆龙德庆发展的主旋律。

羊达现代设施农业示范园就是整合援藏资源、资金而实施的一项促进农牧民增收、农牧业增效，辐射带动力强的援藏项目，总投资3467万元，占地50多万平方米，建有360栋高效日光温室。

2012年，阿佳娘卡一家和村里大多数村民一样，在政府的带动下开始尝试种植大棚蔬菜。最初，他们仅承包了两栋大棚，但那时由于缺乏技术和经验，加之到市场上销售困难等问题，收入并不是很好。后来，通过专门了解市场情况和学习新的技术，销路逐渐打开，收益有所好转。2014年，他们又承包了3栋温室大棚，还聘请了两名小工。随后，种植的莴笋成熟上市，销售十分红火。

在示范园区未建成时，当地农户普遍种植青稞，年收入不到800元。改种大棚蔬菜后，两栋大棚就可带来户均纯收益2.8万元。若承包20栋蔬菜大棚，年纯收入可达20万元，农户的收入与生活水平得到了极大的提高。

目前，园区种植的蔬菜瓜果包括西瓜、番茄、四季豆、蓝莓等30多个品种，年产无公害蔬菜瓜果在360万千克以上，年产值超过1500万元。由于地处高原地带，农药使用少，并且相对于从全国其他地区购进蔬菜瓜果，本地园区生产节省了运输成本，价格便宜，具有质量和价格的双重优势。此外，由农业合作社统一农资采购、统一种植标准并统一销售配送，也有力地保证了农产品的销售通路。

羊达现代设施农业示范园是"产业援藏兴农、科技援藏惠农"援藏工作思路与"三化四区"发展战略指导下的代表性成果之一，对促进堆龙德庆农业产业结构调整起到了良好的示范推动作用。

与此同时，在国家"产业援藏"政策的有力支持下，堆龙德庆也在不断增强自身产业的"造血"能力。通过转变发展方式，开展招商引资工作，堆龙德庆的特色工业体系日臻完善，初步形成了以优势矿产业、新型建材业、特色农产品加工业、民族手工业、包装业、藏医药业为主的特色工业体系，产业规模化、效益化显著，呈现出产销两旺的良好局面。

2015年11月，国务院正式批复同意撤销原拉萨市堆龙德庆县，设立拉萨市堆龙德庆区。堆龙德庆成为继城关区后拉萨市的第二个区，撤县设区后，堆龙德庆的行政区域和人民政府驻地均保持不变。

堆龙德庆区的设立，对拓宽拉萨城市空间、增强拉萨城市功能具有重要的战略意义，同时也将有力地促进堆龙德庆经济社会的发展。相信在不久之后，作为一座崭新的现代化新区，堆龙德庆将以幸福而充满活力的姿态矗立在洒满日光的圣城拉萨。

山的那边是拉萨："苏州理念"在林周县的生动实践

从拉萨市区出发，沿着盘山公路行驶65千米，就可以到达林周县境内。位于拉萨市东北部的林周，与市区的直线距离仅有18千米，但一座大山坐落于其间，阻隔了交通。山的一面是蜿蜒的拉萨河与美丽的布达拉宫，另一面则是具有拉萨"后花园"美称的林周。

林周县山水毓秀，风光迷人，藏语意为"天然形成的地方"。每年的7月底、8月初是林周的雨季，在野外放眼望去，长势正茂的青稞、散放的牛羊、翠绿的草地，以及繁盛的树木，令整个林周显得生机盎然，美不胜收。

林周的地形南北狭长，跨度达180千米，念青唐古拉山的支脉——恰拉山将全县分为南北两部分。林周北部属拉萨河上游及源流区域，素有"三河一流"的美称，即热振河、达龙河、乌如龙河、拉萨河流域，平均海拔4200米；南部地区属拉萨河支流澎波河流域，平均海拔3860米。

林周县是农业大县，所辖九乡一镇，有45个行政村，耕地面积18万亩，占整个拉萨市耕地面积的1/3。天然草场505万亩，人工草场8万亩，水域5.4万亩，是拉萨市所辖区、县中的第一产粮大县、第二牧业大县。

多年来，林周虽然自然资源丰厚，但基础条件落后，县城功能设施欠缺，县域经济发展滞后。这一局面在苏州对口支援之后，发生了翻天覆地的变化。

在林周县城，随处可以见到"苏州元素"，如苏州路、太湖路、苏州小学、苏州新村、苏州宾馆等。这些融合了苏州印迹的道路和建筑，无不彰显着苏州与林周之间的不解之缘，也说明"苏州理念"已在雪域高原深深耕种并生根发芽。

其实，早在1994年，中央第三次西藏工作座谈会做出"分片负责、对口支援、定期轮换"的战略决策后，苏州市便开始对口支援拉萨市林周县。按照中央对口援藏工作部署，自1995年起，苏州市每3年选派一批优秀干部到林周县开展对口支援工作，到2014年，已经有7批共37名援藏干部在藏辛勤耕耘。苏州与林周克服了地域上的距离，跨越关山万里，紧紧地联系在一起。

所谓援藏，最初就是有针对性地进行"输血"，其中，资金项目援藏是"输血援藏"的主要形式。截至2013年年底，苏州对口支援林周累计争取并投入资金3.8亿元进行基础设施建设，并坚持以"苏州理念"深耕雪域高原，以资金项目的高投入，在最短的时间内优化了林周发展的硬件环境，极大地改善了当地群众的生产生活条件。

住在林周县城的人，对于林周这些年的变化有着切身的体会：县城里的道路越建越漂亮，老百姓看病、小孩上学、老人养老等条件不断改善，人们的收入越来越高，生活也越来越幸福……这一切，都离不开苏州对林周的援助。

在过去，林周县城基本上是乡村模样，通过这些年的努力，当年狭小的县城如今已有模有样，不少学校、养老院等设施在拉萨乃至西藏地区都是数一数二的，按照"东控、北拓、西进、南展"的规划思路，到2020年，林周县要再扩展一倍，那时，各项基础设施和功能配套也将更加完善。

援藏20年以来，苏州市整合援藏资金，通过组织实施青稞生产基地、高标准农田建设等，大力改善农牧业基础条件，为现代农业、净土健康产业的发展奠定了良好的基础。

随着援藏工作的不断深入，苏州援藏已逐渐从单纯的项目建设、投钱"输血"，向培植财源、增强"造血"功能转变，而且，造血援藏已成为援藏工作的主要方向，即发挥林周资源优势，增强县域经济自我发展的能力。

林周有着得天独厚的资源优势，南部土地肥沃，气候温润，农牧业资源丰富；北部旅游资源丰富，分布有黑颈鹤保护区、白唇鹿保护区、热振国家级森林公园和寺庙38座，其中，著名的藏传佛教寺庙热振寺距今已有千年。此外，林周还拥有铜、铅、锌、金等矿产资源。因此，苏州历任援藏干部已形成一个基本共识：增强林周自身"造血"功能，就是要把这些资源优势充分利用好、发展好。

为此，林周以"一乡一品、八个片区"的特色农牧业发展思路为指导，从援藏帮扶资金中专门筹资调整种养结构，修建农畜产品交易中心、设施基地等，大力推进现代农业示范区建设。目前，西藏自治区级的林周现代农业示范区框架初步形成；矿产资源开发利用不断优化，矿产企业自2004年实现零突破以来，已经有28家；《林周旅游发展总体规划》编制完成，积极开发利用热振国家森林公园、旁多水利枢纽、黑颈鹤保护区和寺庙文物古迹等自然、人文资源，着力打造精品旅游线路；鹏博健康产业园项目扎实推进，分三期建设，陆续启动道路和标准化厂房建设。

2014年6月16日，林周县鹏博健康产业园和城投公司正式揭牌，翻开了林周工业园区建设的新一页。健康产业园以先进农牧业为基础，以现代服务业、特色农副产品加工业、食饮品制造业、高原特色手工纺织业为主导产业，进一步拉长农畜产品生产加工产业链，实现农牧民增收和县级财力增长。这是林周经济社会发展的新起点，将充分发挥林周的资源优势，大力推进农牧业产业化生产经营，增强县域经济自我发展的能力。

为了提升拉萨"造血"功能，苏州在援藏过程中坚持政府引导，推动企业合作，鼓励社会参与，谋求共赢发展。江苏省与拉萨市搭建产业合作平台，加大资金支持力度，努力促进双方产业合作向产业转移、企业培育、产品创新、市场开拓等全方位发展，逐渐形成两地企业间"请进来，走出去"的良性合作格局。

健康产业园已成功引进了一批企业，充分挖掘增收项目，如开发山泉饮用水，一期设计规模每年45万吨，既能提高县域经济实力，又能解决该县500余名农牧民的就业问题。

可以说，运用苏州先进理念，与林周实际相结合，不断探索新思路、谋划林周新发展的"理念援藏"，为林周的发展注入了前所未有的充分活力。

现在，林周已步入转型升级的新阶段。随着林周机场的建设，以及林周至拉萨的山体隧道打通，林周的外部交通格局将彻底改变，从而迎来全新发展机遇，而正在夯实的产业基础，也为林周未来的产业发展做好了准备。

相关数据显示，20年来，林周的县级生产总值从5563.71万元增长到12.47亿元，增加21.4倍；年固定资产投资从300万元增长到13.42亿元，增加446.3倍；年公共预算财政收入从91.2万元增长到8226万元，增加89.2倍；农牧民人均纯收入从862元增长到7896.72元，增加8.2倍——这都是苏州对口援助林周的工作成果。

什么才是最好的援藏？那就是"苏州理念"在林周的深耕细作。在林周广袤的澎波河谷和恰拉山区，苏州的无私援助犹如一朵朵娇艳的格桑花，给高原人民带去了幸福甜美与和谐安宁。

把最深的爱献给拉萨：坚守在拉萨经济开发区的援藏干部

在堆龙德庆的东嘎镇，一片曾经贫瘠的高原滩涂地，经过十余年的建设和发展，如今已成为创造经济奇迹的热土，成为一个生态良好、富有特色、独具西藏民族区域竞争力的国家级经济技术开发区。

拉萨经济技术开发区是西藏唯一的一个国家级开发区。2001年9月获得国务院批复，2002年正式挂牌启动，规划用地面积5.46平方千米，到了2003年8月，伴随着推土机的轰隆声，开发区正式破土动工。

对于西藏来说，拉萨经济技术开发区意义重大，它不仅肩负着西藏产业结构优化、提高对外开放水平、体制改革、机制创新和加速招商引资进程等历史使命，也拉开了西藏探索发展园区经济、走新型工业化道路的序幕。

当然，拉萨经济技术开发区的建设和发展，需要来自各方的诸多援助，苏州市的"造血"式产业援藏，不仅对开发区的建设有着关键性的作用，也为开发区后续的发展壮大带来了强大的助力。

从2007年6月起，苏州市开始派出援藏干部到拉萨经开区工作，负责招商引资，来自苏州工业园区的黄文军就是其中一位。2007年7月到2013年7月，黄文军担任拉萨经开区管委会副主任。

在连续6年的时间里，黄文军克服了高原干燥缺氧的自然环境，承受远离家庭和亲情变故的疼痛，奔波于拉萨经济技术开发区和苏州之间，不仅为开发区引入重要工业项目，也输入了苏州工业园区先进的招商服务、管理理念，为推动拉萨经开区的发展注入了持久的动力，也奉献了自己生命中的宝贵时光。

其实，早在2002年，遥远而神圣的雪域高原就是令黄文军心驰神往的地方。那时，为了推动拉萨经济技术开发区经济发展，商务部提出由苏州工业园区、昆山经济开发区等7个开发区组团对拉萨进行对口支援，7个开发区与拉萨经济技术开发区联合成立中开藏域开发有限公司，并由各个开发区轮流选派干部前往西藏，担任该公司的总经理。

黄文军37岁时，抱着对西藏纯净的蓝天白云、高山草原的无限向往和憧憬，也带着内心深处想要有所作为的冲动，积极报了名。让他没有想到的是，这一次他落选了。自此之后，援藏的心愿便在黄文军的心里埋下了一颗种子。

之后，每次听到援藏的朋友提及，西藏犹如一块璞玉，由于缺乏工业项目，缺乏招商引资的能手，许多得天独厚的先天资源都没有得到开发和利用，黄文军的心里都特别希望能通过援藏，为西藏的经济发展做一些贡献。

2007年4月，在经历了5年的等待之后，黄文军终于如愿以偿。那天明媚的春光有些晃眼，正在忙碌的黄文军突然接到了一个电话，他被通知组织上准备安排他作为第五批江苏援藏干部中的一员，如果他同意去，要入藏工作3年。

放下电话，黄文军心头一阵欣喜，他终于等来了这一天。2007年7月1日，黄文军与另外6名援藏干部一起来到拉萨。他终于能够站在世界屋脊上，发挥自己的特长，为拉萨的经济发展贡献一份力量。

2007年7月3日，黄文军正式接任拉萨经济技术开发区管委会副主任一职，分管经发局和工商局。初到拉萨，身体的不适、生活上的困难，都被他忽略不计了。因为残酷的现实就摆在他的眼前，这个顶着国字号头衔的开发区，俨然是一个大工地，有牛粪堆、土坯房、零星的农舍，道路两旁还在拆迁和修路，整个开发区仅有3家落户企业，其中还有两家企业仍在建造厂房阶段。

在这种情况下，黄文军已经顾不上太多，他得尽快进入角色。他来到资料室找了许多有关西藏的书籍，以及拉萨经济技术开发区情况的资料。在那些日子里，从语言到历史、宗教，甚至是地质地貌等知识，他认真地阅读和了解，并且每天晚饭后都要到开发区里走很久，他的脚步几乎踏遍了开发区所有的角落。

通过园区建设带动产业发展，一直是江苏援藏的理念。黄文军有着丰富的招商和行政经验，也将苏州工业园区的建设经验带到了拉萨。他清楚地知道，建设和发展拉萨经济技术开发区，根本目的就是发展西藏的产业。

3个月之后，黄文军理清了开发区的不足之处，并意识到开发区必须明确产业发展思路，而且需要一支能招商引资的高效队伍、吸引企业入驻的基本载体，以及一系列规章制度、一整套经济发展和企业服务的具体措施。

找到解决问题的方法，下一步就是如何去做。综观整个拉萨，藏医、藏药、自然风光、矿产资源，还有超长时间的日照，都是其巨大的优势。于是，黄文军为开发区制订了"五大计划"，即农畜牧产品深加工、藏医藏药、光电新能源、民族传统工艺产品深加工和高技术产业。

有了产业方向，再加上坚持不懈地努力，开发区的招商项目逐渐走上正轨。从第一座标准厂房拔地而起，到光电新能源、青稞啤酒、青稞米加工、虫草制作、娃哈哈等企业在开发区落地生根，黄文军一直亲力亲为，不停地跑企业、找项目，忙碌在援藏第一线。

2009年年底，还有半年多时间，黄文军3年的任期就期满了。拉萨经济技术开发区希望他能够留下来工作。黄文军想到开发区的工作刚有起色，许多重点项目都在洽谈中，也感到放心不下。于是，援藏期满之后，黄文军克服了种种困难，又接受了3年的援藏任务。在第二个3年中，黄文军的岳父和父亲相继离世，而他竟然连父亲的最后一面也未能见到，这些都成为他心中永久的疼痛。

从2007年7月3日就职，到2013年7月23日离任，黄文军援藏6年，这在江苏省援藏干部中是史无前例的。黄文军的6年坚守，也带来了拉萨经济技术开发区的蓬勃发展。在他援藏任职期间，开发区不断完善基础及配套设施，营造了良好的投资环境，招商引资成绩斐然，产业聚集步伐不断加快，并由劳动密集型、加工密集型向资金技术密集型转变。

如今的拉萨经济技术开发区处处生机勃勃，截至2014年6月底，开发区落户企业从最初的3家增长至1600多家，注册资金达340多亿元。而且，开发区内的餐馆、宾馆、办公楼、商品房、银行和商店等配套设施鳞次栉比，现代城市气息越来越浓厚。

经过长达10年的建设与发展，拉萨经济技术开发区已经成为西藏经济新的增长点和带动点，强力提升着西藏经济的"造血"能力。对于这种欣欣向荣的局面，已经调回苏州工业园的黄文军由衷地感到欣慰。

拉萨河畔铸丰碑：南北联合对口帮扶，多元投入汇聚产业"活水"

2014年5月，江苏恒顺集团有限公司收到了一份来自西藏的礼物——200斤青稞。这是镇江的援藏干部专门寄来的。

恒顺集团是镇江的一家百年企业，它承担了一个重要任务，要参照镇江香醋的酿制方法，用青稞酿青稞醋。通过多次实验，在一个半月后，他们将青稞醋寄到了拉萨市达孜县的援藏干部手里。

又过了3个月，这家企业专门派代表赶赴千里之外的拉萨进行调研。他们认为，如果能在达孜县酿出青稞醋，那么将来也可以在青藏高原上投资建厂，依托拉萨盛产青稞的优势，发展具有当地特色和一定竞争力的特色产业。

一瓶青稞醋，折射出的是达孜县产业发展的巨变和潜力。作为拉萨的东大门，达孜县是传统的农业县。追溯到20年前，县内几乎没有任何工业，但20年后的今天，达孜县已成为拉萨市乃至西藏自治区有名的工业大县。这一重大转变，与来自江苏镇江的支援是分不开的。

20年来，镇江市先后选派了7批共38名党政干部和专业技术人才到这里工作。他们始终坚持"不翻烧饼，一张蓝图绘到底，一任接着一任干"的工作理念，保障了达孜县发展工作的连续性。据统计，镇江市对达孜县累计实施援藏项目78个，投入援藏资金3.37亿元。2013年，达孜县地区生产总值达9.04亿元，各项主要经济指标较1994年增长300余倍。

当然，除了江苏省的对口支援，北京市也对拉萨倾注了诸多的热情和努力。20年来，北京市的产业援藏事业带动了两地人员、信息、物流等多方面的交流，使拉萨经济的快速发展成为可能。

在长达20年的岁月里，一批又一批援藏干部的脚步遍布拉萨，深厚的援藏情也已经把拉萨与北京、江苏两地紧密地联系在一起。而拉萨随之发生的巨变更是令人无限欣喜：一条条宽阔的道路通畅无阻，一座座学校里传出现代教育的琅琅书声，安居工程实现了从草原游牧生活向城市现代生活的千年跨越……

可以说，北京市、江苏省南北联合，对口援藏的20年，正是拉萨经济社会发展最快、变化最大、效益最好的20年。在此期间，拉萨地区生产总值由1994年的14.37亿元增加到2013年的312亿元；全社会固定资产投资由16.4亿元增加到376亿元；农牧民人均纯收入由1994年的834元增长到2013年的8537元。

与此同时，拉萨产业的自我发展能力不断增强，首府城市首位度作用也日益突出。在援藏政策实施以来，北京市和江苏省援助修建了两条东西走向的平行道路，分别取名北京路和江苏路。

如今，这两条路已经成了拉萨城市的主干道路，写满了韵味十足的拉萨味道，也弥漫着现代城市的时代气息。这两条主干道路的商铺分布很有特点，在拉萨有这样一个说法：逛在北京东路，买在北京中路，吃在北京西路，修电脑、数码就到江苏路。

大昭寺东北方向约500米的北京东路上，2013年建成的八廓商城给这里增添了不少人气。除了八廓商城、冲赛康市场，北京东路还集中了游客向往留恋的矮房子音乐酒吧、岗拉梅朵酒吧、驴窝餐厅、东措青年旅舍等一大批知名的酒吧、客栈，而散落在这条街道周围的大昭寺、小昭寺、木如寺等众多知名寺庙，也让这里弥散着藏族文化的独特韵味。

20世纪90年代，当信息产业急速进入人们生活的时候，拉萨也没有落后，一系列走在时代前沿的电子产品随着援藏干部的足迹来到了拉萨。从布达拉宫前的北京路向南走几百米，便是人称"电子街"的江苏路，道路两边聚集的是联想、华硕、三星等电脑、手机品牌店。形象地说，北京路和江苏路就如同拉萨城的两条丝带，记录着对口援藏工程的光荣印迹，承载着西藏的传统与现代，已成为雪域圣城产业经济发展的康庄大道。

在援藏工作开展之初，北京市与江苏省的对口支援更多的是采取给资金、代建工程的形式。后来，为了适应拉萨市产业发展的内在要求，两地的援藏思路逐渐转变，更重视在援助中培育当地的自我发展能力，增强持续发展的后劲。

近年来，北京市、江苏省把经济技术合作交流和招商引资作为援藏工作的重要组成部分，坚持"走出去"和"引进来"并举，政府引导和市场化运作并举，在农牧业、农畜产品加工、矿产资源开发、新能源开发利用、藏药研发生产、旅游业等领域，积极促成其他省市企业与受援地企业的合作发展，把单向援助变为双向共赢，为对口援藏增添了长远发展的内在动力。

乡镇对口帮扶，是苏州在全国援藏工作中的首创。2003年，苏州市做出了加强对林周对口帮扶工作的决定，苏州所辖县级市、区与林周各乡镇结为友好乡镇。2013年，苏州市发改委又下发了《加强对西藏林周县结对乡镇帮扶工作机制》，要求每年帮扶额度不低于30万元，并逐年增长。

乡镇对口帮扶工作还进一步延伸到村一级。比如，自2009年起，昆山花桥下辖4个社区对口帮扶林周县松盘乡4个行政村，每年投入不少于5万元的帮扶资金。截至2013年年底，苏州各帮扶乡镇，包括街道办，累计投入对口帮扶资金1800余万元，为加强林周基层政权建设、发展特色产业发挥了重要作用。

在林周县松盘乡，由昆山花桥经济开发区援建的乡政府办公楼，极大地改善了当地的办公条件。不仅如此，在花桥经济开发区的对口帮扶下，松盘乡还设立了"昆花奖学金"，帮助孩子上学，修建了通村公路、小型农用桥，建设了牦牛、黑白花奶牛养殖基地，帮助当地群众增收致富。

与此同时，北京市的对口支援也处处可见。羊达乡位于拉萨西郊的堆龙德庆距离拉萨市区仅20千米，但由于诸多条件的限制，在2010年之前，当地许多农牧民依然住在土木结构、狭小黑暗的房屋中。

2010年，由北京市援建的羊达乡农牧民安居工程开始实施，极大地改善了农牧民的居住环境，完善了新村基础设施，实现了户户通水、通电、通沼气，农牧民生活质量大大提高，到处呈现出一派社会主义新农村蓬勃发展的景象。

随着235户1378名村民搬进新房，带有独特西藏建筑风格和浓郁民族风情的民居为开展民俗旅游创造了便利。此后，羊达乡积极引导农牧民开展民俗旅游，因而旅游产业也成为带动当地经济发展的重要支撑。

在过去的20年里，北京和江苏的援藏项目已在拉萨矗立起一座座丰碑，建设项目力度之大、范围之广、速度之快、受益群众之多、影响之深前所未有，不仅极大地温暖了人心、凝聚了民心、提振了信心，还凝聚起了拉萨全面建成小康社会的强大力量。

第二篇

⋀

大旅游，大产业：
融入高原和民族特色，创建
国际旅游城市

灿烂悠久的藏文化、旖旎隽美的高原生态风光，构成了拉萨天然的神秘与奇特。为建成具有高原和民族特色的国际旅游城市，拉萨除了制订旅游发展规划，也不断加大对旅游业的投入，逐渐形成了"大旅游、大产业、大发展"的旅游产业发展格局，从而将拉萨建设成为重要的世界旅游目的地。

第四章

世界屋脊，神奇西藏：
依托独特资源优势，发挥旅游业的龙头作用

拉萨是一座充满魅力的千年古城，也是青藏高原上最璀璨的明珠。作为西藏自治区的政治、经济和文化中心，拉萨具有明显的区位优势、资源优势和市场优势。尤其是青藏铁路通车运营以来，随着对外开放政策不断深入，拉萨以其突出的资源优势、独特神奇的魅力及风采，吸引着众多海内外游客前来观光旅游，其旅游产业作为第三产业的龙头作用愈加突显。

"大旅游"战略：开启"四大布局"，
构建拉萨旅游空间发展格局

作为海拔最高的城市，拉萨一直被誉为"最接近天堂的地方"。雪山的神圣与巍峨，圣湖的幽雅与圣洁，高原文化的神秘与深厚，藏民族独特的民俗风情……这些绝美的高原景色，无不令世人神往。

当一座城市集如此之多的独特元素于一身时，也就很难不具备天然而强大的旅游吸引力。于是，依托得天独厚的旅游资源优势，旅游业自然成为拉萨的支柱产业以及特色优势产业。

2010年年初，中央第五次西藏工作座谈会明确提出，要把西藏打造成为"重要的世界旅游目的地"，拉萨作为西藏旅游中心城市和龙头城市，必将成为践行这一宏观规划的先导区。

　　拉萨市建设具有高原和民族特色的国际旅游城市，即以高原生态旅游为基础，藏族文化旅游为导向，国内旅游为主体，入境游为重点，出境游为突破，努力打造特色鲜明、游客满意度高的现代国际旅游城市。

　　2013年5月，拉萨启动建设国际旅游城市纲领性规划工作，《拉萨市创建国际旅游城市规划》确立了拉萨旅游产业的四大空间发展布局，即一个都市旅游中心区、两条城郊旅游休闲带、三大旅游骨干廊道、四大集中发展片区。

　　1.一个都市旅游中心区

　　这是指以圣城拉萨作为重要的旅游核心区。由布达拉宫、大昭寺、罗布林卡共同组成拉萨世界文化遗产核心，实现了拉萨历史感从"节点"到"片区"的延伸，有效延长了拉萨文化遗产旅游的产业链条。

　　这一布局有利于全方位提升拉萨中心城区的旅游集约化水平，并以拉萨世界文化遗产旅游为主体，以城市特色风貌街区、景观休闲带为脉络，重点发展文化体验、都市休闲、高端度假等都市旅游，建设区域性旅游文化创意中心、旅游公共服务中心、旅游制造业中心，从而形成"宜居、宜游、宜业"的城市优质生活圈。

　　2.两条城郊旅游休闲带

　　这是指通过318国道、109国道、202省道等骨干交通，向拉萨中心城区外围延伸，建设沿山亲水的生态景观和民族风情长廊；以蓝色滨水休闲带、绿色山地休闲带为两条城郊旅游休闲带，打造拉萨两小时都市旅游圈。

　　其中，蓝色滨水休闲带以318国道为骨干，以拉萨河为轴线，将系统建设汽车旅游、骑行徒步皆宜的休闲绿道服务体系；绿色山地休闲带以202省道、109国道为骨干，重点发展娘热沟、夺底沟、扎叶巴洞窟、楚布河等旅游景区项目，打造集生态科考、户外运动、养生休闲于一体的山地生态旅游项目集群。

　　3.三大旅游骨干廊道

　　这是指以拉萨东、西、北三大交通干线为轴，打造"圣湖天路"北廊道、"茶马驿道"东廊道和"南亚通道"西廊道三大黄金旅游廊道。

其中，"圣湖天路"北廊道由拉萨市区对接纳木错，内部带动堆龙德庆区和当雄县，外部连通青藏线、川藏北线、唐蕃古道和三江源，并辐射那曲地区。这条线是拉萨市域旅游的核心旅游廊道，有利于打造拉萨旅游大环线。

"茶马驿道"东廊道内部带动达孜县和墨竹工卡县，外部连通川藏线、滇藏线、茶马古道，辐射林芝地区与昌都地区，支持沿318国道开发绿色环保的特色精品区、小型生态度假村、自驾自助游营地。这条线还将培育达孜县和墨竹工卡县两大次级旅游中心，优先开发甲玛沟、日多温泉、思金拉措湖等五大旅游景点，并重点开发拉萨河滨河林卡休闲、温泉度假、民俗风情等旅游产品。

"南亚通道"西廊道内部带动曲水县和尼木县，外部连通中尼公路和新藏线，进一步辐射日喀则地区与阿里地区，西廊道将着重打造拉萨中心城区至曲水县的自驾旅游，以及骑行旅游的示范路段，有利于打造原生态民族旅游精品。这条线还将培育曲水县和尼木县两大次级旅游中心，重点开发以俊巴渔村、尼木三绝等为代表的非物质遗产旅游产品、滨河林卡休闲产品等，构建拉萨具有浓郁民族特色的国际旅游廊道。

4. 四大集中发展片区

拉萨打造国际旅游城市构建的四大旅游集中发展片区为湖山羌塘旅游片区、田园农业旅游片区、湿地温泉旅游片区和民俗文化旅游片区。

其中，湖山羌塘旅游片区以纳木错、羊八井地热温泉、念青唐古拉主峰等为核心吸引力，推进拉萨北部山水观光旅游与高原休闲旅游的融合发展；田园农业旅游片区重点扶持堆龙德庆区南部、曲水县北部、林周县南部、达孜县西部的农业旅游和田园乡村旅游项目；湿地温泉旅游片区以拉萨河谷湿地、思金拉错湖泊湿地、德仲温泉、日多温泉与峡谷森林、民族文化等旅游资源相结合，建设拉林旅游线上的节点型旅游目的地景区项目集群；民俗文化旅游片区将建设尼木生态旅游区，加快提升吞巴景区、俊巴渔村的建设管理水平，打造国际知名的藏文化民俗旅游胜地。

在开启"四大布局"的同时，作为建设国际旅游城市战略突破点，结合知名国际旅游城市的共性与拉萨旅游的个性，拉萨还十分注重整座城市古老与现代的平衡，民族性与多样性的平衡，以及城市规划与旅游产业的平衡等多个方面。

众所周知，拉萨是一座千年古城，也是充满独特性的现代城市。在打造城市风貌与旅游产品的构成上，使古老与现代两种风格达成平衡显得极为重要，既要求积极保护和恢复拉萨的古城格局，规范历史文化遗产的利用方式，又要求积极推进城市现代化建设，通过构建现代旅游服务体系和开发新型的旅游项目，突出拉萨的时代感与时尚感。

每一座城市都有其独特的气质，鲜明的民族特色就是拉萨最突出的城市特色。这就决定了拉萨在建设国际旅游城市的过程中，也要注重民族性与多样性之间的平衡。因此，一方面，拉萨要坚持自身的民族特色，构建完善的藏文化旅游体系，从而成为藏文化旅游的中心城市；另一方面，拉萨也要重视营造开放的城市氛围，通过与不同文化的交流与碰撞，大胆吸收其中的精华，从而塑造和强化自身的国际化特色。

如今，拉萨正在加快"三大建设"，即加快重大文化旅游项目建设、加快旅游基础配套设施建设、加快推进国际旅游品牌建设；同时，也正着力推进"五个国际化"，即旅游产品国际化、旅游设施国际化、旅游服务国际化、旅游营销国际化、旅游集团国际化。而随着拉萨旅游接待能力的快速提升，拉萨的城市形象更加独特鲜明，丰富的旅游要素更是齐头并进。并且，通过加大招商引资力度，拉萨良好的产业发展形势，极大地带动了个体经济发展，众多家庭旅馆如雨后春笋般崛起，使拉萨的旅游服务更加完善。

拉萨通过对城市形象的进一步塑造，被国务院确定为首批24个历史文化名城之一，先后获得"全国文明城市""中国优秀旅游城市""中国特色魅力城市"等称号，吸引着更多的国内外朝圣者和游客前往拉萨观光旅游。

可以说，拉萨独特的城市地位与城市性质彰显了其建设国际旅游城市的重要意义。这也决定了拉萨在把握宏观政策机遇的基础上，除了要注重自身的独特性，还要具有国际视野，通过不断借鉴国内外知名旅游城市的发展路径和经验，从而稳步而有序地推进旅游产业的国际化升级。

毫无疑问，探讨拉萨建设"具有高原和民族特色的国际旅游城市"的发展战略，实现拉萨"大旅游战略"的美好夙愿，在推进整个西藏地区"世界旅游目的地"建设进程、促进西藏旅游一体化整合、推动西藏旅游业富民惠民等方面，都有着极为深远的意义。

神山圣水的邀请：踏上雪域高原，体验"天人合一"的心灵之旅

领略过高原神山圣水的人，无不被其纯粹的碧水蓝空所感动，也无不被雪域纯净的空气、朴实的人文、独特的民俗所吸引。作为雪域圣城，拉萨有雄伟的雪峰、宁静的湖泊、奔流的江河，也有广袤的森林与壮美的草原，它们辉映着古老的藏文化，呈现出千姿百态、异彩纷呈的景象。

现在，越来越多的人前往拉萨旅游，除了想领略高原的自然风光和名胜古迹，更想了解的是拉萨的独特文化。可以说，高山、雪域、阳光与藏文化等元素，共同构成了拉萨与世界任何地方迥然不同的自然与人文风景。

千百年来，独特的自然环境孕育了同样独特而悠久的西藏文化。在艰苦的高原环境中，藏族人民通过长期的生产生活实践，逐渐形成了勤劳勇敢、智慧善良的民族特性，造就了乐观豁达、开放包容、悲悯向善以及崇尚和谐的西藏文化特征。这种文化属性使拉萨这片神秘的土地，蕴藏着说不完的故事和传说。山野间随意的一块石，或是一株草，在性情浪漫、诗意随和的藏族人民那里，都仿佛被赋予了某种神秘而奇特的力量。他们用神话来演绎本民族的历史和逝去的过往，将对大自然的敬畏和崇拜，寄情于山川草木之间，甚至将自己也视为自然的一部分。

藏传佛教文化是西藏文化的重要组成部分。一直以来，主张实现人与人

之间的和谐、人与社会之间的和谐、不同民族之间的和谐、人与自然之间的和谐，始终是藏传佛教的核心伦理价值。

在此基础之上，西藏特有的文化价值取向，就演化为注重内在的精神追求，坚持众生平等和保护生态，注重自强不息以及与人为善等。这些文化精神与品格，既是拉萨的文化基因，也是极其宝贵的精神财富，同时也是拉萨发展特色旅游产业的重要支撑。

在拉萨旅游，随处可见磕长头的信徒，以及转经的人们。藏族同胞还有一个特别的风俗——转山。

每年藏历的6月4日，就是转山的日子。在藏语里，"转山"叫"竹巴次西"，《藏汉大词典》里解释道，"竹巴次西"是"佛祖释迦牟尼转四谛法轮日，属于宗教节日，居民会在这天到山上巡礼朝供"。

拉萨处于河谷地带，城市的两侧都是耸立的山峰。城北的山峰之上，不仅建有格鲁派三大寺中的哲蚌寺和色拉寺，山腰上还分布着帕崩岗、曲桑、撒卡扎日、曲定、米穷日、吉仓等一些小寺庙。这些平日不容易到达的半山小寺，在转山途中，都可以一一拜访。

转山这一天，拉萨人会在附近的山寺巡礼朝供，他们的家人则带着茶和酒在山脚处扎起帐篷迎接，然后一起过林卡，尽情欢度节日。

转山的起点位于拉萨市北郊的娘热乡，往吉索村方向走，到聂日山的山腰，就可以看到帕邦喀宫。转山路上会经过曲桑、位于色拉寺西山的撒卡扎日和东山的曲定寺，然后到达普觉寺，从夺底乡出来。

转山时节，宫殿下设立了小茶馆，既提供休息场所，也供应甜茶和小吃。还有僧人在巨石下设立念经的法坛，路过的人都可以进去施供。转山时，上山的人们会点燃香柏并撒上糌粑，随着煨桑的青烟在半山腰升腾起来，转山的帷幕便拉开了。

转山路上，人们可以在经幡上写下自己的祈愿，再将经幡高高挂起。在山头随风飘舞的经幡，汇成色彩斑斓的云霞，将人们的祈愿带向远方。

到拉萨转山，可以说是一场深入灵魂的旅程。藏族同胞不辞辛劳地转山，甚至长期磕着长头到拉萨朝佛，这种执着的精神令人动容。与众人结伴登高望远，俯视拉萨的全景，感受眼前神山圣水的邀请，不仅拉近了人与大自然的距离，也拉近了人与人之间心灵的距离。

在藏族同胞虔诚的信仰背后，所体现的是这样一种精神面貌：西藏是一种至诚的信仰，是一种包容的精神，也是一种淡然超脱的生活态度。正是这种精神面貌吸引了众多的游客前来观光与体验。作为这一精神面貌的展示窗口，拉萨可以说是汇聚了世界的目光。

一般来说，一座城市的旅游吸引力，与其旅游资源的特色密不可分，而这种特色多由其旅游资源的文化内涵所决定。拉萨具有浓郁的藏文化气息，民族文化旅游资源既丰富又别具特色，这构成了拉萨旅游业的内在灵魂。

因此，立足拉萨旅游产业的文化内涵，明确长远的发展目标，从高起点进行总体规划，注重深度整合文化旅游资源，开辟科学合理的旅游路线，是挖掘拉萨旅游产业内涵的重要途径。文化与旅游资源的有效整合，既有利于凸显拉萨的旅游资源优势，也有利于形成拉萨旅游产业与文化产业互动共进的良性循环。

近年来，随着拉萨着力打造具有高原和民族特色的国际旅游城市的工作不断推进，拉萨市旅游业的发展取得了令人瞩目的成绩。尤其是将文化与文艺队伍作为繁荣和发展旅游产业的有生力量，充分发挥专业的民间文艺人才和开发商的作用，将丰富的文化资源推向旅游市场，既有效挖掘了拉萨独特的文化资源，也极大地活跃了旅游市场。拉萨市采取的一系列促进旅游发展的措施也有效刺激了旅游市场的需求。同时，通过加大旅游宣传促销力度，成功地推出了一批以避暑休闲和民俗旅游为重点的节庆活动和旅游精品线路。休闲度假、生态旅游、乡村旅游、温泉旅游等成为新的消费热点。

自然的造化、文化的积淀，造就了"人间圣地，天上西藏"的神奇。来到拉萨这片雪域高原热土，观赏浑然天成的大美风光，感受独具魅力的藏式风情，探访厚重深远的异域文化，人们所体验到的必然是新鲜而独特的精神之旅，也是人与自然对话、与自然融合的心灵之旅。

魅力无限的人间胜境：纳木错景区，一片潜力巨大的旅游热土

纳木错位于拉萨市当雄县境内，是西藏著名的"三大圣湖"之一，藏语意为"天湖"。湖的南面是终年积雪的念青唐古拉山，北部和南部依偎着高原、丘陵和宽阔的湖滨。平坦的草原环绕湖泊铺展开来，纳木错犹如一面巨大的蓝色宝镜，镶嵌在西藏北部广袤的草原上。

纳木错因远离现代文明的污染，一直留存着自然原始的生态美景。多年来，由于保护措施得力，纳木错生态系统良好，碧湖如镜，草原苍翠，风景如画，高海拔生态环境更是带来了纳木错景区独有的魅力。

以纳木错为核心的纳木错自然保护区，就是以保护高原湿地生态系统和荒漠生态系统，兼顾保护藏文化和自然遗迹为目的的西藏自治区级自然保护区。

每年的7月至9月是纳木错最美的季节。作为西藏最大的内陆湖、世界上海拔最高的咸水湖，以及藏传佛教的著名圣地，自每年的6月份起，景色旖旎、生态良好的纳木错景区，便会迎来它的旅游旺季。

若是从拉萨市区出发，向北行走190千米，即可抵达湖光潋滟、美不胜收的纳木错。在并不遥远的路途之中，不仅可以一路欣赏拉萨河的蜿蜒曲折，领略念青唐古拉山的气势磅礴，也可以感受到西藏北部大草原的广阔无垠，还会翻过被称为生命禁区的那根拉山口。

在西藏人心中，每个山口都是神圣之地。因此，那根拉山口挂满经幡，以示对神灵的敬畏。那根拉山海拔5190米，是从拉萨前往纳木错必经的最后一座大山。从山上的观景台远远望去，一片幽蓝的湖面清澈透明，辉映着皑

皑的雪山，涌现在人们的视野之中。

翻过那根拉山，便进入纳木错湖滨的草原地带。碧绿的青草地像是一张柔软的绿地毯，连同点缀在其中的成群牛羊一起，覆盖在宽阔而平坦的土地上。在飘扬的五彩经幡中，碧蓝的纳木错展示着她绝美的倩影。

纳木错的湖水总面积为1920平方千米，湖中有5座岛屿和5座半岛。岛屿、半岛及低山临湖一面岸壁均十分陡峭，形成断裂构造的特有景观。其中，来到拉萨的游客极为青睐的是面积最大的扎西半岛，岛上的岩洞奇形怪状，还有无数奇异的石柱和石峰纷杂林立。

日出和黄昏的景象，是纳木错不容错过的壮丽景致。当日光洒在草原和湖面上，水天相接的景色犹如人间仙境，会让人不觉感叹世上竟有如此美丽的地方。

纳木错是西藏人心目中的圣湖，也是藏传佛教著名的圣地之一。藏传佛教认为，纳木错是佛母金刚亥母仰卧的化身，身语意俱全。因此，每年都有来自青海、四川、甘肃、云南以及西藏各地佛教徒前来转湖朝圣，以寻求灵魂的超越。

藏历羊年时朝圣盛况更甚，众多佛教徒千里迢迢虔诚而至，只为完成心中的朝圣之旅。

灵秀的自然风光、独特的民族风情、深厚的人文情怀，这就是令人神往、宛若天湖的纳木错景区。它持续吸引着众多游客前来游览观光，为挖掘当地的资源优势，大力发展旅游产业，提供了得天独厚的自然和人文条件，可谓是一片潜力无限的旅游热土。

2012年10月，以纳木错为核心的纳木错国家公园正式揭牌，这是拉萨的首座国家公园。这一挂牌标志着全球最先进的国家公园管理模式已经成功地运用于西藏的旅游实践。建成后的纳木错国家公园常年对外开放，在注重生态保护的前提下，逐步发展出生命繁衍之路、高原探秘之路、草甸湿地之路、藏民俗之路等专题旅游线路。

同时，当雄县还实施了旅游富民工程，强化旅游致富，希望带动农牧民通过游牧部落旅游、牧家乐、家庭旅馆的建设和经营等参与到旅游产业的发展中来，切实让农牧民依托旅游发展"吃旅游饭、发旅游财"，通过从事旅游业、服务旅游业、经营旅游业来增加家庭收入。

纳木错国家公园本着注重保护、合理旅游开发的原则，集保护、科教、游览为一体。根据规划设计，纳木错国家公园将构筑入口片区、综合服务区、草原游牧风情体验区、藏民族文化展示区、高原湖泊体验区、度假体验区、生态体验区七大功能区。建设内容包括道路及交通设施、游客中心、沿途观景设施、休闲旅游设施以及相关的配套旅游设施等，旨在将纳木错打造成为一流的旅游示范景区。

近年来，纳木错景区的游客量以每年20%以上的速度不断增加。尤其在每年夏季的旅游旺季时，景区的日均接待游客量甚至达到5000人次。当雄县旅游局提供的数据显示，仅2014年，纳木错景区就接待游客71.25万人，旅游门票收入达到6354万元。

为了适应日益增长的游客量，进一步保护景区生态，当雄县正在对纳木错景区进行合理规划，不断完善景区综合服务配套设施，不仅有利于将纳木错景区打造成为生态和谐、人居旅游舒适的景区，也进一步提升了纳木错景区的生态效益、社会效益和经济效益。

现在，崇尚健康的自然生态旅游，已成为人们出行游玩的首选。生态旅游注重的是对自然景观的保护，也是可持续发展的旅游。在这一诉求之下，纳木错景区纯净、独特、绝美的自然风光和优良的生态环境受到国内外游客的青睐。2014年，在"生态文明与旅游可持续发展"主题论坛上，纳木错景区被评为"中国十大生态旅游景区"之一。

最近两年来，集合了神山圣湖、草原风情、西藏民俗文化等元素的纳木错景区，通过对沿线道路的美化、配套设施的建设，在整体优化道路沿线景观的基础上，又保持了景区之内的民风民俗，使纳木错景区的整体形象有了很大的提升。

　　对纳木错景区进行深入开发和保护，既是整合和挖掘拉萨旅游整体资源优势、打造具有国际影响力的拉萨旅游品牌的必然要求，也是促进拉萨旅游文化产业实现大发展、大繁荣的一项重要举措。这无疑会极大地带动拉萨旅游业的发展以及当地经济的崛起和繁荣。

第五章

圣城拉萨，文化之都：
大力发展文化旅游，铸造雪域精神家园

作为旅游产业强市，拉萨的文化旅游资源也十分丰富。拉萨地处藏民族文化中心腹地，有着深厚的文化底蕴，不仅有传承久远而多彩的藏民族文化、博大精深的藏传佛教文化，也有团结共融的各民族文化。将文化优势融入旅游产业加以发挥，拉萨的旅游市场必然会更具吸引力。因而，文化旅游也是拉萨要重点发展的产业。

一条诱人的文化长廊："最美村镇"尼木吞巴景区

2013年6月20日上午，高原上的日光依旧明媚耀眼。这一天是尼木吞巴景区正式对外全面开放营业的庆典举办的日子。红色的大布景之上，写着"西藏尼木吞巴文化旅游景区盛大开业"的金色汉字，汉字的上方是一行同义的藏文。在夏天炽热而奔放的阳光下，两行金色的字体更显得光彩夺目、熠熠生辉。

对吞巴村的村民央吉来说，这一天是极为喜庆的日子，是她崭新生活的开始。因为景区开业之后，她将以导游的身份向游客们介绍景区内不同的景点。这意味着，她不用再像以前一样一年到头在外辛苦打工。对她而言，这份工作不仅轻松了许多，而且很大程度地改善了她的生活，更重要的是，她可以陪在家人身边。

在此之前，景区就在附近的村子招聘汉语较好的村民，到景区里从事导游工作。和很多当地的村民一样，经过一系列培训之后，央吉便成为一名合格的景区导游。关于景区内的景点，央吉再熟悉不过，每一句解说词都早已深入她的内心。

位于拉萨市尼木县吞巴乡的尼木吞巴景区，距离拉萨120千米，毗邻318国道，交通便捷，是拉萨文化旅游的重要景点之一。吞巴乡在尼木县东南部，距离尼木县城约20千米。"吞"为氏族之名，"吞巴"藏语意为"吞氏居住地"。

2013年，在"发现2013中国最美村镇"的评选活动中，尼木吞巴景区获得最佳传承奖。这是经过全国各省市的推选和考察、全国5000万人次投票以及100家媒体评分产生的评选结果。对于尼木吞巴景区来说，这一评价名副其实。

作为藏文字创造者吞弥·桑布扎的故乡和藏香的发源地，尼木吞巴景区拥有全国首座藏文字主题博物馆、8项国家及自治区级非物质文化遗产技艺展示、传承千年的原始水磨藏香工艺，以及水磨长廊景观等极具历史感和文化气息的景点。

尼木吞巴景区有七大游览内容，即吞弥故居经堂、藏文字博物馆、文化长廊、藏香水磨长廊、非物质文化聚集地、吞巴庄园、吞巴广场。若乘坐观光车进入景区，一座古朴而雅致的村落很快便映入眼帘：缓缓淌过的流水，泡在水中用来制作藏香的柏树段，幽静的长廊和藏式小院，每一处景象都显得悠闲而独具韵味。

景区内至今仍完整保存了吞弥·桑布扎的故居、经堂和吞巴庄园等古建筑。吞弥·桑布扎是藏文字的创造者，其故居是一座土木结构的两层院落建筑，约建于松赞干布时期，面积约600平方米，伫立于这座具有1300多年历史的建筑前，一种历史的厚重感便扑面而来。不管是从建筑学角度，还是从历史文化方面来说，这些古建筑都有很高的价值和意义。

除了古建筑，景区还拥有藏香、藏纸、藏雕刻、藏陶、藏靴、藏戏、藏鼓等8项国家级和自治区级非物质文化遗产项目，并且是最集中、最为完整的地区民族手工业集聚地。其中，藏香、藏纸、藏雕刻这3种具有很高知名度和市场竞争力的产品，被响亮地并称为"尼木三绝"。

景区的水磨长廊也是西藏传统水磨藏香制作生产地，水磨藏香制作是一项传承千年的制作工艺，已经被列为国家级非物质文化遗产。水磨长廊长6500米，包括了藏香从原材料制作、磨料、晒砖、配料到成品的几乎所有过程。因此，在这里可以观赏到西藏最原始的水磨藏香的制作过程。

水磨长廊景观附近的村庄有160多户村民，几乎每家的门口都贴有"藏香专业制作户"的牌子，这是尼木县人民政府为他们颁发的。近年来，在尼木县政府的积极调整和推广下，尼木藏香制作技艺已成为吞巴景区重要的文化旅游项目，藏香制作占整个村子经济收入的80%以上，吞巴村也被誉为"藏香第一村"，吸引了成千上万的游客前来参观游览。如今的吞巴乡共有220户藏香制作专业户，年收入达600余万元。

此外，尼木吞巴景区还兴建了全国第一座以藏文字为主题的博物馆，并建成了可容纳300～500人的大型餐厅等设施项目，可以让游客边吃饭边欣赏中国最古老的塔荣白面具藏戏；拥有中国首座藏文字主题博物馆，馆内墙面上有描述吞弥·桑布扎生平的巨幅唐卡，还有全国首个藏文书法荟萃展示，其中最令人骄傲的是，获得吉尼斯世界纪录的长达133米的藏文书法长卷也收藏于此。

尼木吞巴景区的发展定位是牢牢把握吞巴现有核心资源，将文化与旅游完美结合，将藏香、藏纸、藏雕刻等多项非物质文化项目集中至吞巴景区，从而倾力打造出一条专属于尼木县的文化长廊。

2014年，投资3000万元的尼木吞巴景区第二期工程开工建设，工程内容为在吞巴河两侧大规模种植树木，通过种植彰显本地特色、适合当地生长环境的桃树和红叶细柳等树木充实和丰富当地植物景观。

同时，工程还包括建设非物质文化遗产博览园；扩建吞巴庄园，完善庄园内部结构和设施；打造吞巴古镇等。2015年，尼木县继续投资建设吞弥·桑布扎度假村以及吞巴温泉度假酒店，立足于尼木吞巴景区独具特色的原生态文化环境，给游客带来更好的旅游体验和感受。

目前，尼木吞巴景区是拉萨至日喀则旅游线路上唯一集旅游、购物、饮食于一体的景区。精心打造的景区全面开放之后，吸引了众多热爱西藏文化的游客前来观光体验。这不仅带动了当地经济的迅速发展，还使当地居民能够通过旅游产业的激活和牵引，利用自身特色和特长走上了致富之路。

舞动的牛皮船：别开生面的"圣地渔村"旅游特色

绿树环绕的草坪上，身着盛装的扎桑老人手持彩箭，带领一群舞者表演着牛皮船舞。站在身背牛皮船的船夫中间，扎桑老人自然而流畅地转起舞步，同时亮起歌喉，唱起了牛皮船舞独有的道白。

扎桑老人已经70多岁了，是村子里唯一的一位"阿热"，即牛皮船舞中的领舞者。跳牛皮船舞时，"阿热"既要跳舞，也要唱歌，其余的舞者需要背负三四十公斤重的牛皮船，用同样的动作跟着"阿热"跳舞，还要不时用船桨击打船舷，发出整齐而有节奏的"咚咚"声。

每年的藏历3月，俊巴渔村都要举办一年一度的捕鱼节。那时，渔民们会背上牛皮船，进行"郭孜舞"，即牛皮船舞表演，这是发源于俊巴渔村的一种独特舞蹈。舞者们背着沉重的船身，用腰部的力量带动船桨，动作整齐地敲击出一阵阵鼓声。

据说，渔村的牛皮船舞起源于牦牛舞——在西藏，牦牛也被称作"高原之舟"——因此，牛皮船舞的很多动作都具有牦牛的一些特性。整个舞蹈粗犷雄浑，朴实豪放，热烈奔放之中又不乏流动的深沉，是极具原生态色彩的船歌，淋漓尽致地展现出渔村的船夫们在恶劣的自然环境面前，不畏艰难、顽强抗争的积极心态和乐观精神。

这个跳牛皮船舞的村庄，叫作"俊巴渔村"。村庄位于拉萨市曲水县境内拉萨河与雅鲁藏布江的交汇处，水域辽阔，渔产丰富，是西藏久负盛名的唯一以打鱼为生的村庄。在藏语里，"俊巴"原发音为"增巴"，意思是"捕手"或"捕鱼者"。

在俊巴渔村，大自然的馈赠与独特的渔文化相得益彰，使村庄获得了"雪域桃源"的美誉。俊巴渔村大小湖泊较多，渔村南面就是美丽的白玛拉错湖。江河湖水的灵性，孕育了俊巴渔村神秘诗意的奇妙风光；热烈而奔放的舞步，跳跃出俊巴渔村与大自然相融相生的和谐画面。

西藏和平解放以前，受封建农奴制度以及西藏全民信仰藏传佛教的影响，西藏人不食鱼肉，并把鱼当作祖先和神灵来崇拜。而俊巴渔村全村人却以捕鱼为生，在西藏乃至整个青藏高原，这是唯一的例外。因此关于其缘由，便有了种种神秘而美丽的传说。

相传在遥远的古代，拉萨河里鱼类猛增，它们长出了翅膀，时常飞到天上，遮天蔽日，致使阳光不能照耀大地，严重威胁到万物的生存。那些长着翅膀的鱼甚至飞到天庭，惹怒了天神。天神因此命令一位名叫巴莱增巴的渔夫带领渔村的村民去消灭那些飞鱼。九天九夜之后，村民们胜利归来，并吃鱼庆祝。自此之后，俊巴渔村就有了打鱼和吃鱼的习惯。至今，俊巴渔村的村民仍将巴莱增巴尊奉为他们的祖先。

当然，渔村生活饮食习惯的形成，还有地理位置方面的原因。俊巴渔村位于江河交汇处，三面环山，一面临水，交通闭塞，耕地和牧场极少，打鱼自然成为其赖以生存的生产和生活方式。久而久之，便形成了西藏地区仅有的一座渔业村庄，也沉淀出古老而独特的藏族渔文化。

2008年，牛皮船舞以其鲜明的民族特色，被收入国家级非物质文化遗产宝库。小小的牛皮船，不仅是村民的打鱼工具，也是他们在劳动之余跳舞的道具。随着拉萨旅游产业的崛起，如今的牛皮船和牛皮船舞自然而然地成为俊巴渔村旅游开发的热点，不仅演绎着俊巴渔村的过去，更承载着俊巴渔村的未来。

俊巴渔村有制作鱼宴的传统，其"渔家宴"极负盛名。由于渔村鱼类品种繁多，吃法多样，传统食鱼的方法有蒸炸煮煲等20多种，还会用鲜鱼做成鱼子酱、生鱼酱等食品，味道极其鲜美。

在渔村，传统鱼宴制作技艺很好地传承了下来。拉萨市和曲水县将"俊巴鱼烹饪制作工艺"作为非物质文化遗产进行申报，终于在2009年，这一制作工艺正式列入西藏自治区级第三批非物质文化遗产名录。

除了牛皮船舞和"渔家宴"，俊巴渔村附近的雅鲁藏布江、拉萨河、白玛拉错、巩喀神庙以及特色高原渔村婚俗和春播节等，都值得游客前去观光体验。而且，由于交通设施的改善，过去那种从拉萨河乘坐牛皮筏才能到达渔村的局面已经不复存在，尤其是横跨拉萨河、雅鲁藏布江的两座大桥的建成，以及穿越西涧河洞至分水岭的隧道贯通，使得人们到俊巴渔村旅游变得十分便捷，"俊巴渔村"的旅游品牌已经越来越响亮，并正在变成拉萨乃至西藏著名的旅游观光胜地。

近年来，俊巴渔村以丰厚的历史文化底蕴和独特的藏式渔村风俗民情为依托，制定了"生态建设、旅游推介、农业发展、特色产业、繁荣经济"的发展方针，坚持将挖掘历史文化底蕴与创新理念相结合，将发展旅游经济与带动村民致富相联结，从而将俊巴渔村打造成为"圣地渔村"民俗旅游度假村。

同时，俊巴渔村自古就有独特的皮具加工传统。依托旅游市场，通过制作皮具等各种装饰品、旅游产品和手工艺产品，村民们进一步拓展了增收致富的渠道。渔村里约有70%的家庭以家庭作坊模式加工制作小型牛皮船、小糌粑袋和小茶叶袋等具有浓厚藏民族特色的手工艺品，这些产品很受国内外游客的喜爱。现在，俊巴手工皮具制作技艺也被列入了西藏自治区非物质文化遗产。

俊巴渔村旅游开发建设坚持旅游开发建设与生态环境保护相结合，坚持因地制宜和改造建设相结合，从而实现该县旅游经济的快速发展和农牧民群众的增收致富。

如今，从历史深处走来的俊巴渔村，已经将传说与现实、传统与现代、劳作与艺术融合得浑然天成，毫无雕琢之感。在历史传统与现代文明的交相辉映中，俊巴渔村的渔业、旅游业和手工业已形成共同发展的局面。

站在俊巴渔村西边的山上，可以俯瞰村庄全景。蜿蜒的拉萨河从东向西流动，逶迤而来又流向远方，如同母亲一般温柔地呵护着俊巴渔村。河畔那美丽动人的传说，古老而独特的渔村文化，仿佛在牛皮船欢快有力的舞步中，奏出了欢快悦耳的新乐章。

走进"天边之乡"：墨竹工卡的"乡村旅游＋文化体验"模式

沿川藏线一路向西行驶，翻过米拉山口，拉萨仿佛触手可及。山下的墨竹工卡县便是真正意义上的拉萨后花园，全县距离拉萨市区仅100千米左右。

"墨竹工卡"藏语意为"世间财主墨竹思金龙王神往的中间白地"。它东邻贡布原始森林，南接藏族文化摇篮山南，北靠壮观的西藏北部草原那曲，西与圣城拉萨比邻而居。独特的地理特征孕育了墨竹工卡风光旖旎的自然景观与底蕴深厚的人文景观，并因此被冠以"天边之乡"的美誉。

墨竹工卡县的旅游资源主要划分为四大区，即以松赞干布出生地为代表的甲玛人文文化景区，以思金拉措为代表的高山神湖自然景区，以直贡电站为代表的噶则休闲度假景区，以直贡梯寺为代表的藏传文化景区。

其中，位于县城以西15千米处的甲玛景区，正是墨竹工卡人文文化景观的代表。甲玛景区，又名甲玛沟景区，平均海拔4000米左右，甲玛沟是松赞干布故里，也是阿沛·阿旺晋美的出生地。

甲玛沟曾是吐蕃时期第一重镇，也是通往桑耶寺的古道。沟中的强巴敏久林宫遗址，就是藏王松赞干布的出生地，松赞拉康至今还供奉着松赞干布和文成公主的塑像。贵族庄园特有的建筑形式——古围墙、古佛塔、古寺庙也在这里多有保留，烘托出甲玛沟浓郁的历史文化气息。

作为萨迦王朝时期西藏13位万户侯常驻地，甲玛沟还留存着霍尔康贵族遗址。如今，位于甲玛乡赤康村的霍尔康庄园逐渐成为甲玛沟景区的名片之一。

元朝时期，西藏开始实行"万户制"，当时整个西藏一共有13位万户侯。甲玛沟是其中一位万户侯的治所，其府邸所在地便是霍尔康庄园。"霍尔"是藏族人对蒙古人的称呼，200多年前，霍尔康家族这支蒙古血脉迁移到今天的甲玛乡赤康村。在藏语中，"赤康"是"一万"的意思，赤康村也被称为"万户府"。赤康村便是以此为名，并一直沿用至今。

霍尔康庄园占地面积约为5万平方米，是西藏农牧区庄园文化的遗存地之一，记录了西藏农牧区生产、生活方式的历史变迁。这里也曾是松赞干布的父亲处理军政要务的地点之一。

在湛蓝天空和朵朵白云的装饰下，古老的霍尔康庄园显得纯净而安详，庄园里的城墙与碉楼几经岁月的洗礼，如今仅剩下残垣断壁，存留在斜阳之下，留给人们无限的历史遐想。

在霍尔康庄园里，还有一座家族寺庙——热杰林寺，这是一座格鲁派尼姑庙，建于1206年。走进寺内，历史的沧桑气息扑面而来。据说，在玻璃展柜中摆放着的经书全部由寺庙中历代高僧亲笔书写，这些经书很多都被埋在地下，后来才被挖掘出来，因此，一些没有清理干净的黄土还残留在经书之上。

在寺庙的主殿，供奉着寺庙创建人卓贡桑杰翁的雕像，旁边还有一块印有两对动物脚印的石块。其中一对是卓贡桑杰翁的坐骑黑山羊的脚印，还有一对是犏牛的。当年修建这所寺庙时犏牛曾经把自己的奶水挤出来帮助砌墙，而传说犏牛的奶水是红色的，这也是对寺庙墙壁为红色的一种解释。

一座形状特殊的高大白塔是整座庄园中最醒目的建筑，那就是卓贡桑杰翁的灵塔。这座灵塔与西藏其他寺庙里的塔完全不同，从外观来看，它就像一个白色的蒙古包，这也体现了霍尔康庄园的历史渊源。

如今的霍尔康庄园不再是万户侯驻地，历史的沉淀赋予它别样的美感，配合上现代化的展馆、餐厅、宾馆等配套设施，这里被打造成别具韵味的旅游景点，成为西藏新的旅游胜地。

霍尔康家族中最为现代人所熟知的人物，大概就是为西藏和平解放及民主改革等做出重大贡献的阿沛·阿旺晋美，霍尔康庄园见证了他人生中最快乐的童年时光。景区内将开设阿沛·阿旺晋美生平事迹展厅，通过图片及实物展示让人们更好地了解这位重要历史人物。

在霍尔康庄园景区内，游客既可以欣赏到传统藏戏的表演，还能在丰收时节与当地百姓一起欢度望果节；庄园内从前仆人们住的房屋已被改造成家庭旅馆，游客们可以在此体验墨竹当地民俗。

霍尔康庄园内还有一部分民房租给了当地村民，供他们开展民族手工艺品加工，远近闻名的"松赞藏香"就源自这里。此外，自治区非物质文化遗产"甲玛谐钦"的教学馆也坐落于此。

在景区内的唐卡、藏香等民间手工艺展示体验区，游客们不仅可以亲自感受具有西藏特色的传统手工艺品的制作过程，还可以购买到制作精美的成品留作纪念。未来，赤康村将继续推进"中国特色村"建设，让更多的村民吃上"民族文化饭"，也让甲玛乡、赤康村以及霍尔康庄园等景区被更多人所熟知。

自2011年，在有关部门的主持下，保护性的特色文化旅游开发工作开始稳步推进。霍尔康庄园建设项目总投资3000余万元，主要建设庄园主生活区、手工艺作坊及购物、休闲娱乐区和原著居民生活展示区，是集西藏贵族生活展示、新型休闲娱乐、藏民族厚重历史文化体验于一体的多功能、综合型旅游发展项目。

始建于吐蕃时期的霍尔康庄园犹如一位饱经沧桑的老人，见证了赤康村这座海拔3900米的藏家古村落的岁月变迁，其自身的蜕变也令人赞叹。

从不可一世的万户侯府、贵族庄园到村民们过林卡的好去处和令中外游客向往的文化旅游目的地，接"地气"的霍尔康庄园凭借其悠久的历史文化，变身为当地群众走向致富的优秀载体，其自身价值也在新时期得到了完美升华。

吞米岭·藏艺文博园：文化产业园开创西藏旅游新模式

2014年3月，西藏首个大型综合性文化旅游产业项目"吞米岭·藏艺文博园"正式开工建设，这意味着人们去拉萨旅游观光，又多了一个可以买正宗西藏特产、体验原汁原味藏民族风情的好去处。

吞米岭·藏艺文博园是由西藏岗地文化产业集团投资建设的。边巴是岗地集团的一名普通唐卡画师，在集团旗下的西藏拉姆拉绰唐卡画苑学习和绘制唐卡。在画苑的5年里，公司除了每月发给边巴3000多元的工资，还会给他一定的奖金和提成。

吞米岭·藏艺文博园的建设，令边巴极为兴奋，因为这预示着公司会有更大的发展，作为唐卡画师，他也会随着公司的壮大而获得更好的发展空间。特别是在推广唐卡方面，他希望能和公司一起为这一艺术形式的传承、发展做出更多的贡献。在他看来，这是所有唐卡画师的心愿。

旨在为入藏游客提供一站式文化旅游服务的吞米岭·藏艺文博园，位于拉萨市达孜县桑珠林村，距拉萨市区约18千米，交通便利，环境优美，是拉萨乃至西藏自治区首座集休闲观光于一体的民族传统工艺博览园，也是首个大型综合性文化旅游产业工程。

园区将重点打造五大基地，即西藏非物质文化遗产保护与传承基地、西藏文化创意旅游及特色休闲消费基地、西藏非物质文化产业孵化基地、西藏低碳旅游示范基地、西藏非物质文化教育培训基地等。

吞米岭·藏艺文博园规划总占地面积2000亩，分三期建设，一期建设用地515亩，二期建设用地485亩，三期建设用地1000亩。其中，一期规划结构为"一心、两轴、多点辐射"：以唐卡博物馆为核心的艺术中心，以唐卡博物馆为中心南北辐射的民族文化线及东西辐射的文化商业轴线。

一期规划又分为8个功能区，分别是：唐卡艺术中心、西藏传统文化演艺区、画家艺术村、运营管理区、酒店配套区、藏医藏药养生区、游客商业区、传统文化展示体验区。其中，唐卡艺术中心包括西藏唐卡博物馆、唐卡交易中心、唐卡研究中心、唐卡评估、唐卡鉴定、唐卡画廊、唐卡协会等；游客商业区由一个全业态文化商业街区和配套快捷酒店组成；西藏传统文化演艺区以演艺餐厅为核心配套其他功能；传统文化展示体验区由文化展示体验区与文化产业旗舰店组成。

在观光体验区内集结了藏毯坊、石刻坊、藏式家具坊、酥油花坊、泥塑坊、藏香坊、藏纸和印经坊、藏药经典养生坊、金属藏饰工艺坊、牦牛牧场、生态农业庄园、藏族纺织工艺坊共13种民族民间工艺，游客和市民可以在此区域内全面体验民族工艺制作全过程。

同时，二、三期工程还规划了西藏唐卡艺术学校、爱国主义教育基地、西藏传统建筑展示区、总部经济中心、拓展训练中心、影视基地、会展中心、居住配套区及生活娱乐服务区、市场及仓储区等多种复合功能。

吞米岭·藏艺文博园的空间布局划分为一镇、一环、四区、九节点，即在文博园中心区域营造一个展现不同地域藏民族传统建筑风格的小镇，并在小镇的核心区及街巷中分布博物馆等文化设施。

在小镇与其他片区的边界处将设计一条景观保护环带，环带沿路设置各种主题景观节点，通过爬山、涉水、过桥、穿林等项目让游客全方位体验藏民俗风情。同时，依托小镇建设综合服务区、文化休闲度假区、林卡艺术社区三大主题片区，分别承担园区综合服务、会展、生态度假、民俗体验和文化创意等功能，作为与非遗文化游赏核心区相配套的特色功能片区，面向到访游客、市民提供更加多样化的旅游产品，同时也为地块周边工业园提供会展等配套服务。

作为《拉萨市旅游发展总体规划》确定的重点项目，吞米岭·藏艺文博园以保护和发扬藏族非物质文化遗产为目标，以旅游产业为载体，充分弘扬藏族民俗艺术文化传统，将建设成为一个集文化展示交流、旅游观光接待、休闲度假娱乐等多功能为一体的国家级文化产业示范基地和集多元化于一体的文化旅游产业综合园区。

园区规划建设内容随项目成熟度梯度升级，并将引入五星级藏文化主题体验式酒店以及高端文化度假村等休闲度假产品。未来，这些基地还将具备影视拍摄等多重延伸功能，并能够填补拉萨新型旅游消费领域的空白。游客进入园区既可以观赏和学习唐卡、藏香等民族手工艺品的生产工艺，品尝小吃，晚上还可以去朗玛厅坐一坐。

吞米岭·藏艺文博园一期工程建成后，年入园游客约218万人次，参观唐卡博物馆131万人次，观看演艺中心节目14.4万人次。仅一期建设，园区就可提供就业岗位1000个以上，不仅帮助当地农牧民增收致富，也带动了园区内相关产业的共同可持续发展。据估计，园区在全面建成后，年接待游客量将达到100万～300万人次，实现年均文化旅游营业收入4.94亿元，年均净利润达1.48亿元。

以文化旅游有形产品为产品实体，经济效益良好、规范经营的代表西藏文化的吞米岭·藏艺文博园，立足于本地文化元素，融合现代市场理念，成为新的旅游热点、中国民族文化旅游的产业标杆、西藏具有示范性的现代化产业基地、拉萨文化产业，以及拉萨文化旅游的龙头品牌，并成为向世界展示和传播藏文化的窗口。

第六章

原生态风情旅游：
国际知名的藏文化民俗生态旅游胜地

　　拉萨民俗生态旅游资源极为丰富，其不断开发推出的民俗生态旅游项目，一直深受游客的喜爱和推崇。以民俗特色文化与自然生态环境相结合，使人文环境融入自然风光，生态美景折射人文思想，民俗生态旅游已成为拉萨旅游业的一张重要名片，并成为一种新兴的可持续发展的旅游经济。

藏式风情也时尚：慈觉林藏院风情街

　　白天，可以远远遥望着布达拉宫，或品茶，或看书，或喝一杯咖啡，听听音乐，享受休闲小资的文艺生活；夜晚，可以一边欣赏拉萨市的夜景，一边感受着高原的星空，又或是到剧场观看藏文化大型史诗剧《文成公主》；若在游玩后感到疲惫，随时都可以在舒适而富有情调的藏式客栈内安然休憩……

　　这些近乎想象式的藏文化原生态风情之旅，在极具藏式浪漫和时尚气息的慈觉林藏院风情街内，全部都会成为真实而又美好的体验。

　　2015年5月1日，位于拉萨河南岸的慈觉林藏院风情街正式开业。一排排双层藏式传统的矮房、一个个古色古香的木质招牌、一件件精致完美的手工艺品吸引了众多游人前来观光。晚上的开业仪式上，灯光旖旎闪耀，璀璨的烟花漫天铺开。游客们不仅看到了欢快的篝火锅庄，还看到了精彩的藏戏表演。

从这一天开始，集民俗文化展示、民族手工艺品产销、演艺娱乐、度假休闲、商贸观光和生活服务于一体的慈觉林藏院风情街，便开始发挥其汉藏文化交流传播功能，为游客提供具有丰富文化内涵的藏文化原生态度假、休闲、娱乐体验。

慈觉林藏院风情街是依托慈觉林古村落深厚的藏文化底蕴而建造的。整座风情街邻接318国道，主要建筑群分列在大道两侧，与当地居民的藏式院落相互映衬，处处散发着浓厚的藏文化气息。

作为中国西藏文化旅游创意园的龙头项目，慈觉林藏院风情街依山而建，其建筑设计延续西藏传统聚落空间形态，并结合传统藏式建筑风貌及现代商业的双首层、连廊、屋顶商业平台等设计概念，形成了丰富多彩的空中院落。

慈觉林藏院风情街分为两个商业区，即东区商业群落和西区商业群落。其中，东区商业群落是游客到达商业街的第一站，该区域以藏、印、尼工艺品，特色藏餐、书吧、艺术家生活创意空间及园区服务配套等为主；而在西区商业群落，游客除了可以观看原有的藏式建筑聚落外，还可领略原始藏式田园风情，该区域将作为游客进行西藏深度游最好的停驻场所，主要以主题餐饮、主题酒吧、藏式特色客栈为主。

那迦异域文化艺术生活馆是较早入驻藏院风情街的企业。黎丽是那迦异域文化艺术生活馆的创始人。早在2006年，她以游客的身份来到拉萨时，就被拉萨独特的文化底蕴深深吸引，此后便年年到访。2013年7月，当她再次来到拉萨时，得知藏院风情街正在招商，详细了解之后，便决定将其在拉萨的第一家分店落户在区位优势明显、发展前景广阔的藏院风情街。

风情街开街这一天，有9家商铺开始营业。摄色·高地酒吧是用石头砌成的红白相间的石头房子，极具传统的藏式院落风格；天堂时光旅行书店里有5万册书籍可供读者自由选择，书店开业当天的义卖收入超过1万元，全部捐给了地震灾区。

融文化与历史、时尚与现代、休闲与浪漫为一体的慈觉林藏院风情街是传统与现代的完美结合。在设计之初，风情街就充分考虑藏文化元素与现代元素的结合，在建筑风格上延续了西藏传统建筑的空间布局，突出了藏式建筑的聚落感、围合感、趣味感、层次感，建筑材料就地取材，内部装饰满足保暖、隔热等多项功能要求，多层次体现民族及时尚特色。

作为一个文化旅游产业项目，慈觉林藏院风情街符合拉萨市旅游业发展规划，充分发挥了原生态汉藏文化交流传播中心的功能，并为西藏主题文化旅游业树立了标志性典范，对提升拉萨市的城市形象，以及促进慈觉林当地的经济发展，都将起到极为重要的作用。

迎面吹来"民俗风"：娘热乡民俗风情园

在拉萨市城关区，有一条著名的大道——娘热路。这条路直通拉萨北郊的西藏军区总医院，沿总医院前门的小路继续西行，便是风景怡人、历史悠久的娘热沟。

娘热沟内绿影婆娑，泉水潺潺，民居错落，沟谷相连，坐北朝南的山崖上，依次排列着曲桑贡巴、苦修庙、帕崩岗等，与古老的色拉寺、曲贡文化遗址一同衬托着青藏高原的厚重底蕴。

昔日的娘热乡是农牧结合的部落生活区，为了将丰收的青稞碾磨成糌粑，这里的百姓利用丰富的水利资源建造了许多水磨坊。有着上百年历史的水磨磨盘，日复一日地旋转，仿佛在研磨着过往的岁月。用这种传统水磨坊磨出来的糌粑，弥散着一种青稞独有的自然清香，吃起来更加余味悠长。

娘热乡的历史文化底蕴深厚，早在4500年前，藏族的先民便在此繁衍生息。7世纪时，松赞干布在娘热沟建造了九层高的沽喀玛如堡，吞弥·桑布扎在此创造了沿用至今的通用藏文字，藏传佛教第一篇六字真言石刻——玛尼经，也矗立在娘热乡民俗风情园内。

此外，民俗园景区周围还分布着西藏黄教三大寺之一的色拉寺、吞弥·桑布扎创始藏文及藏王松赞干布颁布第一个藏文政令的帕崩岗寺、著名的曲桑日追及近期新发现的曲贡遗址等名胜古迹。

坐落于娘热沟内的娘热乡民俗风情园，依山傍水而建，距离拉萨市中心仅6千米，是极具藏文化特色的民俗景点。

在占地面积约5万平方米的民俗园中，条条曲径掩映于绿树之中，木石阁楼、古建筑遗址星罗棋布。来自各地的游客或在文化展区细品古老字画，或坐在农家生活展区的石头上品尝农家自制的酸奶、牦牛肉等土特产品。

2001年，受到新马泰旅游项目利用独特民风民俗吸引游客、发展特色文化旅游的启发，拉萨开始打造娘热乡民俗风情园。直到2006年，投资8000余万元的民俗园项目首期工程才最终完成。

娘热乡民俗风情园内建有民俗手工艺展销园、民俗风情园、林卡娱乐园、藏式客房、民俗藏餐厅，同时还会不定期地举办独具一格的藏族婚礼。通过发展民俗风情游，游客不仅可以体验过林卡、吃藏餐、骑牦牛、射响箭等具有民族特色的休闲娱乐活动，还可以游览藏文字展馆，感受高原文化的博大精深。

走进娘热乡民俗风情园藏文字展馆内，呈现在人们面前的是一个瑰丽无比的唐卡世界。一幅幅印有藏文的唐卡被红色的绸缎围起来，红色的大立柱让展馆显得华丽而庄严。这里的100余幅唐卡展示了88种不同的藏文字体，游客可以一睹7世纪以后至今的风格迥异的藏文书写文体，以及7世纪以前西藏所使用的象雄文字书写体。

象雄文字是西藏原始宗教苯教使用的文字，据史书记载，象雄被吐蕃政权所灭后，因为松赞干布时期崇尚佛教，苯教的许多经文都遭到损毁，所以至今象雄文字都难以破解，成了千古之谜。

在唐卡展区里，游客还可以观赏多幅有关藏医医术的唐卡。另外，有关吐蕃时期的唐卡展则将吐蕃时期西藏经济、社会、文化发展的各个方面全景式地展现在人们的眼前。在生活展区，游客能身临其境地感受以林芝为原型的西藏林区民居生活和以牧区生活特色为主的游牧生活展。

藏式民居里陈列的是藏族传统器具，如农耕用具、酒坊、榨油坊，还有藏式厨房和厨具。这些对于了解传统藏民族的生活及文化发展历程有着重要的意义。

除了唐卡、文字与民居，娘热乡的民间歌舞及藏戏表演也非常有名。在娘热民俗风情园内，人们可以欣赏到各种藏戏段子、朗玛、堆谐以及民间对歌等当地歌舞表演活动并且亲自参与篝火晚会。

作为拉萨市大力发展农牧民旅游的一个典范，2004年，娘热乡民俗风情园以其独特的旅游内涵和旅游规模，被评为"国家3级旅游景点"和"首批全国农业旅游示范景点"，2007年被评为"拉萨市最佳民俗旅游景点"。

对娘热乡的农牧民来说，原生态环境是他们最大的财富。在过去，放牧是人们谋生的唯一手段。如今，放牧作为旅游景点的一个民俗文化体验项目，既能维持原来的生活状态，又能带来额外的收获。随着游客的不断增多，许多人不再外出打工，开始在娘热乡做起了生意。他们抓住当地旅游业发展的大好机遇，深入挖掘身边的致富项目，在获得可观收入的同时，也摆脱了背井离乡的生活。

拉萨市的乡村旅游发展很快，但只靠开几家藏餐馆、看几个景点是远远不够的，还必须与当地文化特色紧密结合，展示民族文化的底蕴。例如，拉萨市利用娘热沟紧邻城区的区位优势和典型的西藏田园风光，充分挖掘特色农耕民俗文化，让游客零距离体验乡村旅游带来的乐趣，便是一种很好的开发思路。

目前，拉萨市正努力将娘热乡民俗风情园打造成集观光、休闲、度假等为一体的特色乡村旅游景区及国际品质的高原农业旅游基地。未来，该景区将形成以"水磨花溪"滨水景观带、桑邓藏村、欠囊藏村、青稞田园景观区、格桑花海景观区、藏药种植景观区为主的"一带两村三区"格局，同时依托周边的色拉寺、曲桑贡巴等文化旅游景点，使拉萨市内旅游线路向北延伸。

特色乡村生态旅游景区的修建，也将推进生态农业的发展，提升农产品附加值。预计至2020年年末，娘热沟特色乡村旅游景区将给当地居民提供200个直接就业岗位和400个间接就业岗位。

娘热乡民俗风情园自开办以来，以乡土特色为发展途径，将独特的人文景观与现代旅游相结合，吸引了一批又一批区内外游客前来观光旅游，在培育农村新的经济增长点，带动周边村落发展绿色农业、民族手工业、养殖业等产业方面做出了积极的贡献，已成为拉萨乃至西藏地区旅游业发展的佼佼者。

多姿多彩的雪顿节：从传统民俗活动到经济文化盛宴

拉萨的各种节庆丰富多彩，但要论最隆重、规模最大、节目内容最丰富的节日，雪顿节一定位列其中。雪顿节是拉萨人心目中的盛大节日，于每年藏历7月1日举行，庆祝活动一般持续4～5天。

节日期间，拉萨人用歌舞、藏戏汇成的民族文化盛宴迎接八方宾客，用酸奶、青稞酒等藏族独具特色的美味佳肴款待天下朋友。在藏语中，"雪"是"酸奶"的意思，"顿"是"宴"的意思，因此，雪顿节也被解释为吃酸奶的节日。

拉萨雪顿节起源于11世纪中叶，最早是一种宗教节日活动。17世纪下半叶，雪顿节逐渐演变，继而固定为以藏戏汇演和展佛为主、文娱与宗教相结合的重要节日，是藏族文化传承绵延的具体表现。传统的雪顿节以展佛为序幕，既有隆重热烈的藏戏演出和规模盛大的晒佛仪式，又有精彩的赛牦牛和马术表演等，所以，雪顿节又被称为"藏戏节""展佛节"。

自1994年由拉萨市政府主办以来，雪顿节内容不断发展和丰富，并逐渐演变成集高端论坛、文艺汇演、体育竞技、旅游休闲、商贸洽谈为一体，传统与现代相结合的国内外知名节庆盛会。雪顿节也因其文化的独特性和影响力，成为拉萨继承和发展优秀传统文化的品牌。

雪顿节是2006年国务院公布的首批非物质文化遗产之一，因其丰富的文化内涵先后获得"中国十大节庆""中国十大民俗类节庆""改革开放30年影响中国节庆产业进程30节""改革开放30年中国节庆杰出典范奖"等多项荣誉，独具特色的"藏戏蓝面具"节徽也获评"最佳视觉效果奖"。

每年雪顿节第一天，哲蚌寺、色拉寺会举行盛大的晒佛仪式。这个沿袭至今的传统，成为整个雪顿节的亮点，更是很多藏族同胞最神圣、最期盼的时刻。

2015年8月14日至20日，一年一度的拉萨雪顿节如期举行。早上8点钟，展佛仪式作为雪顿节的序幕正式开始。在曙光的辉映下，一幅500平方米、用五彩丝绸织就的巨大释迦牟尼佛像被徐徐展开，数万名信徒和深受感染的游客无不双手合十，顶礼膜拜。

拉萨雪顿节的举办时间，正值西藏最舒适的旅游季节，除了雨水稍多，气候十分宜人，空气含氧量也比其他季节更多。雪顿节期间，在罗布林卡、布达拉宫对面的龙王潭公园内，藏戏队伍每天都会不停歇地从上午11点唱到暮色降临。

罗布林卡是西藏人造园林中规模最大、风景最佳、古迹最多的园林。在绿树丛中，湖心宫、龙王亭、金色林卡等藏式风格建筑隐约其间，幽曲动人。每逢节日来临之际，罗布林卡以及周围的树林里，一夜之间便会涌现出一顶顶色彩鲜艳的帐篷。清新的空气、安谧的环境，使外地游客身临其境地感受到藏族园林特有的朴实自然。

展佛壮观、藏戏连连、酸奶飘香、情醉雪顿……伴随着一场场独具西藏传统民俗文化特色的活动相继上演，雪顿节期间的拉萨迎来了夏季旅游的高峰，来自全国各地和世界各国的游客们在八廓街、布达拉宫、大昭寺、罗布林卡等著名旅游景点往来穿梭，尽情享受拉萨献上的"雪顿之旅"。

除了宗教和文化娱乐活动，经贸洽谈、商贸展销也是雪顿节期间的重头戏。青稞酒节、啤酒节、特色产品、车展房展、花卉展览等商贸展销活动吸引了众多市民和游客。雪顿节房展、车展、商品展分别在宗角禄康公园、巴尔库路、阳城广场举办。无论是市民还是游客，都争相选购富有西藏特色的展销产品。青稞面包、青稞鲜榨啤酒、米林葡萄、藏香猪等特色产品，不仅活跃了雪顿节消费市场，也充分体现了特色产品的巨大魅力。

雪顿节期间，人们在商场里、超市里、展场里悠闲地挑选着自己喜爱的商品；在休闲娱乐场所里和朋友喝喝茶、喝喝咖啡、聊聊天，轻松而惬意。丰富的节日活动吸引了众多的人流，为拉萨的消费市场带来了明显的拉动效应，餐饮、旅游、住宿、特色产品的销售都迎来了美好的春天。

千年雪顿已成为中国节庆行业中的文化名牌，成为拉萨的一张亮丽名片，散发着无穷无尽的魅力。为继续打造和提升拉萨雪顿节的品牌影响力，拉萨市一直精心组织，确保各项活动高质量、有特色，并不断创新雪顿节的活动内容和形式，赋予其更多的文化内涵、经济价值和旅游功能。

如今，拉萨雪顿节既是拉萨市扩大开放的重要窗口，也是充分展示藏民族文化和各种文化交流融合的广阔舞台。雪顿节独特的品位和文化内涵，向世人展示了幸福拉萨的魅力，并将西藏的历史文化与经贸洽谈、旅游休闲等活动结合起来，极大地促进了拉萨乃至西藏地区文化产业的大发展与大繁荣。

"天然湿地"变"生态休闲长廊"：打造江村乡村旅游

在拉萨河谷的开阔地带，有一片浪漫旖旎的湿地风光：在大片的草甸之中，一年四季变换着不同的景致；黑颈鹤、赤麻鸭、斑头雁等众多珍稀鸟类时而腾空飞跃，时而漫步觅食，构成一幅幅绝美的画面；每当夜晚降临，来自远方的游客既可以在湿地仰望夜空，欣赏和体味唾手可得的高原星辰，也可以亲手制作莲花灯，并轻轻放入水中，许下美好的心愿……

这里就是曲水县南木乡江村的湿地的旅游风光。从拉萨市区出发，沿着风光秀美的拉萨河前行40千米左右便可抵达。

在江村旅游，除了可以感受到高原湿地独特魅力，江村民俗文化广场也是不容错过的好去处。这里是江村风土文化的展示窗口，经常举办藏族风情演出。来到江村的游客，可以在此与当地的村民一起载歌载舞，深入体验藏族文化的独特魅力。

除了能够欣赏到热情四溢的演出，人们还可以在江村参与"市民菜地"项目。当地按照一定的划分规则，将部分农田分为小份，以优惠的租金租给前来观光旅游的市民，村子里的农业园区提供耕种工具，免费教授耕种技巧，并提供义务托管服务，平时可以代替主人进行管理和收获。租赁土地的市民只要缴纳一定的运费，即可享受送菜上门的服务。

近几年，随着拉萨旅游产业从城区向郊区的延伸，江村依托风光秀美的乡村环境以及丰富多彩的文化遗产，逐渐进入人们的视野。

江村地处拉萨河谷的开阔地带，不仅农业发达，还拥有良好的生态环境。全村拥有耕地3000余亩，其中90%以上为水浇地，土质肥沃，历来是曲水县的主要粮食产区。近年来，凭借"田地连片，适宜规模化、机械化耕种"的优势，江村大力发展现代高原农业，既是拉萨周边主要的西瓜产区，也是重要的蔬菜生产基地。

现代科技的注入和种植结构的调整，使江村成功实现了传统农业的第一次升级。如今，在乡村旅游发展的大命题下，通过探索农业与旅游相结合的发展模式，江村正在谋求农业产业的第二次转型与突破。

依托"乡村旅游"这一优势，江村农业产业二次升级在深度与广度上有了质的提升。其特色可以用"瓜香农趣，四季甜园"来概括，即以观光休闲与科技农业的结合为核心，重点发展高原观光休闲农业，积极开发以亲耕体验、有机餐饮、科普教育、精品采摘为主要内容的特色农业旅游产品，同时结合节庆活动平台和西瓜种植等特色，全面打造"四季甜园"的农业旅游品牌形象，推动江村农业产业的转型升级。

在具体的建设规划布局上，江村结合自身的场地特点和景点布局，提出了"一园、一村、两带"的旅游空间布局。

"一园"，即高原现代农业园区，以休闲农业、科技农业、有机农业为理念，做大江村农业品牌，打造以观光休闲、科普教育、农产品加工、有机食品供应等多种功能于一体的现代高原农业示范区。

"一村"，即藏式民俗文化村，按照政府扶持引导、农牧民参与的方式，积极开发乡村观光、民俗体验、农家乐接待等多种旅游产品，打造拉萨新农村建设成就展示区和藏地民俗体验区。

"两带"，即318国道旅游服务带和江村湿地生态休闲带。前者依托318国道沿线区域，提升家庭旅馆品质，完善国道服务设施，为318国道上的过路型游客提供信息咨询、餐饮住宿、食品补给、汽车保养、医疗救助、向导帮助等多种服务，形成江村旅游服务先导区域；后者通过加强对江村湿地及拉萨河江村段沿线的生态保护工作，充分利用高原草甸湿地资源，开发休闲、观鸟、露营、过林卡等多种生态旅游体验产品，打造拉萨城郊特色湿地生态休闲基地。

近年来，在"一大龙头项目，三大辅助项目"总体建设方案的指导下，江村积极打造"高原现代农业园区""藏式民族文化新村""318国道旅游服务带""江村湿地生态休闲带"四大产品体系，规划建设瓜趣生态园、市民菜地、优质藏香猪养殖中心、江村村史展馆、江村民俗文化广场、"幸福庭院"国道家庭旅馆、徒步观鸟等20个重点项目，并合理安排建设时序，促使当地的乡村旅游业取得了长足的进步与持续健康的发展。

2013年，拉萨对江村乡村旅游项目的规划投资达到7130万元。这些项目将在保护与合理利用湿地生态的大前提下，凭借个性化的设施与服务，把江村地区建设成为以湿地游赏为主题、休闲游憩为核心的复合型生态休闲基地，从而实现"天然湿地"向"生态休闲长廊"的转变。

作为前往江村的必经之路，318国道对江村的乡村旅游发展起到了至关重要的作用。江村正是依托这一交通区位优势，以高原生态绿色农业园为景观背景，配备有机蔬果、健康餐饮以及相关服务设施，逐步建成具有田园清新气息与幸福感的特色乡村旅游服务基地。

待基地建设进一步完善后，沿318国道建成的江村游客服务中心将为游客提供信息咨询、旅游向导等服务。停车区内，将为过往车辆提供加水、清洗等简单的汽车保养服务。服务区内将设立小型超市，能够满足游客的日常购物需求。同时，江村还将设计建造小型医疗救助站，为产生高原反应的游客提供吸氧设备及常用抗高反药品等。根据现有发展速度，到2020年，江村每年的游客接待量预计将突破20万人次。

在建设乡村旅游服务基地的同时，江村旅游开发还以村落风貌和村落格局的保护为首要前提，在不破坏村落原始景观的基础上，充分挖掘整理本地非物质文化遗产，从该村的传统歌曲、舞蹈、手工艺、故事传说等方面，全方面展现江村丰富多彩的民俗文化。

此外，江村还将建设江村村史展馆、江村幸福大道、"幸福新藏家"藏家乐等项目，并统一对当地居民的服务意识和技能进行培训，重点扶持8至10家"藏家乐"，定期举办江村手工艺制作大赛，展示和传承江村非物质文化遗产。

可以预见，以观光休闲与科技农业的结合为核心特色，重点发展高原观光休闲农业，积极开发以亲耕体验、有机餐饮、科普教育、精品采摘为主要内容的特色农业旅游产品，同时，以节庆活动为平台，以西瓜种植为特色，以农产品商标注册为手段，全面打造"四季甜园"农业旅游品牌形象的江村，必将成功推动农业产业的再一次转型升级，而江村的乡村旅游必将抢占拉萨农业观光旅游的产业高地。

第三篇

∧

**高附加值的净土产业：
天然绿色的净土产品，打造
绿色GDP增长极**

所谓"净土产业"，其实质是发展绿色GDP，重在健康无污染。拉萨大力发展净土健康产业，也是将拉萨的区位优势、资源优势与产品优势高度融合，培育具有国际竞争力的特色产业，真正使资源优势转变为竞争优势，促进经济发展方式转变，从而产生巨大的经济效益和社会效益。

第七章

唱响"拉萨净土"品牌，铸造"舌尖西藏"新名片

"拉萨净土"品牌的创建，进一步提高了净土产品在国内外市场的竞争力，促进了区域经济的快速发展，也完全契合了巨大的市场需求与区域产业优势，并使拉萨跳出了传统的跟随型发展模式，逐渐步入发挥拉萨优势、彰显拉萨特色、突出拉萨特点的差异化自主型发展快车道。

5100米的蓝色传奇：一口活泉，缔造高原民族品牌

在白雪皑皑的念青唐古拉山南麓，当雄县境内的公塘乡，有一口纯净甘洌的天然泉水——曲玛弄泉。1987年，中国工程院院士多吉率领的西藏地质地热大队在对西藏全区100多个天然泉水点进行勘查时，发现了这口泉水。

曲玛弄泉是青藏高原区域性活动断裂带的产物，经多年深层循环后，沿断裂处上升涌出，因而纯净、无味、无沉淀，并且柔和细腻，入口回甘，具有纯粹的原生态口感。泉水温度常年保持在23℃，水质优于一般矿泉水，锂、锶、偏硅酸含量丰富均衡，且全面优于国家标准，是绝无仅有的优质矿泉水。

2005年，这处天然纯净、矿物质丰富的优质复合型矿泉水源，正式以其海拔高度命名为"5100"。之后的8年里，几经波折，一座年产20万吨的现代化矿泉水厂终于在当雄县拔地而起。

从拉萨市出发，经过约4个小时的车程，翻越5190米的那根拉山口，便

来到了被命名为"5100"的西藏冰川矿泉水公司水厂。以水源地海拔高度5100米作为品牌名称，既是对曲玛弄泉的致敬，也是对自身品牌定位的高瞻远瞩。它是全球海拔最高、规模最大、最具现代化的单体矿泉水生产工厂，也是当雄县最大的企业。

自诞生之初，5100西藏冰川矿泉水便以打造世界级高端矿泉水产业为目标。为了保证产品的原生态、高品质，让更多的世人品尝到这珍贵的"天上之水"，5100公司克服重重困难，坚持在高海拔的水源地旁建厂。

截止到2012年年底，该项目总计投入资金5.5亿元，先后引进世界领先的德国克朗斯公司制造的吹瓶罐装贴标一体化生产线四条、玻璃瓶灌装线一条、美国波尔公司制造的起滤设备一套以及制胚设备与制盖生产设备四套。

巨额的投资和科学的经营，使5100成为西藏投资规模最大、产值最大、现代化程度最高、全国规模最大的单体天然矿泉水厂。为实现水厂的可持续发展，5100制定了一条长效发展之路，在注重经济效益的同时，也格外重视对水源地生态环境的保护。

5100的水源为高原冰川自涌泉，流量大而稳定，其利用率不足10%，低于国家有关规定，90%的泉水顺河而下流入湿地，使当地的生态环境得到了充分的保护。此外，水厂还在其水源地周边60平方千米的区域内实施全封闭保护，现代化的生产车间实现了无菌化管理。水源引出后立即原地灌装，一方面避免了开山引流对环境的人为破坏，一方面也杜绝了引水过程中对水源二次污染的可能。

5100是拉萨经济社会发展、特色优势资源产业化的必然结果。作为一家世界上海拔最高的现代化工厂，5100生产的高品质矿泉水具有独特竞争力优势，从面世之初就受到消费者青睐。然而，随着市场的不断开拓，物流运输瓶颈正成为5100扩大销量范围、打造民族品牌必须解决的问题。

2006年7月1日，青藏铁路全线通车。这条"绿色天路"的通车运营，不仅促进了青藏高原特色优势产业的发展，使拉萨各族人民得到了实惠，还为沿线企业创造了良好的经济效益。"离天空最近"的5100西藏冰川矿泉水，便是铁路开通后最先受益的特色产品之一。

2007年7月，当青藏铁路上的第一批集装箱启运的时候，人们注意到，所运的全部货物正是当雄生产的5100西藏冰川矿泉水。这些来自"天堂"的净水正通过横贯东西的青藏铁路大动脉，流向中国内陆城市无数酒店、商超、公司会议室以及家庭厨房。

不久，中国邮政又以优质的资源和渠道，与5100西藏冰川矿泉水实现战略合作与共同发展。邮政系统遍布全国的物流网络就像一条条毛细血管，通过这条"和谐邮路"，拉萨将5100西藏冰川矿泉水作为献给祖国的流动"哈达"，走进了千家万户。

除了"绿色天路"与"和谐邮路"，5100还打通了一条"空中金桥"。2009年，5100西藏冰川矿泉水正式携手国航，全面开启了中国民族品牌的"升舱"行动。凭借"国礼圣水"广受认可的高端品质和深受信赖的品牌优势，5100西藏冰川矿泉水正式成为国航头等舱、商务舱、经济舱的专用高端矿泉水。

此外，5100西藏冰川矿泉水以出色的品质，先后成为全国"两会"用水、国庆60周年观礼台用水、博鳌亚洲论坛首脑会议用水、汇丰杯高尔夫冠军赛以及中国网球公开赛指定用水、上海世博会中国国家馆贵宾接待用水等。作为中国真正意义上的高端矿泉水品牌，它使全世界看到了一个充满生机活力的新拉萨、新西藏。

如今，5100西藏冰川矿泉水不仅撬开了300亿元的中国高端瓶装水市场，同时作为西藏在港上市的第一家公司，以及西藏在境外资本市场上市的第一股，又以其尊贵的气度向世界递出了一张金色的名片，为拉萨特色产业与民族品牌的发展树立了一座具有重要意义的里程碑。

流水潺潺，糌粑飘香：走进堆龙德庆"古荣糌粑"水磨坊

在高低起伏的青藏高原，有无数散落在雪山脚下、草原深处的小镇和村庄，它们以自身独特的人文特征，散发着历史的馨香和现代气息。尽管有些地方的文化脉络不甚清晰，但生活在那里的高原人民，仍然以他们特有的方式，既传承着历史，也追赶着时代前行的步伐。

以糌粑和水磨坊而闻名的古荣乡，就是一个颇具历史文化底蕴的地方。古荣乡地处拉萨市堆龙德庆中西部，总耕地面积为13259亩，其中青稞播种面积就有8200亩，是堆龙德庆重要的产粮区之一。

而在奔腾的堆龙河边，至今仍有许多古老的水磨坊。于历史的长河中，它们犹如一曲曲悠远回荡的老歌，在流水的驱动之下，年复一年、周而复始地转动，碾磨出细腻醇香的"古荣糌粑"。

在历史上，古荣地区就以加工糌粑而出名，尤其是古荣乡的巴热村、朗孜村出产的优质脱皮水磨糌粑，在西藏享有很高的声誉，曾经是专供高级官员与上等僧侣的贡品。

如今，以青稞制作而成的糌粑是高原人民一日三餐必不可少的一味传统主食，古荣糌粑则成为古荣乡的经济支柱产业，成为增加农牧民收入、发展高原特色农牧业的"法宝"。古荣乡以这种特色传统文化为卖点创立了"朗孜""巴热"两个糌粑品牌，专门从事糌粑加工销售生意。

"糌粑"为藏语，意为"炒面"，不仅仅是食物，还寓意吉祥，和藏族人民的日常生活息息相关。其制作方法是将青稞晒干炒熟，再磨成细粉状，即是可以食用的糌粑。吃糌粑时，在碗里放一些酥油，冲入茶水，加入糌粑面，搅拌均匀即可食用。由于糌粑吃法简单、营养丰富，而且携带方便，所以很适合牧民们的游牧生活。

在古荣乡，加工糌粑的古老工具就是水磨。水磨是由两块坚硬石块制作

成的磨盘组成的。其中，上磨盘悬吊于支架上，下磨盘安装在转轴上，转轴另一端装有水轮盘，以水的势能冲转水轮盘，带动下磨盘的转动，从而达到粉碎谷物的目的。

听流水"哗哗"鸣唱，伴水磨"嘎吱"转动，古荣乡的水磨坊可谓是一道独特的风景线。在古荣乡狭长平缓的山谷地带，流动的溪水贯穿其间，灌溉出古荣优质的青稞；湍急的溪流边，是一座座上下错落、密集排列着的水磨坊，在流水的推动下，炒熟的青稞便被水磨碾成了清香扑鼻的美味糌粑。

在古荣乡的巴热村，60多岁的村民尼玛桑旦对水磨坊充满了感情，他是古荣糌粑制作技艺的唯一传承人。走进尼玛桑旦家的水磨坊，首先感受到的是浓郁的青稞香味，接着便会看到细细的青稞面从不停转动着的磨盘间缓缓滑落……

尼玛桑旦自17岁起就开始在水磨坊做事，几乎一生都陪伴着水磨坊。在他看来，水磨坊代表着一种古老的经济关系。在过去的古荣乡，建造一座水磨坊，便可以视为一项农业投资。现在，有些精明的磨坊主甚至购买了小型农用卡车，从青稞产区买来青稞，在自家的磨坊磨成糌粑之后，再运送到拉萨出售。水磨轮日夜不停地旋转，也意味着磨坊主的收益在不断增加。

作为古荣糌粑制作技艺的传承人，尼玛桑旦认为传统水磨坊生产的青稞口感更为细腻香浓，他希望大儿子白玛赤列和孙子索朗赤列能将这项技艺更好地传承下去，让更多的人品尝到古荣糌粑的独特风味。

近年来，随着人们的生活水平不断提高，许多人都出现了营养过剩、体脂高等健康问题，而糌粑作为一种绿色食品、特色粗粮，在平衡营养、促进代谢转化、补充体内有益元素等方面拥有神奇的功效。因此，越来越多的人开始关注并尝试食用青稞制品，于是，古荣糌粑及其他品种的青稞制品开始走俏，市场前景变得广阔起来。

在现代商业竞争环境下，古老的水磨坊已经不足以承载古荣糌粑的未来。过去，由于农户的加工技术落后，古荣糌粑的生产缺乏明确的质量标准，产品质量参差不齐，缺乏保鲜和包装技术，产品技术含量低，宣传营销力度不够，一直没有形成规范化的管理、生产和营销，使得生产规模难以扩大，产品的销售范围也十分有限。

为此，古荣乡以朗孜和巴热两大糌粑加工企业为龙头，以公司加农户的经营方式连接农户与市场，使古荣糌粑的加工上了规模，包装上了档次，不仅扩大了消费市场，提高了经济效益，还规范了市场秩序，维护了品牌形象。

同时，古荣乡还大力支持企业研发新品种，生产营养糌粑、风味糌粑等系列产品，满足不同消费者的需求，努力走上规模化发展的道路，实现规模效益，将特色资源转化为具有竞争力的商品，为古荣乡人民开出了拥有自身特色的致富秘方。

如今的古荣乡，除了手工制作糌粑，还将现代化的生产加工设备与传统的水磨技术相结合，成立了集青稞原材料收购、加工及糌粑销售于一体的农业产业化开发公司，在提高产量的同时，又保持了古荣糌粑的优良品质。

其中，"朗孜"和"巴热"两个糌粑品牌，以现代化的工艺进行生产，在加工、包装、营销、流通等各个环节全面提升了产品附加值与科技含量，不仅将糌粑卖往四面八方，还具备了一定的品牌影响力。

2011年，堆龙德庆的古荣糌粑成功申报为西藏自治区级非物质文化遗产。目前，在拉萨市场上有80%以上的糌粑都来自古荣乡，并多数以"古荣糌粑""古荣朗孜糌粑""古荣巴热糌粑"等命名，从而使古荣糌粑在西藏市场上独领风骚，声名远播。

浓缩历史记忆的古荣乡水磨坊，孕育着糌粑产业的崛起。伴随着潺潺的流水、浓郁的糌粑飘香，古荣糌粑已然成为古荣乡的经济支柱产业和不折不扣的金字招牌。

走出深闺的黄蘑菇：建立食用菌生产基地，
半人工培育形成产业效益

每年的6、7月份，拉萨都会迎来一个气候相对湿润的雨季。在一些海拔较高的草原地区，每逢雨过天晴，草丛中便会冒出许多黄色或乳白色的野蘑菇。这种状若阳伞的野蘑菇鲜嫩可口，营养丰富，是大自然馈赠给牧区人民的一味宝贵食材。

喜爱蘑菇的牧民们过去常常亲自去野外采摘野蘑菇，并以独特的烹饪方法对蘑菇进行加工。新鲜野蘑菇放入酥油中慢慢煎炸，待蘑菇的清芬与酥油的醇香融为一体后，再撒上些许青稞炒面，一道浑然天成的美味便完成了。高原上的野蘑菇非常珍贵，除了直接煎炒，人们也喜欢将它们自然阴干，留待冬天时食用。

蘑菇属于菌类，虽然常被人们当作蔬菜食用，实际上却并非植物，因此在膳食营养搭配领域，才会有"一荤、一素、一菌"的说法。通常所说的蘑菇，主要是指食用菌。食用菌富含高蛋白、膳食纤维、氨基酸、维生素、矿物质，且不含胆固醇、淀粉、脂肪、糖，是极具营养价值的优质食材。

随着人们生活水平的提高，拉萨市民餐桌上的食用菌不论从品种还是从质量上都有了极大的提升，越来越多的市民都开始认识到食用菌的营养与药用价值。与巨大的市场需求相比，拉萨的食用菌产量总体偏低。尤其是野蘑菇的产量，受季节影响较大，产量很低且极不稳定，价格也偏高。

为了使食用菌的生产加工走上产业化道路，形成规模效应，拉萨市科技局特别成立了食用菌推进小组。该小组根据拉萨市净土健康产业发展总体规划，结合拉萨食用菌产业发展情况，将解决食用菌菌种资源不足、生产技术相对落后、产业链不完整、产品质量不高等问题当作工作重点，在全市一区四县积极落实"二区三带"的食用菌产业布局。

其中，"二区"是根据各区、县所处的地理位置及现有食用菌产业基础，将相应县、区划分为设施种植区与工厂化生产加工区；"三带"则是根据食用菌的生产方式，将各县、区划分为木腐菌产业带、草腐菌产业带、特色菌产业带。

拉萨市将在达孜县、林周县、城关区、堆龙德庆建设4个设施种植区，并将曲水县、达孜县建设为两个食用菌工厂化生产加工基地。今后，拉萨还将以堆龙德庆、城关区、曲水县为中心，重点打造香菇、小姬菇、平菇、金针菇等以木屑为培养原料的木腐食用菌产业带；以林周县、达孜县为中心，重点打造以双孢菇为主的草腐食用菌产业带；以两个工厂化生产加工区企业和经开区相关企业为依托，对生产投入与科技含量较高的特色食用菌品种进行生产与加工。

为加快建设标准化规模生产基地，拉萨市对取得出口备案基地认证、绿色食品认证或欧洲良好农业标准认证，规模在50亩以上的工厂化食用菌生产基地，按照总造价的20%，给予总额不超过500万元的一次性补助。与此同时，拉萨市还以银行贷款利息的100%，给予食用菌生产加工自营出口企业贴息优惠，对出售食用菌渣有机肥料给农户、农民专业合作社的企业，给予每吨50元的补贴。

此外，拉萨市还实行双孢菇、杏鲍菇、香菇、金针菇等食用菌良种补贴制度，对使用食用菌良种且种植面积在1亩以上的种植者予以每棒2元的补贴；对成功驯化并推广当地野生品种的种植户，根据驯化品种的难易程度，一次性补贴50万~200万元。

截至2015年7月，位于曲水县、达孜县以及堆龙德庆的3处基地已陆续投入生产。这些生产基地的落成，不仅使拉萨的食用菌产量大幅提升，还使拉萨具备了生产灵芝、双孢菇等高价值食用菌的能力。除了以上3处工厂化食用菌种植基地，拉萨市还拥有80余亩的食用菌散养面积，大多种植香菇、平菇等常见食用菌，主要供应批发零售商。

在大力打造工厂化食用菌种植基地之余，拉萨市还特别注重本土高价值野生菌的人工驯养工作。为了提高食用菌的产业附加值，让拉萨市民能够吃上味道鲜美、营养丰富的黄蘑菇，拉萨市高原生物研究所主导的"西藏黄蘑菇半人工促繁培育技术研究项目"于2014年正式立项。

黄蘑菇学名为"黄绿蜜环菌"，其子实体鲜嫩肥硕，色丽香浓，富含蛋白质、矿物质、氨基酸和多种维生素。作为食用菌中的世界级珍品，黄蘑菇中丰富的硒含量能够有效抑制癌细胞的生成，长期食用能够滋养身体、防治癌症。

野生黄蘑菇对生长环境的要求极为严苛，只生长在海拔较高的草甸地带，并且雨季一过便消失了。半人工促繁培育是指通过在野生黄蘑菇生长保育区内进行孢子喷洒侵染、接种的方法，增加黄蘑菇的种源，进而增加蘑菇产量的一种技术手段。半人工促繁培育是一项非常复杂的工作，工序多，操作难度大，因此，要实现大规模繁育还需要一定的时间。

2014～2016年，通过工厂化生产企业与相关科研院所合作的方式，拉萨计划完成由政府支持、企业自筹资金建设食用菌工程技术研究中心等平台的工作，打造种质资源保藏、驯化与质量检测实验室1～2个。同时，依托项目支持，对1～2个高原特色食用菌品种进行驯化与选育，争取使各类特色食用菌的产量达到8600吨以上。

如今，拉萨各县区政府均成立了食用菌产业协调小组，负责食用菌产业政策的引导，食用菌健康文化科普和食用菌市场调研、信息反馈、质量安全监管等。待食用菌的产量提高以后，拉萨将鼓励企业对食用菌进行深加工，制成一些休闲保健食品、药品等，使食用菌生产加工成为净土健康产业的"生力军"，以自然的馈赠造福一方百姓。

第八章

拉萨净土标签，为畜产品插上走俏市场的"金翅膀"

依托得天独厚的资源禀赋，"拉萨净土"标签具有丰富的品牌内涵和气质。从根本上来看，紧抓机遇，立足拉萨的比较优势，提炼传统产业的内在价值，把握市场跳动的脉搏，寻求精准的市场切入口，是拉萨净土健康产业发展的逻辑起点。

兴牛业，产净奶：扶植现代奶牛养殖业，树立净土健康新风尚

每天早上8点，城关区纳金小学的200多名孩子都可以开开心心地领取一杯新鲜优质的纯牛奶。这些牛奶全部来自拉萨市城关区净土健康产业高标准奶牛中心。

这一奶牛中心以规范化、人性化的措施控制着奶牛饲养、挤奶、运输、生产加工等工序，保障了每一杯牛奶的安全健康，让人们喝得放心。

走进奶牛中心宽敞明亮的园区，保洁工人忙着清洁办公区域及园区内的道路。虽然办公区域距离牛舍、挤奶区尚有一段距离，但在负责园区安全与卫生的工作人员的眼中，其卫生问题丝毫马虎不得。

在奶牛中心办公区的一楼，配有一个设备先进的监控室。它是整个奶牛中心的管理核心。监控室里巨大的LED屏幕上，清晰地显示着园区内240多个摄像头传回的实时数据。通过监控视频，工作人员可以随时掌握牛舍、休息区、挤奶区等园区各个角落的情况，奶牛生病了、受伤了都能及时发觉并进

行相应处理。

奶牛中心的管理非常严格，要走进奶牛的生活区及产奶区，并非易事。不仅要在中心工作人员的带领下进行消毒，还要穿着消过毒的衣服、戴好口罩及卫生帽，以免带入病菌，从而保障整个奶牛生活区和产奶区的安全卫生。

在旋转式挤奶厅内，一台硕大的挤奶机几乎占满了整个大厅。这台旋转式挤奶机的技术是从以色列、新西兰、美国、意大利共同引进的，能一次性容纳50头奶牛同时挤奶。在挤奶前，机器会自动检测奶牛的健康状况，只有检测合格的奶牛才会进入下一工作流程。检测通过后，挤奶、消毒、灌装、封箱等多个环节将在无菌化的环境中同时进行，从而最大限度地保障了牛奶的新鲜与优质。

城关区净土健康产业高标准奶牛中心坐落于蔡公堂乡的白定村，是拉萨市城关区投资1.44亿元重金打造的一处奶牛养殖基地。基地采用国内最先进的工艺进行顶层设计，建有乳牛牛舍、特需牛舍、挤奶厅、饲料库、粪污处理系统、综合用房等，是西藏自治区乃至整个西南地区规模最大、最先进的奶牛中心。

为了保护生态环境，合理利用牛粪，奶牛养殖中心还从国外引进固液分离机、刮粪机等设备，建立了先进的粪污处理系统。当奶牛在牛舍中排泄完毕后，刮粪机便将牛粪刮到牛舍旁边的粪沟中，牛粪通过集粪池、粪污管进入固液分离机。经由固液分离机被分为干粪和液体，干粪进入两个大的存灌池，发酵后直接进入旁边的蔬菜水果种植大棚，作为肥料使用；分离出来的液体则被重新输送回牛舍，进行循环利用。

奶牛中心最大可容纳2000头奶牛，截至2015年7月，已成功引进1500头黑白花奶牛，生产牛犊105头，成活率高达87.5%。奶牛中心日产鲜奶5250斤，其中用来喂养犊牛的为1176斤，制作酥油用奶2774斤，销售1300斤，年利润达145万元。

奶牛养殖中心所产牛奶主要供应城关区部分区直部门、学校食堂及30余个惠民蔬菜直销车所需，同时在小昭寺和清真寺附近设立了两个固定的鲜奶销售点，每个销售点一天至少能售出600斤鲜奶。

销售点供应的鲜奶非常受欢迎，每天下午两点之前便被抢购一空。为了满足广大市民日益增长的鲜奶需求，拉萨市区内的各大繁华地段都将陆续设立鲜奶销售点。

除了销售鲜奶，奶牛养殖中心的工作人员还专程为曲水县小学、纳金小学的学生们配送早餐奶。每天凌晨挤的新鲜牛奶，两个小时内便可以出现在学校的餐桌上。下一步，他们计划扩大配送范围，将新鲜的牛奶第一时间送到其他学校、单位、社区、寺庙等。

在向市民提供鲜奶的同时，奶牛养殖中心还与一些牛奶加工企业紧密合作，形成了"优质奶源——产品深加工——特色产品销售"的一体化发展模式，为广大农牧民提供了劳务转型升级的新途径，提高了农牧民的就业率与收入，同时也为逐步推广奶牛养殖小区、探索切合实际的奶牛产业化发展模式奠定了基础。

2013年9月，拉萨市决定发展净土健康产业，并将奶业确定为其中的主导产业之一。截止到2014年，拉萨共引进良种奶牛1700多头，奶牛存栏达到7.5万头，饲草种植面积达到8.6万亩，实现产值7.9亿元，其中奶业实现产值3.1亿元。拉萨市奶牛规模化养殖小区已发展到19个，其中城关区、达孜县、林周县新建的4个标准化奶牛养殖中心已先后投产。

为扎实推进净土健康奶业发展，拉萨市专门成立了奶业推进小组，将重点做好奶牛引进工作，快速增加拉萨市奶牛存栏量，加大黄牛改良工作。其中，黄牛改良工作以普通冻精、性控冻精、胚胎移植等方面为主。

所谓奶牛胚胎移植，是指将已经培育好的奶牛胚胎用液态氮冷冻罐贮藏起来，在试验室里解冻，在显微镜下进行分离，然后移植到本地母牛的子宫里。所以，当地母牛虽是牛犊的"生身母亲"，但与牛犊并没有血缘关系。这种技术可以在不开刀的情况下将牛胚胎直接植入当地母牛的子宫中，其最大的好处在于，能够将国内外优质奶牛的品种保存下来，从而使当地奶牛品种得到完全进化。

近年来，拉萨市持续加大奶牛培育养殖的基础配套设施建设，以黄牛改良点新建、维修、液氮厂维修为主，为黄牛改良工作提供设施保障。截至2014年年底，拉萨市维修原有黄牛改良点34个，新建黄牛改良点28个，扩建了拉萨市畜牧总站液氮厂，培训黄牛改良技术人员90人，培训奶牛养殖户70户。

为了深入推进拉萨净土健康产业向纵深发展，激发广大农牧民群众依靠科技创新发展现代奶业的积极性和创造性，打造全国知名的净土健康奶业生产加工基地，2014年8月21日，拉萨市成功举办首届净土健康产业优良奶牛竞赛活动。此次活动是根据拉萨市"净土健康产业"发展规划要求发起的，旨在加快推进净土健康奶业发展步伐，以赛牛会为平台，鼓励养殖户积极发展现代奶牛养殖业，促进增产增收。

奶业是农业现代化的重要项目，也是拉萨农牧民增收的重要渠道。未来，拉萨市将继续对市内的奶牛标准化养殖基地及龙头企业的发展壮大予以支持，积极创建净土健康奶业品牌，使高原优质乳品惠及更多的人群。

嚼出来的幸福年味：互联网＋"身份证"，促动牦牛产业走向世界

每一年，随着藏历新年的脚步渐渐临近，牦牛肉的香味便充溢于拉萨的街头巷尾。对于土生土长的拉萨人来说，牦牛肉是新年餐桌上必不可少的一道美食。天气最冷的时候，便是制作风干牦牛肉的最佳时机。

腌制风干牦牛肉最重要的是选择一块质量上乘的牦牛肉，一般以牦牛的腰部与后腿肉为佳。选好肉以后，将肉块切开或者整块腌制，根据个人口味，为准备腌制的新鲜牦牛肉涂上盐巴、花椒、辣椒等作料。然后将这些肉块挂在家中最冷的地方，待阴凉风干到合适的硬度后，放入透气性较好的麻

袋中保存即可。

一盘入口回甘、嚼劲十足的风干牦牛肉，再配上一杯温润香醇的酥油茶，幸福的年味在咀嚼品咂中一下子便溢满心间。为了享受这一口嚼出来的幸福年味，人们早早地便要做足准备。

距离新年还有一两个月的时候，拉萨各大市场的摊位前就已经排起了长长的队伍。过去，由于西藏本区牦牛肉产量有限、外地转运成本过高、牦牛肉肉价偏高等原因，许多市民都遇到过买肉难的问题。

为了解决这一问题，拉萨市一方面大力扶植本土牦牛产业的发展，通过建设牦牛育肥屠宰基地、培育良种、加大养殖补贴等方式增加牦牛出栏数量，另一方面则积极从青海、四川等周边省份调运冻鲜肉补充市场。

如今，拉萨市民每年都能从市场上买到物美价廉的平价牦牛肉，而市民购买欲望的高涨进一步激活了牦牛市场，为牦牛产业的发展提供了广阔的空间。然而，市场上的牦牛肉品质参差不齐，价格也相差很多，一些商家为了牟利以次充好、欺骗消费者的情况时有发生。尤其是初次到拉萨旅行的游客，在面对琳琅满目的牦牛制品时，往往感到无从下手，很容易受到蒙骗。

2015年12月20日，拉萨市当雄县召开了一次别开生面的新闻发布会，主题竟然是为牦牛肉办理"身份证"。在本次发布会上，当雄县县长其美次仁亲自保证，这种贴有"身份证"的牦牛肉全部产自海拔4000米的当雄大草原，能够让人吃出安心、吃出健康。

其美次仁一直有一个心愿——所有人都能吃上最纯正的牦牛肉。目前市场上销售的牦牛肉大部分来自人工育肥法养殖的牦牛，其成长周期比天然放养的牦牛短2~3年，生产成本低，肉质较天然放养的牦牛自然也差上许多。

针对市场上牦牛肉质量良莠不齐的现状，其美次仁提出给牦牛肉贴"身份证"的办法，在他的努力下，当雄县成功首创"牦牛肉身份证"，对每一斤投入市场的牦牛肉均进行编号，从而使销售出去的每一块肉都能够追根溯源，保证品质。

具体来说，"牦牛肉身份证"指的是，在牦牛6~8岁即将出栏时，经双联户代表、村干部、驻村工作队、净土公司工作人员和动物检疫人员到现场确认符合标准后，进行签字确认、就地编号、现场宰杀和称重，并在牦牛腿部贴上"身份证"。每头牦牛设立独立编号，如"编号540122（当雄县）-1（乡镇）-1（村）-1（组）-户"，这样一来，消费者就可以根据编号追溯到肉源养殖户主。

通过政府统一收购、统一销售、统一管理，当雄县半个月内便收购了3800多头牦牛，并对其完成了质量检测与"身份证"的制作。这批贴有"身份证"的牦牛肉，在拉萨市区内实行定点销售与流动销售、电话订购相结合的销售方式。

当雄县政府特意安排7辆生鲜冷冻车在拉萨市区各大小区、安居苑进行流动销售，同时在拉萨市老城区八廓商城南门、二环路和老安居苑等地设置固定销售点进行销售。此外，当雄县还在当雄驻拉萨群众工作站设立了净土公司办事处，以便接受24小时电话咨询订购，为消费者提供送货上门及货到付款服务。截至2015年11月，这批牦牛肉的销售收入已达到1900多万元。

近年来，随着国内食品安全问题频频曝光，人们越来越注重饮食的健康与安全，无公害食品、绿色食品、有机食品等高端食品越来越受消费者青睐。拉萨净土健康产业的优势正是天然、生态、环保、健康，产品定位很高。

因此，当雄县在推出"牦牛肉身份证"的同时，还特别注重增加牦牛制品的附加值，通过加大牦牛系列产品的开发力度，积极培育以牦牛为主题的产业链，先后推出臻品冷鲜真空包装牦牛肉、精品包装风干牦牛肉、定制礼盒等高端产品，满足了市场多方面的需求，提升了品牌影响力。

根据相关规划，下一步当雄县计划充分利用互联网资源，引入现代物流、电子商务的运营思路，通过推行"互联网＋'身份证'"牦牛肉的营销模式，逐步将牦牛肉营销线上线下结合起来，从而实现向国内、国际大市场的拓展，让包括牦牛肉在内的特色产业品牌走出西藏、走向世界。

工卡村的都市生活：产业化养殖藏香猪，创造尖端肉类品牌

在拉萨市墨竹工卡县，有一个著名的村子。那里生活着620余户人家，家家通了柏油路，户户装配彩电，全村拥有汽车、拖拉机450多辆，人们每天走柏油路或乘车去附近的企业上班。这里不是城市，这里的人们却过着都市人的生活，这就是墨竹工卡县工卡镇工卡村。

工卡村位于拉萨以东68千米处，属纯农业村，村民们过去靠一亩三分地刨食为生。许多年前，这里是一个交通不便、人均收入不足2000元的穷山村。为增加集体收入，村民们在村委会的组织下，尝试特色种植、特色养殖，终于将村企业做大做强，收获了丰厚的集体经济红利。2012年，农民实际人均收入达到5700元，其中现金收入4200元。

走进工卡村恰嘎组次仁达瓦的家里，洁白的墙壁，干净的地板，宽敞明亮的客厅里各种现代化家具摆放得错落有致，厨房里有抽油烟机，丝毫不比城里的条件差。住着宽敞舒适的新房，走着平坦的柏油路，次仁达瓦一家的生活富足而幸福。然而就在几年以前，他的主要收入还是几亩贫瘠的土地，日子过得非常艰苦。

39岁的次仁达瓦是工卡村恰嘎组组长，家中五口人，其中只有两口人具备劳动能力。从2000年开始，次仁达瓦家每年都会养5头藏香猪，到了年底可以出售三四头，虽然听上去数量很少，却能带来5000元的现金收入。

渐渐富裕起来的次仁达瓦利用闲暇时间主动向村民传授养殖技术，带动村民养殖藏香猪。同时，他还主动与购买方联系，积极开拓销售通道，从而保障了藏香猪的出售率，提高了养殖户的现金收入。

藏香猪是西藏土生土长的瘦肉型猪种，又名"人参猪"，主要生长于

海拔3000～4000米的高原地区。原产地气候严寒，四季不分明，植被零星、松散、低矮，年平均气温为6.4～8.5℃，昼夜温差大，年日照1883～3219小时，年降水为304～640毫米，无霜期仅为103天，放牧场地宽广，属山地草原草场和高山矮嵩草场，牧草以禾本科和莎草科为主。

恶劣的生存条件促使藏香猪形成了视觉发达、嗅觉灵敏、心脏发达、头长嘴尖、体躯狭窄、前低后高、四肢结实、鬃毛粗长、绒毛密生、沉脂力强等适应高原特殊环境的特点。藏香猪以高原野生植物的茎、叶及果实为主食，也常在山林间食用虫草、松茸、人参等野生药材，其肉质上乘，被誉为"喝泉水，吃山珍"长大的"高原之珍"。

藏香猪肉是健康的绿色食品，肉内蕴含19种可测氨基酸和多种人体必需的微量元素。藏香猪肉铁、锌、铜的含量都高于普通白猪肉的含量，肌肉的脂肪品质表现出色。藏香猪肉的蛋白质含量高于普通猪肉31%～70%，与此同时脂肪和热量很低，仅占普通猪肉的18.8%～28.1%和60.85%～76.1%，含丰富的钙、磷元素。藏香猪肉富含人体所需的多种氨基酸，其中有一种不饱和脂肪酸，具有多种药理性，可预防血栓形成、扩张血管，对美容和保健有特殊效果，对预防心血管疾病有独特功效。

与普通生猪相比，藏香猪个头较小，且成长周期需要两年之久，但其繁殖能力较强，最多一年可繁殖2次，一次产仔8头左右，从一定程度上弥补了其单头产肉较少的缺陷。

拉萨猪肉市场上普通猪肉的价格约为8元，良种猪肉的价格稍贵，大约为17元，而藏香猪肉因其独特的品质卖到了每斤20元以上，在一些城市里，纯种的藏香猪肉一斤甚至卖到了100多元。

藏香猪作为净土健康产业中特色突出的产品，受到拉萨市政府的高度重视。为了进一步创新产业扶持机制，调整优化产业结构，转变经济发展方式，加快推进净土健康产业集聚升级，努力打造一批优质产品产业带、一批加工销售龙头企业、一批知名品牌，把拉萨市建设成为我国乃至全球重要的净土健康产业基地，拉萨市政府于2014年出台了《关于加快推进净土健康产业发展的若干政策意见（试行）》。

根据该意见，拉萨市将对利用引进品种和地方品种资源，提高生猪品质，生产优质商品猪的养殖户予以补贴。对购买良种公猪的养殖户，按照市场标准给予每头良种公猪50%的补贴，每头补贴金额不超过3000元。

对藏香猪出栏规模较大的养殖户、企业，拉萨市政府将给予适当奖励，其中在市内养殖3个月以上，年出栏藏香猪300头以上的，藏香猪出栏每头补贴150元，其他品种生猪出栏每头补贴100元。对年出栏1万头以上的养殖场，以奖代补，一次性补贴基础设施建设费用100万～300万元。

通过一系列产业政策的扶持与引导，拉萨的藏香猪产业规模稳步增长。截至2015年9月，拉萨的生猪存栏5.19万头，出栏6.73万头，生猪出栏量占全市85%以上。全市生猪存栏50头以上的养殖户96户，20头以上规模养猪户190户，其中外来养殖场（户）56户。

优秀的品质为藏香猪肉赢得了良好的市场口碑，也为养殖户带来了丰厚的收益。在墨竹工卡，像次仁达瓦一样依靠养殖藏香猪而过上好日子的村民越来越多。

2012年，为了将藏香猪养殖产业做大做强，使藏香猪成为知名品牌，墨竹工卡县投入资金33万元成立了工卡村恰嘎组原生态藏香猪养殖基地。村里的85户村民集中养殖藏香猪200头，经过几年的努力，逐渐摸索出一条规模化养殖道路。

从村委会出发，大约半小时车程，便可来到工卡村恰嘎组的原生态藏香猪养殖基地。如今，这里的藏香猪每天都会被放到外面自由活动，惬意的生活与充足的运动量，使猪肉细嫩鲜美、供不应求。不少从外地赶来的买家都要提前多日预约才能排上队。

随着藏香猪肉在市场上的走俏，工卡村的知名度越来越大，规范的产业化养殖为藏香猪跻身高端肉制品品牌之列打下了坚实的基础，也使村民们用上了电器，开上了汽车，过上了都市人的幸福生活。

雪域藏鸡飞：政策携手市场，催生藏鸡规模化养殖繁育产业带

2014年10月28日，在拉萨市城关区慈松塘东路，"西藏思源品牌藏鸡体验中心"举行了盛大的开业仪式，吸引了众多市民前来学习和鉴赏与藏鸡相关的知识，并品尝正宗的藏鸡肉和藏鸡蛋。

在拉萨市净土健康产业关于藏鸡发展政策的基础上，民营企业家、西藏礼源农牧发展有限公司负责人王官炳道出了成立藏鸡体验中心的初衷：一方面是践行拉萨市"魂在拉萨、美在净土、贵在健康、韵在产业"的战略；另一方面是想让人们品尝藏鸡，以提升对藏鸡的鉴别能力，让假冒伪劣的藏鸡无处藏身，从而维护藏鸡作为西藏土特产的整体形象。

藏鸡是青藏高原上的精灵，主要分布于我国青藏高原海拔2200～4100米的半农半牧区、雅鲁藏布江中游流域河谷区和西藏东部三江中游高山峡谷区，是在高海拔、高寒地带环境条件下经藏族同胞多年选择而形成的独特品种，也是我国特有的珍贵地方鸡种之一。

从侧面看，藏鸡呈U字形，高挑匀称，爪子与喙锋利，生性好斗。母鸡羽色复杂，主要有黄麻、黑麻、褐麻等杂色，少数白色，纯黑较少。公鸡羽毛颜色鲜艳，羽装色泽较一致，其大镰羽长达40～60厘米。

市场上贩卖的藏鸡售价为每斤100～200元，有些品质好、品牌响的藏鸡甚至卖到了每斤380元的高价。藏鸡之所以价格高，原因在于其养殖成本高。藏鸡的生长周期比较长，一只藏鸡只有露天散养300天以上，才可以称之为纯正的藏鸡。此外，藏鸡对氨气非常敏感，氨气一多，相互打架的频率就会增高，从而导致死亡率也相应增高。

从食用的角度来说，藏鸡一般需要在锅中熬制4个小时才能熟透，与普通鸡只需十几分钟或者几十分钟便能熟透的情况相比，藏鸡制作的成本也比

较高昂。一些不良商贩为了牟取暴利，用土鸡或普通鸡肉仿冒藏鸡进行出售。在有关部门加强监管的同时，消费者自己也要提升鉴别能力。

首先，藏鸡以散养为佳，一般情况下会自行奔跑觅食，长期大量的活动消耗了多余油脂，因此形成低脂肪、高蛋白的特点；其次，因其骨头钙磷含量高，所以骨头很硬，非常适合清炖；再次，由于藏鸡生活在高海拔地区，长期受强紫外线照射，因而其肉质呈红色，这有别于其他鸡类；藏鸡汤中没有油腥；最后，藏鸡鸡爪有5个趾，相比其他鸡多出的这一趾长度，一般为5毫米~1厘米。

藏鸡营养价值很高，味道不同于寻常鸡肉，既独特而又肉质鲜美，让人唇齿留香。除了藏鸡，藏鸡蛋的营养价值也很高。

藏鸡生长300天后开始产蛋，产蛋高峰期一般为一年左右。与普通鸡蛋相比，藏鸡蛋的外壳比较薄，体形小，特别容易碎，重量在30克左右。同等状况下，藏鸡蛋要比普通鸡蛋重一些。藏鸡蛋煮熟以后，蛋黄约占三分之二，且颜色鲜亮，黄中带红，营养价值很高。

由于藏鸡基因优良，生性狂野，食物多为虫、草，因此其产下的蛋种含有丰富的微量元素和较高的粗蛋白与粗脂肪，在与普通鸡蛋的对比试验中，藏鸡蛋中铁、铜、锌等具有重要生理功能的元素以及粗蛋白、粗脂肪含量均高于普通鸡蛋，也更加容易被人体吸收，具有强体免疫的功效。

长期以来，拉萨的藏鸡产业因分散饲养、规模小，缺乏较为稳定的藏鸡保种选育场而受到了一定的限制。同时，伴随着外来品种的不断引入，藏鸡品种不断杂化，血统混乱，纯正性降低。

为了保护西藏特有的藏鸡品种，拉萨市开始全力搭建设施完善、技术先进、功能齐全的藏鸡资源保种平台，积极与科研院所开展各种形式的合作，按照"产、学、研"相结合的品种选育、保护和育种新机制，加强藏鸡本土品种选育研究、提纯复壮研究和示范推广，筛选优质肉用、蛋用、兼用配套系列品种，不断扩大种群数量，提高全区供种能力。

近年来，拉萨市精心打造独具特色的净土健康产业，通过深入实施"产业强市"战略，以加快藏鸡养殖产业发展为突破口，大力发展以纯种藏鸡、雪山草鸡、藏黑鸡、拉萨白鸡为主的藏鸡规模养殖，形成了特色鲜明的藏鸡规模化养殖繁育产业带，有力地带动了全市净土健康产业的迅猛发展。

中央第五次西藏工作座谈会上明确指出，要把西藏建设成为重要的高原特色农产品基地。拉萨市基于绿色、低碳、循环利用的主流理念，狠抓藏鸡的品种优良化、养殖规模化、产品标准化，加快良种推广，建设示范基地，积极培育龙头企业。

藏鸡养殖项目顺应了国家产业升级的趋势与要求，在解决农牧民就业、增收等问题上具有先天优势和后发动力。2014年，拉萨的藏香鸡产业实现产值5000多万元，不仅带动了群众增收致富，而且增强了拉萨自身的造血功能。

作为绿色产业、生命产业、21世纪战略性产业，拉萨净土健康产业的全球市场需求潜力在兆亿元以上。随着消费者对绿色有机食品需求的扩大，藏鸡因具有体型小、善飞翔、耐粗放、抗病力强，产品具有无污染、纯天然、味道鲜美、营养丰富等特点，市场前景广阔，发展势头强劲。

净土健康产业发展最大的优势就是"健康"，食用安全是对净土健康产品最重要的要求。在藏鸡产业发展过程中，拉萨将产品与生命、阳光、健康的概念紧紧结合在一起，致力于用最严谨的标准、最严格的监管、最严厉的处罚、最严肃的问责，从源头上杜绝食品安全隐患，确保广大人民群众"舌尖上的安全"。

中央第五次西藏工作座谈会和全国对口援藏20周年工作座谈会以来，北京、江苏援藏工作向纵深推进，为拉萨净土健康产业发展注入了新鲜血液和强劲活力，而藏鸡产业的发展则丰富了对口援藏工作的内涵。

2015年3月拉萨市政府与北京德青源农业科技有限公司签订了合作协议书，初步达成三方出资设立公司的合作协议。作为一家全球领先的生态农业龙头企业，北京德青源农业科技有限公司将藏鸡合作项目视为一项光荣的援藏任务予以落实，组建了西藏德青源农业科技有限公司。西藏德青源公司计划在未来5年内投资2.26亿元，建设一个藏鸡保种与繁育示范基地、一所藏鸡研究院、一个屠宰场及一个加工中心和管理中心，以加速推进拉萨藏鸡原种保护与养殖产业化发展。

雪域藏鸡飞，产业助发展。开展藏鸡保护与开发利用项目，为加快拉萨藏鸡养殖产业发展步伐、增强拉萨净土健康产业发展后劲带来了极大的技术支持和资金援助。

今后，拉萨市将立足藏鸡资源优势，加大产品开发力度，助推藏鸡产业发展，鼓励、支持和引领更多的农牧民群众参与藏鸡产业发展，使藏鸡的养殖者与购买者都能从中获得更大的收益，让藏鸡系列产品走进千家万户，走出雪域高原，并享誉全球。

第九章

绿色意识引领多元舞台：
立足净土理念，延伸产业链条

放眼全球，健康产业是世界性的朝阳产业。立足净土理念，发展净土健康产业，是拉萨强化农牧业基础地位的必由之路，是实现经济转型发展的必然选择，是惠民富民的务实之举，也是推动拉萨三次产业融合发展的重要载体。

"身价倍增"的开路先锋：青稞制品深加工，
开启高原作物精深加工之路

秋天的青藏高原，青稞已经收获完毕，牦牛徜徉在田地里啃着秸秆。田野旁边，隔着平整的道路，土木结构的宽敞平房整整齐齐地排列着，平房顶上摆放着如云梯般的高木架子，上面挂着一层层青稞。待青稞晒干之后，拖拉机便沿着房屋一边的斜坡行驶到屋顶上，为青稞打场子、脱颗粒。

作为全球唯一大规模集中种植青稞的地区，整个西藏自治区的青稞播种面积约占农作物总数的60%。由于人们长期以来对青稞的营养价值和医疗保健功效知之甚少，开发利用程度很低，大部分青稞只是被简单地加工成糌粑供人们食用，每亩青稞的价值大约只有1000元，其营养保健与产业价值被严重低估。

其实，早在20世纪80年代末，美国谷物化学专家纽曼博士便发现，大麦

中的 β–葡聚糖成分具有突出的降解胆固醇，降低血脂血糖，预防心血管疾病、结肠癌和糖尿病等作用，在后来的研究中，他还证实青稞中的 β–葡聚糖含量明显高于其他地方种植的普通大麦。拉萨卫生防疫和有关医疗机构的普查资料也证实，食用糌粑食品较多的人群的高胆固醇类疾病发病率较低。

西藏自治区农牧科学研究院农业研究所对西藏青稞品种进行研究发现，76个品种的青稞中，β–葡聚糖平均含量为3.66%～8.62%，平均达5.25%。其中，β–葡聚糖含量达到6%以上的品种多达25个，超过7%的有7个品种，超过8%的有2个。青稞中的 β–葡聚糖平均含量远远高于其他产地的大麦，为开发营养型、保健型绿色产品，发展高原特色农业提供了重要的物质资源。

随着人民生活水平的提高，生活节奏的加快，人们的生活方式和膳食结构也发生着很大的变化，追求科学、营养、卫生、方便，是农产品加工业的发展方向。先进发达国家的农产品加工业发展很快，在美国、日本、法国等发达国家，农产品加工利用程度达80%～90%，约有三分之二的农产品是经过精加工进入市场的。

农产品加工业上连农业，下连消费者，在生产者和消费者之间起着重要的桥梁和缓冲作用，既拉长了产业链，提升了附加值，增强了农业的抗风险能力，同时又向社会提供了营养方便、多样化、耐保藏的食品，有效地满足了人们的生活需求。因此，食品加工业，尤其是青稞产品深加工产业，如同生物技术、新材料工业、电子工业和信息技术一样，在拉萨备受重视。

电磨糌粑和有"高原香槟"之称的青稞酒，是传统青稞深加工的代表产品。除了遍布拉萨的古老糌粑磨坊和一些青稞酒、青稞白酒酿造作坊，拉萨啤酒厂、拉萨阿妈羌玛青稞酒厂、西藏春光青稞食品公司等企业在21世纪初才开始进行青稞深加工探索。

近年来，藏缘青稞酒业、西藏龙湖实业、达热瓦青稞酒业和西藏奇正原生态青稞食品公司等企业也先后加盟青稞食品的加工生产。这些公司推行融西藏特殊地域文化环境概念与青稞品质优势于一体的营销策略，使青稞啤酒、青稞酒、青稞麦片、青稞米等产品的市场销售势头蒸蒸日上。

　　然而，与青稞啤酒相比，其他种类的青稞深加工产品市场开发力度仍有待加强。在拉萨街头的超市里，青稞产品的种类仍然偏少，口味也比较单一；有些品种的包装规格要么过大，要么过小，明显不适合旅游者选购或推向全国市场；很多青稞加工产品的说明往往是老生常谈，缺乏特色和吸引力。

　　作为当地特色产业开发的重要一环，青稞深加工也面临着生产经营方式粗放、从业人员市场观念薄弱的制约。由于缺乏龙头企业带动、科技贡献率低，加上家庭经营模式占主导地位，拉萨的青稞深加工产业还有很长的路要走。

　　不过，随着拉萨交通运输业的迅猛发展，青稞深加工产业迎来了发展机遇期。比如，对于拉萨啤酒而言，铁路就成了名副其实的"黄金路"。青藏铁路的开通使拉萨啤酒厂的原料综合运输成本每吨下降了200多元，制成品运输成本每吨更是下降了526.5元，大大提升了企业的利润与发展空间。

　　2009年，拉萨啤酒成功进入美国市场。首批11340件拉萨啤酒在不到两周的时间里便进入美国食品市场总汇连锁店的各大卖场销售，仅仅两个月后，美国经销商便发出了第二批订货单。这批出口美国的拉萨啤酒是以30%的西藏青稞和70%的澳麦麦芽制成的全麦青稞啤酒，每件24瓶，产品外包装以黄色为主，箱子的一面设计了一幅具有西藏民族特色的唐卡。在啤酒的口味上，拉萨啤酒厂专门针对美国消费者口味重的特点加以改进，酒精浓度为4.2度，大于本地啤酒的酒精浓度。

　　在青稞食品深加工方面，拉萨市积极与一些大学和研究机构合作，进行技术攻关，在青稞深加工技术领域不断取得新的突破。2004年，在西南农业大学食品学院的帮助下，堆龙德庆率先开发出青稞面制品，突破了青稞由于缺乏面筋蛋白而无法制成面粉的技术瓶颈，先后生产出青稞挂面、青稞馒头自发粉、青稞营养早餐粉、优质糌粑粉等青稞深加工产品。与传统的青稞食品相比，青稞系列深加工产品的附加值大约提高了2～3倍。

　　近年来，拉萨各大超市内还出现了一种口味独特的青稞月饼。这种以青稞、奶渣、人参果、牦牛肉、藏豌豆等高原食材作为主要原料，富含矿物质、维生素、抗氧化酶等健康元素的月饼，口感适中，香而不腻，印花采用吉祥八宝等西藏传统图案，非常有特色。在藏式青稞月饼受到消费者广泛认可之后，青稞蛋糕、青稞面包以及青稞馍片等青稞深加工产品也陆续被生产出来。

在今天的拉萨，青稞除了作为糌粑等食物的原料，也走上了产业化道路，并逐渐成为市场上的新贵。一系列新产品的诞生，不仅丰富了高原百姓的食品结构，更有利于拉萨乃至整个西藏地区的产业结构优化升级。

青稞的深加工只是高原农牧作物深加工产业崛起的开路先锋。今后，随着更多高新技术企业的入驻，拉萨作物的深加工产业必然会涌现出更多惠及世人的优质产品。

春到白定村，桃花相映红：规模化种植油桃，缔造拉萨"桃花沟"

每年的清明、谷雨前后，山上厚厚的积雪还未消融，白定村的桃花便开始争相怒放。清丽的桃花或单株而立，或数枝相拥，在蔚蓝色天空的映衬下，以一种漫不经心的姿态，占据了山下树旁、溪畔田间的每一寸土地。

这便是拉萨"桃花沟"的明媚春光。在拉萨市内乘坐5路公交车，经过拉萨大桥，驶进318国道，沿着蜿蜒东去的拉萨河行驶10分钟左右，便可以到达城关区蔡公堂乡白定村支沟的油桃种植基地。

白定村支沟地势比较平坦，属高原温带季风气候区，雨量少，阳光充足，比较适合油桃的种植与生长。2014年，拉萨市城关区在蔡公堂乡白定村支沟投资3794.4万元，实施油桃种植项目。这一项目共种植油桃19万余株，种植面积达1064亩，项目建设用地主要是从当地村民手中以每年2000元/亩的租金标准租赁而来。

桃树的种植主要分布在进入白定村的乡村公路两旁，在栽种后的第二年就全部开花。在桃树开花的季节，一树树、一簇簇的桃花，有的深红，有的粉白，为白定村增添了一道亮丽迷人的风景线。

白定村的油桃种植项目，是城关区全力打造的净土项目之一。城关区政府根据国家相关标准以及市场需求，结合当地资源优势和现有的基础、技术条件，将油桃种植项目分为5个标段进行建设，每个标段种植不同品种的油桃。

其中，第一标段与第五标段的种植品种为中华桃王、白粉桃，种植株数分别为17000株、21165株，种植面积分别为200亩、249亩；第二标段的种植品种为油桃，每亩种植440株，共计种植134640株，种植面积为306亩；第三标段与第四标段的种植品种为沙红、金鱼，种植株数均为13090株，种植面积均为154亩。

在产业化经营方面，白定村支沟油桃项目实行"公司＋农户"的模式，项目用地通过租赁方式进行流转，由城关区净土农业有限公司负责日常的管理与运营。项目实施运营后，油桃收益利润按7：3的比例进行再分配，即70%用于公司扩大再生产，30%用于流转土地户主的二次分红。

项目中所引种的桃树全部来自全国各省，在桃树种植完毕后，有一个为期3年的管护期。在此期间，中标的建设企业须对桃树进行专业的培育、生产和管理，每年所产的果实交由城关区净土农业有限公司进行统一销售。管护期结束后，净土农业有限公司将接手并负责桃林的生产和管理工作，同时还会带动周边农户参与项目的生产与经营。

支沟油桃项目第一、三、四、五标段内每亩栽植的株数为74株，引种成功后，第一年每株预计挂果1千克，每亩的利润为1200余元；第二年每株预计挂果5千克，每亩利润为6000余元；第三年每株预计挂果15千克，每亩利润为17000余元。第二标段每亩栽植株数440株，第一年每株预计挂果1千克，每亩利润为700余元；第二年每株预计挂果5千克，每亩利润为3500余元；第三年每株预计挂果15千克，每亩利润为12000余元。

支沟油桃项目的顺利实施，不仅解决了项目区内失地农民的就业问题，促进了当地的经济发展，而且还极大地丰富了拉萨水果市场的商品品种，实实在在地让群众从中得到了实惠。城关区将支沟油桃项目与"双联户"工作有效结合在一起，直接带动126个联户单元实现了经济增收。随着项目收益的逐步扩大，许多参与其中的村民还获得了项目分红，收入大幅增长，生活水平大大提高。

为了使更多的群众足不出户就享受到产业转型升级的红利，城关区政府深入发掘桃林的游览与观赏价值，充分利用临近核心城区的地域优势，大力发展以休闲、观光为卖点的都市城郊经济。

白定村东面的支沟和斜沟，环境优美，风景宜人，是上佳的乡村旅游景点。但是，景点配套设施的不完善、管理经验的不足，严重制约了当地旅游业的发展。每年只有夏季时，才有游客前来度假休闲，而且游客停留的时间普遍较短。

为了改变这一现状，吸引更多的游客前来旅游、观光，给游客创造舒适的休闲、度假环境，在城关区未来的发展规划中，白定村的支沟和斜沟将被打造成集观光、休闲、游乐于一体的主题旅游区域，充分发掘其地理位置和植被资源优势。

具体来说，城关区计划投资3000多万元进行开发，着力把支沟打造成举世闻名的桃花沟，同时通过举办桃花节形成属于自己的品牌，在游客心里留下深刻的印象。城关区还将在附近建设大型的度假村，届时，游客可以在此搭建帐篷过林卡，而大型水库附近的区域将建立水上设施，成为水上游乐区。

斜沟是农区和牧区相结合区域，游客在游览完支沟桃花后，可以在这里体验到农牧区原汁原味的生活方式，例如前往马铃薯种植基地和附近的温室大棚采摘蔬菜，并且就地加工食用。城关区还计划在斜沟建设农牧民产品加工站以及糌粑磨面坊，将当地农民自己生产的青稞磨成糌粑后出售给游客。游客们还可以与村民一起磨糌粑，亲自体验制作糌粑的整个过程，在支付一定费用后就可以将自己制作的新鲜糌粑带回家。

2015年，城关区成功举办了第一届支沟桃花节，并通过桃园采摘等体验性活动吸引了大批游客。与此同时，城关区还依托净土健康农业，以蔡公堂乡支沟、协沟、娘热乡、夺底乡等地一日游资源为核心，有效地带动了当地生态旅游等配套产业经济的快速发展，为相关产业链的进一步拓展打下了良好的基础。

在收获经济效益的同时，支沟油桃项目还为城关区带来了可观的生态效益。这一大规模引种经济林木的工程，有效地促进了当地的水土保持，起到了防风固沙、美化环境、增加植被覆盖率、维护生态平衡的作用，经济效益与生态效益互生互补，相得益彰。

如今，在桃花盛开的支沟油桃项目基地，游客不仅能欣赏到桃花盛开的美景，还能享受到各种新鲜健康的净土产品。随着生活节奏不断加快，许多人都在寻找健康减压的最佳方法。位处拉萨近郊的支沟与斜沟无疑将成为人们休闲娱乐、放松身心、亲近大自然的绝佳选择。

鲜花渐欲迷人眼：建设特色园艺蔬菜基地，
##　　促进净土产业多足发展

在古老的青藏高原上，流传着许多动人的故事。人们将美好的品格与丰富的感情寄托于花木草石之中，世间万物皆因沾染了人性而变得愈加灵动。

相传，在遥远的蛮荒时代，人类的贪婪与嗜杀激怒了天上的神祇。于是，掌管人间疾苦的天神格桑被派到人间惩罚人类。然而，当格桑看到大地因长久的战乱而满目疮痍，人们在瘟疫的折磨下痛苦地死去时，决定违背天命，转而帮助人类摆脱战乱、战胜瘟疫，给了人类改过自新的机会。为了纪念这位再造苍生的天神，人们将高原上最美丽、顽强的花朵取名为"格桑梅朵"。

作为拉萨市的市花，"格桑梅朵"寓意着幸福与吉祥。民间传说，谁能找到长有8瓣花瓣的"格桑梅朵"，谁就能收获幸福。可见，鲜花既是美的化身，又寄托着人们对美好品质、感情以及生活的向往。

如今，鲜花已成为高原百姓生活中的一种必需品，深受人们喜爱。日益丰富的鲜花品种，还为人们走亲访友、表情达意提供了更好的选择。买花赠花，已悄然成为拉萨市民消费的一种新时尚。

每年春天，拉萨市都会举行迎春花卉展销会，其规模、效益、品位等逐年提升。每次花卉展销会，都会吸引西藏自治区内的几十家花圃参展商前来参展。参展商家引入的各类盆花、盆景、观赏苗木、鲜切花、仙人掌、草坪草籽、山石盆景、渔具、鱼、虫、鸟类、花药、园林机具等，吸引了众多市民前来观展。

为了满足消费者对高品质生活的需求，参展商家在参展花卉的品种、内容、层次、规模上均做足了文章，尽可能地突出自己的特色，以"特"取胜。许多参展商不仅展台设计美观，而且还用醒目的宣传栏向人们展示"养花的好处""盆花浇水法""怎样合理施肥""温度与养花""阳台养花"等养花常识。这些努力在无形中博得了人们的好感，再加上推销员的专业讲解，常令人心动不已。

现在，不论在拉萨的城区还是乡村，绚烂多姿的鲜花几乎随处可见。每逢盛夏，拉萨市的各大花卉市场便开始迎接潮水般涌来的购花者。市场上出售的花木，一部分是在拉萨本土的温室苗圃中培育而成，一部分高档、稀有的花木则主要是从全国其他地区引进的。

拉萨野生花卉资源十分丰富，目前已经发现的野生花卉达1000多个品种，其中，黄牡丹、虎头兰、大百合花、绣球等20多个品种观赏性强，极具开发价值。过去，由于西藏地处边疆，交通不便，信息不畅，对国内外先进的花卉品种、种植技术、管理手段不能及时跟进，在新品种花卉的生产、栽培方面曾一度处于劣势，但随着经济水平的逐年提升以及交通、通讯事业的迅速发展，拉萨在花卉生产与栽培方面取得了突飞猛进的成就。

除了对本土优势品种的培育，拉萨市各大生产基地及花店还根据市场需求，有针对性地种植和销售菊花、月季、郁金香、紫罗兰、一叶兰、水仙等几十个花卉品种。与此同时，拉萨市还先后引进了君子兰、康乃馨、马蹄莲、南洋杉、吊金钟、一品红、南天竹、发财树、美国兰草等200多个全新的外来品种，极大地丰富了拉萨市的花卉园艺市场。

为了促进拉萨农业基础设施的建设，推进净土健康产业高原特色设施园艺产业更好更快地发展，拉萨市围绕"净土健康产业发展"的总体要求，抓规划、强基础，扎实推进净土健康特色园艺设施的发展工作，为拉萨市高原特色设施园艺产业的发展，提供了重要的政策保障。

以拉萨市净土健康特色园艺设施建设规划为前提，拉萨市投入大量人力、物力和财力，编制了《拉萨市2014年农牧业特色产业项目》，把特色园艺蔬菜基地建设规划纳入制度化、规范化的轨道。在规划过程中，拉萨市采取因地制宜、因势利导的策略，坚持"一县一特"，使各区县的园艺蔬菜基地各具特色。

在拉萨市产业政策的引导以及鲜花消费逐年递增的刺激下，农民种植花卉的积极性空前高涨，昔日小本经营的花商小贩们正在不断地扩大生产与进货规模，批发、零售、专业花市流通销售体系也因此日趋成熟。

于是，许多园艺产业的从业者纷纷成立花卉公司，通过提高科技含量与规模化经营促进产业升级，扩大市场占有率。拉萨市的特色园艺产业正以前所未有的速度蓬勃地发展起来。

2004年，堆龙德庆县（今堆龙德庆区）政府投资5万元，在地处拉贡公路沿线的乃琼镇岗德林村组建了占地66亩的乃琼蔬菜花卉营销协会。经过多年的努力，该协会的温室大棚由原来的35座发展到上百座，种植品种扩大到数十个。

由于拉萨市政府的重视、基础设施投入力度的增大、技术服务的到位，该协会每座温室大棚每年能为农民会员人均创收上万元，产品直销全国各地。如今，协会已发展为拉萨乃至西藏全区规模与影响力较大的农村经济合作组织。

2010年，占地365亩、总投资2100万元的城关区特色园艺产业化示范园区正式投入建设。该示范园设有三大功能区，分别为果蔬生产示范区、优质花卉示范区、旅游观光功能区，由西藏农牧科学院蔬菜研究所给予技术支撑，同时协助制订生产计划。

示范园建成后，每年向市场提供56.8万千克蔬菜、19.32万千克瓜果、61万枝鲜花、663万株各种苗木和14.2万盆盆栽鲜花。拉萨市民在市场上买到的反季节蔬菜、美味水果以及各色鲜花大部分来自这里。过去，拉萨每年喜温蔬菜、果品及花卉50%以上产自全国其他省市的现状被彻底改写。

2012年4月7日，位于达孜县邦堆乡邦堆村的达孜县现代农业产业园正式揭牌成立。产业园占地面积1.2万亩，总投资1.25亿元，根据"农业、生态、科技、特色"四大主题，划分为无公害蔬菜产业化示范区、花卉产业化示范区、瓜果产业化示范区、苗圃产业化示范区、农产品加工区、农产品展示区、农产品交易市场、农民科技培训基地、物流配送中心这9个功能区，每年向市场提供蔬菜300万千克、果品18万千克、鲜花90万枝、各种苗木12万株、盆花11万盆。

2014年，拉萨市共投入资金3725万元，其中3000万元重点用于各区县的园艺蔬菜基地建设，725万元用于游牧民定居配套工程建设。此外，为保护良田，拉萨市多方筹措资金，使林周县、曲水县、达孜县、墨竹工卡县兴建的11000亩青稞生产基地按期竣工，同时还在加快农田水利建设、夯实农业基础等方面做出了重要的努力。

随着城关、达孜农业科技示范园区相继建成，以及堆龙德庆、曲水农业科技示范园的不断完善，拉萨市通过农业科技示范、成果转化、农产品加工、种苗繁育、农产品与农资展销、技术培训及农业科普教育等工作，使全市特色园艺蔬菜产业的市场竞争力稳步提高，并打造出了一批拉萨本土的优质园艺蔬菜品牌。

鲜花不仅装点着人们的生活，也陶冶着人们的性情。花卉作为一种具有文化属性和精神追求的园艺产品，正逐渐被越来越多的人所接受。拉萨市在大力建设特色园艺蔬菜产业基地的同时，也更加注重产品与民俗传统文化的结合，通过"花语"传递出深刻的人文关怀，从而更好地满足广大市民的精神需求。

第四篇

∧

文化为魂，产业为媒：
发展具有浓郁藏文化特色的
产业品牌

拉萨是中国著名的历史文化名城，也是藏传佛教的"圣地"。千百年来，藏族人民在圣洁的雪域高原上繁衍生息，创立了以藏传佛教文化为核心的藏文化，这种文化逐渐内化为拉萨独特而神秘的城市气质。挖掘底蕴深厚的历史文化资源，打造特色文化产业品牌，必将有效地推动拉萨文化产业的大发展与大繁荣。

第十章

挖掘特色优势文化资源，打造高原文化产业强市

拉萨素以历史悠久、文化灿烂、名胜古迹众多、民俗民情独特、宗教色彩浓厚而闻名于世，其浓郁的藏文化特色是中华文化中璀璨的明珠。文化的血脉在于传承，文化的生命在于创新。"文化兴市"战略的实施，在彰显拉萨文化魅力的同时，也增强了藏文化的生命力和影响力，从而为拉萨打造高原文化产业强市积蓄了力量。

核心驱动，多级联应，两廊延伸：拉萨文化产业的梯度发展格局

对于一座城市来说，美丽的风景就像是一张精致的面孔，但如果没有深厚的文化底蕴作为支撑，便会显得缺乏灵魂。作为西藏自治区的首府，拉萨这座拥有1300多年历史的城市有着独一无二的自然景观与人文底蕴。

拉萨是藏传佛教的中心，其丰富而独特的自然、文化资源吸引着来自五湖四海的观光客、朝圣者。为了实现"建设中华民族特色文化保护地、打造世界级旅游目的地"的目标，拉萨市大力实施"文化兴市"战略，在传承与发展优秀传统文化的基础上，积极推进文化产业发展的新格局。

2013年，围绕"幸福拉萨，文化之都"的城市发展目标，拉萨正式通过了《拉萨市文化产业发展规划（2013—2020）》。根据规划，拉萨未来的文化产业布局，将实现以拉萨市域为中心，辐射外围、联动沿边的发展层级，在加快推动与林芝、那曲、日喀则三向联动的同时，有机融入大香格里

拉经济圈、南亚经济贸易圈和青藏高原旅游区，最终形成"核心驱动、多级联应、两廊延伸"的文化产业梯度发展格局，使拉萨成为山青水碧、人文荟萃、社会和谐的现代化大都市。

拉萨市重点打造了布达拉宫和八廓街组成的古城区、慈觉林中国西藏文化旅游创意园、拉鲁湿地自然保护区生态旅游文化景观、拉萨河滨河文化长廊等主要景点景区，以期形成市域"一城一园一地一带"及周边县域多点发展的文化产业空间布局。

与此同时，拉萨市还将深入贯彻"科学谋划、适度超前"的发展理念，全面优化中心城区与达孜、堆龙德庆在文化资源开发、区域功能提升以及产业集聚互动等方面的整体布局，实现文化产业与城市发展在空间上的有机融合。

近年来，拉萨市以"核心驱动，产城一体"为方针，积极转变资源配置方式、优化产业空间布局、激发产业集聚与辐射效应、加快文化产业发展与城市建设融为一体。为此，拉萨市计划以拉萨河为主线，以中心城区、堆龙德庆和达孜县一体化发展为核心，拓展城市"半小时"发展空间，同时进一步推进拉萨古城保护与文化生态涵养工程，修复和提升以布达拉宫、大昭寺、罗布林卡为主体的世界遗产精品区。

此外，拉萨市还将通过文化服务、休闲娱乐、产业园区的不同区域定位，分层次、分梯度地实现文化产业的东延西扩南跨迁移，重点建设和提升慈觉林中国西藏文化旅游创意园、东城文化商务旅游区、柳梧天路主题旅游区、东嘎藏医养生度假区以及吞米岭藏艺文博园等，从而形成传统与现代相融合的文化产业示范基地，建成文化底蕴浓厚、文化要素聚集、文化事业繁荣、文化产业发达、文化创新活跃的拉萨文化中心区。

在促进县域文化产业协同发展方面，拉萨市积极打造"多极联应，特色发展"的外围扩展区，通过实施"一县一特"战略，充分发掘和整合当雄县、尼木县、墨竹工卡县、曲水县、林周县的文化、旅游、生态、农副产品等多种资源，突出特色优势，拓展和延伸文化产业的发展空间和产业链条，形成"中心至外围"多点资源互补和平衡发展的产业延伸格局，从而有效地实现了优势互补、特色发展。

最后，为了充分发挥作为首府城市和民族文化中心的首位度优势，拉萨市依托以318国道和青藏铁路为主线的廊道经济，全面整合沿线村镇多点散布的特色文化、生态资源，使"以线串珠，沿道发展"的理念成为现实，并逐渐形成"两廊延伸，竞合互补"的周边互动区。一个覆盖全线的文化旅游业服务体系在拉萨"中心—外围"文化共生发展纽带的催发下日益走向成熟。

按照规划，到2020年，以文化旅游、文博服务、民族演艺、民俗手工艺品、节庆会展五大特色为代表的优势文化产业的生产总值将占拉萨全市文化产业生产总值的近70%，其余30%将被文化创意、出版发行、休闲娱乐、影视服务、户外运动等其他类型的新兴文化产业所瓜分。届时，全面壮大的文化产业将为拉萨经济的发展提供强劲的动力，为优秀传统文化的继承与发扬提供可靠的保障。

精准的城市定位、科学的产业布局，以及"文化兴市"战略的实施，使拉萨市的文化产业迅猛发展，品牌效应大幅提升，精品工程不断涌现。文化产业的梯度发展格局已逐步形成，并开始与其他传统和新兴产业深度融合，这也使文化产业成了拉萨特色产业经济发展过程中必不可少的支柱之一。

春风拂面花千树：实施"一县一特"特色文化产业发展战略

每年6月，当高原的积雪渐渐消融，青稞开始生根发芽，来自世界各地的游客们便通过青藏公路、铁路、航空等交通方式，络绎不绝地涌入拉萨，到这里领略古老神秘的雪域风光，以及如格桑花般绚丽多彩的藏文化。

拉萨风景独特，历史文化积淀深厚，城市个性鲜明，因而从来都不缺少游客。但是，由于地处高原地区，拉萨旅游业的发展受天气和季节的影响较大，旅游淡旺季明显。在漫长的冬季，拉萨的旅游业会陷入季节性瓶颈。

此外，虽然拉萨的人文旅游资源十分丰富，但因为长期以来并未对相关宗教、民俗等文化资源进行深度的整理与挖掘，相关体验环节严重缺失，游客无法深刻体验景区的宗教、历史和文化底蕴。许多慕名而来的游客在欣赏完高原的蓝天白云、神山圣湖，参观完布达拉宫、大昭寺，游览过八廓街、罗布林卡等景点后，便匆匆忙忙地下林芝、去阿里，在拉萨游玩的时间大多不会超过两天。为了彻底改变这一局面，拉萨市开始深度挖掘各类特色文化资源，积极推进文化产业的多元融合与发展。

藏文化作为高原上源远流长的文化基因，在拉萨可谓历久弥新、深入骨髓，至今仍在影响着这片纯净的土地以及世代安居于此的藏族人。

依托底蕴深厚而多姿多彩的藏文化，拉萨市通过实施"一县一特"战略，精心打造出以藏民族居住文化、节日文化、饮食文化、歌舞文化以及高原生态文化景观等为代表的文化旅游品牌。同时，逐步打破地域行政区划的限制，结合一乡一业、一村一品的特色乡村文化，促成了多头并进、异彩纷呈的文化产业发展格局。

为了集中展示西藏非物质文化遗产的魅力、填补拉萨新型旅游消费领域的空白，拉萨市正快马加鞭地推进蔡公堂艺术观赏村、吞米岭·藏艺文博园、尼木三绝技艺展示区等重点文化产业项目的建设。

在"以科技表达创意，以创意诠释文化，以文化促进旅游"的思想指导下，拉萨文化产业的发展不再受地域空间的限制。截至2015年10月，签约落地拉萨的文化创意产业园项目已经超过十余个，正在进行前期策划的项目也有十余个，总投资超过100亿元。

拉萨市区以东，一座可以远眺布达拉宫全貌的文化创意产业园悄然拔地而起。这种文化与产业的深度融合意味着"文化搭台，经济唱戏"已成为过去式，拉萨的各个区县如今都在积极地为文化搭台，让文化在产业经济发展中打头阵、唱大戏。

　　在推进"一县一特"战略的过程中，拉萨各区县高度重视文化产业发展，以满足人民基本文化需求为基本任务，大力发展文化产业，积极宣传地域文化，展示地方特色，打响文化品牌，使拉萨市的特色文化产业取得了日新月异的发展。

　　距离拉萨70多千米的墨竹工卡县，始终将保护和发扬传统文化作为工作的重点，自2006年开展"非遗"申报工作以来，全县成功申报了5个国家级非物质文化遗产、9个自治区级非物质文化遗产和12个拉萨市级非物质文化遗产。为了打造"一县一特"文化产业发展项目，推广文化品牌，墨竹工卡县还在工卡镇塔巴村建起了塔巴陶瓷厂，并加大资金和人才的投入力度，确保塔巴陶瓷厂的产品能满足市场要求，使墨竹工卡县传统民族文化产业的市场化迈出了重要的一步。

　　此外，墨竹工卡县还特别重视培养民间艺术团体，发掘本地艺术人才。2009年3月，墨竹工卡县县政府与松赞民间艺术团正式签订了扶助协议，先后培养出60余名民间文艺人才，其中多人已在拉萨和各地区的大型文娱活动场所就业。

　　位于尼木县的塔荣村距拉萨市约140千米。这个听上去有些陌生的村名，正是被列入国家级非物质文化遗产扩展名录的白面藏戏的发源地。受制于多种原因，尼木塔荣的白面藏戏一度面临着人才青黄不接、技艺濒临失传的危险。

　　2015年8月5日，以"花样世界，幸福尼木"为主题的"2015首届中国·拉萨国际格桑花文化节"在尼木县吞巴景区举办。当天，仅外地游客便达到1000多人，是平日景区日均游客接待量的两倍多。文化节上，尼木塔荣白面藏戏的精彩表演受到游客们的热烈欢迎，这种原本岌岌可危的非物质文化遗产因此再次"活"了起来。

　　由此可见，特色文化资源便是文化旅游的最大吸引力，只有深度挖掘独一无二的地域文化内涵，用心打造富有互动体验性的精品旅游项目，才能真正留住游客。

除了墨竹工卡和尼木县，拉萨的其他区县也在努力塑造属于自己的文化产业招牌。例如，以纳木错、羊八井地热温泉、念青唐古拉主峰为核心景点的湖山羌塘旅游区；堆龙德庆南部、曲水县北部、林周县南部、达孜县西部的田园农业旅游区；以拉萨河谷湿地、思金拉措等高原湖泊湿地、德仲温泉、日多温泉为主的地热温泉旅游区。拉萨市的文化产业还不断地通过318国道、109国道、202省道等骨干交通向外围扩展延伸，利用沿线各地的文化特色，共同规划建设出"拉萨两小时都市旅游圈"。

多样的环境、多元的文化、多彩的民俗，正是拉萨的魅力之源。个性化、体验式、多样性的趋势，要求拉萨在发展特色文化产业时，着重体现文化特色、地域特色、民族特色和时代特色。因此，以高端为方向，以特色为基调，以精品为核心，是拉萨文化旅游产业规划的必然选择。

未来，拉萨将顺应观光旅游向休闲体验旅游转变的趋势，把社区变景区，把景区变社区，通过旅游产业链的整合，努力打造一批各具特色的旅游小城镇，更多昔日的乡镇将变成更加美丽、独具特色的藏式小镇。此外，拉萨还要将特色文化产业发展与新农村建设深度融合，以乡村民俗文化体验为特色，依托新农村建设，将乡村改造升级为旅游综合社区，建设一批旅游文化名村名镇。

通过实施"一县一特"战略，拉萨正将特色文化贯穿到吃、住、行、游、购、娱的各个环节和旅游发展的全过程，用独特的文化品格和文化魅力来诠释其内在品质，使人们在走进雪域高原、深入城乡社区、融入居民生活的过程中真正领略和感悟拉萨的美。

2015年上半年，拉萨市共接待国内外游客279.93万人次，实现旅游收入33.5亿元。不断提升的文化软实力日益成为拉萨市产业发展的硬支撑。

海拔3600多米的拉萨令初来者感到晕眩，1300年的历史渲染出的文化氛围更是令人目眩神迷，特色文化是吸引游客来拉萨的一张"王牌"，而"一县一特"战略所带来的产业效应使这张"王牌"的含金量越来越高。

藏文化大型史诗剧《文成公主》：文化与商业结合的绝佳典范

每天晚上8点30分，以星空为幕、以山水为景的《文成公主》大型实景剧便如约上演。在序幕中，洛旦与同伴们跟随音乐节奏跳着舞步入场。不一会儿，画面切换到大唐长安，开始讲述文成公主从长安远赴拉萨的3年光阴……1300多年前，文成公主背负着沟通大唐与吐蕃和平的使命，在绿草茵茵的灞桥桥头，挥泪告别繁华富庶的长安，带着释迦牟尼十二岁等身像，踏上漫漫征途，饱尝千辛万苦，最终踏上雪域高原，来到拉萨和亲，由此成就了一段温暖千年的雪域情缘，也谱写了一曲世代相传的千古绝唱。

演出藏文化大型史诗剧《文成公主》的剧场濒临拉萨河，遥对布达拉宫，建在位于拉萨市慈觉林村的中国西藏文化旅游创意园区内，距主城区约两千米。慈觉林村曾是文成公主的扎营之地。洛旦和他的妻子就住在慈觉林村二组，这是他的妻子巴桑曲珍的故乡，他们因演出《文成公主》而结缘。

洛旦的老家在拉萨堆龙德庆，离慈觉林村大约40分钟的车程，以前他在一家银行当保安。2013年年初，《文成公主》剧组招聘演员，洛旦凭借舞蹈基本功入选，成为首批演员之一。洛旦每个月的演出工资为3000元，他的妻子饰演三公主一角，每月工资2000元。在整个剧组，像洛旦这样的村民演员占了95%以上。

《文成公主》大型实景剧以西藏历史文化为核心，以拉萨自然和人文为背景，用现代舞台艺术形式打造了一台气势恢宏、荡气回肠的剧场版经典剧目，充分展示西藏文化的独特魅力与精神内涵，格调高昂，场面宏大，吸引了很多游客前来观看。如今，这部藏文化大型史诗剧已成为拉萨文化宣传的一张新名片。

在拉萨，文成公主的故事可谓家喻户晓，曾被改编成藏戏、话剧、川剧、电视剧等。最早流传的是藏戏《文成公主》，它的出现已有千年的历史，反映的是藏族人民心目中的文成公主形象。藏戏中的文成公主是一位美丽、智慧、善良、充满爱心的女性，是为雪域高原带来幸福吉祥的"绿度母"的化身。

中国当代著名剧作家田汉创作的话剧《文成公主》，在20世纪60年代曾风靡全国，备受关注和推崇。西藏话剧团随后将其译成藏语在西藏高原演出，并大受欢迎。2001年，文成公主的故事以电视剧的形式演绎，借助当代最为大众化的传媒手段传入千家万户。

这样一个永恒的故事，一个不朽的经典，在新的历史时期，还能用什么样的艺术形式再现，并赋予新的内涵呢？藏民族有"会走路就会跳舞，会说话就会唱歌"的天赋，以歌舞结合的音乐剧来表现《文成公主》最恰当不过。

从2012年年底启动，一片荒山变成实景剧场，演员招募排练到正式演出，藏文化大型史诗剧《文成公主》的孕育仅用了8个月时间。从现代角度来透视并演绎历史，《文成公主》将盛唐、吐蕃不同的历史文明以及民族风俗交织融合，既有粗犷而气势恢弘的历史笔墨，又充盈着婉约而富于浪漫气息的诗意笔致，通过人物复杂的内心冲突，生动地塑造了文成公主这一为世代所景仰的女性形象，礼赞了华夏文明史上一桩可歌可泣的历史盛举。

与众不同是一部艺术作品成功的要诀。《文成公主》大型实景剧始终突出了民族特色、西藏特点、人文特征、艺术特质，音乐、舞蹈、服装、舞美、道具等多取材于西藏的文化元素，融入了藏民族浓厚的文化气息，民族文化素材鲜明独特。这让观众充分领略到了作为中华民族文化奇葩的藏民族优秀文化的无限魅力。

藏文化大型史诗剧《文成公主》为当地的经济建设以及解决当地藏族同胞的就业做出了很大贡献。实景剧演出人员有800多人，除了主演是汉族演员，其余都是和洛旦一样的当地藏族同胞。

在剧场所在的慈觉林村，差不多有70%的当地村民都在剧场上班，甚至他们的牛羊也能在演出中派上用场。每场演出至少保证500人上场，最多时接近900人，一年的工资支出为3500万元。当地村民晚上演出，白天可以自己找别的工作。

大型实景剧除了能为村民增收，还极大地促进了拉萨旅游文化产业的发展。以前游客在拉萨白天看布达拉宫、转八廓街，晚上却没有多少文化休闲活动，藏文化大型史诗剧《文成公主》的开演弥补了这一空缺。

2013年8月1日，《文成公主》首演成功，这是通过产业化让藏文化世代流传的典型路径。据《文成公主》剧组提供的数据显示，截至2015年7月27日，累计演出358场，接待观众55万余人次，共取得2.06亿余元的票房成绩。

当然，藏文化大型史诗剧《文成公主》作为西藏文化大发展大繁荣的精品力作，对于拉萨的意义并不限于产业效应。从文化意义上来说，实景剧的演出将有利于这段故事更广泛地传播并更好地传承下去。

第十一章

彰显民族手工业文化内涵，为手工艺品穿上"文化"的嫁衣

民族手工业作为拉萨传统特色产业之一，有着悠久的历史。经过千百年的发展，许多民族手工业产品已经形成了独有的工艺特色和民族风格，成为藏族文化的重要载体。为手工艺品烙上藏文化的印迹，彰显其丰富的文化内涵，有利于更好地保护、传承和发展具有浓郁藏族文化特色的民族手工业。

经纬里的西藏：拉萨藏毯产业，用传承与创新编织未来

藏毯是源于青藏高原的民族工艺产品，历经了千年的文化传承和发展，今天仍然延续着完全手工编织的传统生产方式。作为藏文化花园里的一朵奇葩，华美绚丽的藏毯正展示着迷人的光彩。

藏毯在藏语中被称为"卡垫"，是一种主要用牦牛毛、山羊毛、绵羊毛等原料，混合天然矿物质颜料染色编织而成的生活用品。在逐水草而居的高寒游牧区，编织藏毯是牧民生活、生产中最热心从事的一项手工艺劳作。藏毯编织以其高超的工艺、变幻无穷的图案、绚丽的色彩构成了雪域高原的一道亮丽风景。

品种繁多的藏毯，不仅保暖隔湿、经久耐用，还因其独特的形式、艳丽的色彩以及浓郁的民族风情而被赋予了极高的观赏与收藏价值。它既是高原百姓日常生活与家居装饰必不可少的物件，同时又是藏文化花园里独树一帜

的奇葩。

近些年来，作为世界三大名毯之一的藏毯已经成功地走出西藏地区，走出中国，走向国际。藏毯以其鲜艳的色泽、优美的图案、精良的做工以及深厚的文化底蕴，契合了现代消费者返璞归真的心理需求，赢得了极好的市场口碑。特别是一些欧美国家，对藏毯的需求量逐年递增，使藏毯逐渐成为一种国际流行的时尚元素。

然而，随着拉萨旅游业的不断发展，传统手工制毯的方式已经无法满足日益增长的市场需求。一张1.8米×0.9米的普通藏毯，即使由技术熟练的工人来编织，也需要15～20天才能完工，手工出毯的速度根本无法满足大客户的订单需求。由于产能不足而被迫推单的情况在拉萨并不少见。

此外，传统手工艺人才的青黄不接，藏毯厂研发、设计、营销等专业人才的匮乏以及新兴机械制毯的冲击，也加剧了传统藏毯业的市场危机。

1975年，23岁的次仁卓嘎在藏毯大师拉巴穷达的帮助下，正式成为一名藏毯编织工人，开始学习藏毯编织技术。从学徒到专家，从熟悉到热爱，她与藏毯结下了不解之缘。1992年，次仁卓嘎担任城关区地毯厂厂长，一上任便面临着藏毯产业的重大危机。那时的地毯厂刚刚从城关区综合一厂独立出来，不仅没有流动资金，还背负着高达百万元的债务。

作为一厂之主的次仁卓嘎，并没有被困难击败，她想起恩师拉巴穷达的教诲：“干好一行，学到这行的精髓，最重要的前提是要热爱这行，并尊重它的历史、它的文化。”正是带着这份尊重与热爱，次仁卓嘎全身心地投入到突破规模编织藏毯技术瓶颈的攻关工作中去。

在次仁卓嘎的努力和坚持下，城关区藏毯厂继承了传统藏毯业的编织、染色、图案设计等技术，充分尊重传统藏毯的文化精髓，对发扬和发展传统藏毯做出了许多积极的探索。她刚主持城关区地毯厂的技术工作时，厂里只有20余种传统藏毯图案种类。为了增强藏毯厂的市场竞争力，次仁卓嘎亲自带领技术人员，深入民间考察传统藏毯样式，并在传承的基础上大胆创新，短短几年时间，便将藏毯厂的图案种类拓展到450余种。

藏毯要发展，在国内外市场上站稳脚，仅仅拓展种类当然是不够的，一定要走科技开发之路、走规模生产之路。次仁卓嘎坚信"没有创新，就没有发展"，她极其注重企业技术改造工作。近年来，城关区地毯厂购进了梳毛机、捻毛机、平剪机、洗毯机、染色机等国内外先进的设备。

一家企业乃至一个产业的发展离不开人才的培养。次仁卓嘎从上海、天津以及尼泊尔等地邀请平剪、染色等方面的专家到厂里开展技术培训，为藏毯厂的长足发展奠定了较好的人才基础。

生产规模不断扩大，工艺水平大幅提升，加上在图形样式方面的创新，使城关区藏毯厂的藏毯获得了"质量上乘、图案精美、富有民族特色"的市场口碑，在国际、国内市场上享有很高的声誉。

城关区藏毯厂的成功，只是拉萨藏毯业的一个缩影。如今，拉萨藏毯产业发展迅速，规模不断扩大，产品结构不断升级，国内外市场占有率大幅提升，已经成为全区藏毯产业发展的领头羊。截至2012年，拉萨市有藏毯生产企业6家，从业人员1200余人，实现产值16600多万元，销售产值8000多万元，在带动就业、拉动经济增长、丰富旅游文化内涵等方面起到了重要的作用。

为了将传承2000余年的藏毯技艺和文化发扬光大，拉萨市积极争取国家和自治区产业技改贴息资金，以政府补贴和企业投资相结合的方式，从市财政每年安排企业技术改造资金500万元、中小企业改革发展资金500万元、贴息资金200万元中的一部分资金，向藏毯技术改造倾斜，帮助企业提升藏毯手工编织与机织工艺水平。

提高藏毯及其相关产品的出口退税率，加强对尼泊尔等区外产品倾销的行业检查力度，推行藏毯产品原生地标志认证管理等措施，也有效地保护了拉萨藏毯产业的健康发展。

此外，拉萨市还在达孜县建设民族手工业园，建立具有规模效益的羊毛产业基地和流通市场，延长藏毯及其相关产品的产业链，加快藏毯业向园区集中的步伐，引导藏毯企业走集聚化、园区化、集约化发展模式。同时，积极探索筹建藏毯博物馆和国际藏毯展览会，加强市级藏毯研发、生产、销售中心建设，营造良好的藏文化投资发展环境。

拉萨是藏文化的聚集地，民族文化底蕴深厚，民族手工艺源远流长，能够不断为提升藏毯文化附加值和艺术水平提供不竭的源泉。未来，拉萨将以传承与创新，向世人呈现一个经纬里的魅力西藏。

绣出来的美丽人生：工笔神韵，传承"拉萨堆绣唐卡"技艺

堆绣唐卡也叫"剪贴布扎花唐卡"，与酥油花、壁画并称为藏传佛教艺术"三绝"，是藏民族特有的民间手工和绘画技法相结合的造型艺术，距今已有数百年的历史。

堆绣唐卡主要通过不同色彩的绸缎，拼粘出所需的画面内容，讲究拼、缎、刺、绣、缝等，其画面构图严谨、均衡、丰满、多变。这种唐卡画面一般比较简单，但较有立体感，非常注重对人物造型和神态的塑造，讲究各色绸缎的搭配，在粗犷中体现细腻，主体突出，色彩鲜明，对比强烈，就像丝质的彩色浮雕。

传统的堆绣艺术主要在藏传佛教寺院内部创作、传承，并为藏传佛教服务。后来，堆绣艺术开始流向民间，寺院文化艺术落地开花。制作一幅堆绣唐卡，要用各色的上等丝绸、彩缎、毛毡、线等材料，剪成所需要的各种形状，如佛像、人物花卉、鸟兽等，然后按其色彩从浓到淡，依次粘堆。

在拉萨市城关区娘热乡小学旁的一间简易平房内，坚参、巴桑、德吉卓嘎、达瓦盘腿席地坐于屋内。他们手拿绸缎，略微低头，或穿针引线，或剪裁贴缝，忙碌却安静的样子给这个小院增添了一份闹中取静的安宁。

　　这里正是拉萨堆绣唐卡代表性传承人、工艺美术大师、一级唐卡技师罗布平时教授徒弟的"拉萨堆绣唐卡学堂"。

　　作为拉萨堆绣唐卡的传承人，罗布在将近30年的学习创作中，制作完成了17幅200平方米左右的巨幅堆绣唐卡作品，以及80余幅小型堆绣唐卡作品。他的堆绣唐卡作品《吉祥天母》在首届中国非物质文化遗产传统技艺大展中荣获金奖。

　　飞针引线不过是制作一幅堆绣唐卡的一个环节，在这之前，还要进行大量的工作。堆绣唐卡在制作时需要充分的耐心，所有的步骤都需要手工完成，这就要求画师不急不躁，并且倾入大量的心血。罗布和他的徒弟们日复一日地剪、贴、堆、绣，一幅幅远看似刺绣、近观如浮雕的工艺美术品，在经历日积月累的辛劳后一一诞生。

　　罗布给人的第一印象就是安静，也许这正是一名堆绣唐卡技艺人所必须具备的。13岁时，罗布从家乡林周县的一个小村落来到色拉寺，师从已故的堆绣唐卡艺僧洛桑列珠，学习传统的堆绣唐卡技艺。

　　进入色拉寺后，罗布一直跟随洛桑列珠学习堆绣制作工艺。除此以外，藏传佛教工巧明中的《造像度量经》，还有《比例学》《色彩学》《轴化法》《智者绘画法》《物图与比例》等也是他要认真学习的课程。

　　罗布在洛桑列珠的教导下慢慢练就了一套堆绣绝活，直到6年后，由于多种原因，罗布不得不从安静且衣食无忧的色拉寺离开，独自在拉萨打拼。此后，他做过许多活计，但从洛桑列珠那里学来的拉萨堆绣唐卡技艺始终没有放下。

　　每当夜幕降临，罗布便安静地盘坐在自己租住于措美林的小屋木床上，把白天打工间隙从八廓街"搜罗"到的旧绸缎剪裁贴缝，看着一个个藏传佛教人物以及花卉、鸟兽在自己的虔诚与妙手下鲜活诞生，为生活打拼忙碌的操劳感顿时消散。

　　对于罗布来说，那是过往岁月中最艰难的一段时日。然而，正是在这段时间里，罗布积蓄了力量，为拉萨堆绣唐卡的传承与发展做好了准备。所以在他看来，那段艰难时日也是此生最快乐且难忘的。

在2014年拉萨雪顿节期间举行的第四届西藏唐卡艺术博览会上，由罗布和他的十余个弟子历时两年多完成的巨幅堆绣唐卡《锦绣莲师》在罗布林卡近半个篮球场大小的场地展出。

在这幅高16米、宽13.5米的巨幅唐卡上，藏传佛教师徒三尊以及莲花生大师的8个化身造型神态各异，栩栩如生，就像一幅丝质的彩色浮雕，在郁郁葱葱的罗布林卡园内焕发出炫目的光芒。

以唐卡为代表的特色民族文化资源赋予了拉萨得天独厚的文化产业发展前景，然而过去因科技含量低、产业规模小等，拉萨的传统唐卡制作产业始终未能发展壮大。

为了促进以唐卡为代表的文化产业发展，拉萨市将唐卡列为慈觉林文化创意产业园的重点开发项目，积极建设以创作和展示唐卡艺术为主的画廊以及汇聚唐卡艺术大师的创作基地。在以推广西藏传统文化、助推特色文化产业发展为目的的吞米岭·藏艺文博园建设项目中，一期规划的核心便是唐卡艺术中心。该中心由唐卡博物馆、唐卡交易中心、唐卡研究中心组成，园区的二、三期工程还规划了兴建唐卡艺术学校等。

2015年8月13日，第五届"西藏唐卡艺术博览会"在拉萨罗布林卡如期开幕，这是自2010年起拉萨市第五次承办该项盛会。"唐博会"通过多角度、全方位的展览展示，开展技艺大赛、学术论坛等方式，进行产业引导，对唐卡艺术和唐卡产业在雪域高原的蓬勃发展起到了重要的推动作用。截至2014年年底，已有400余幅精品唐卡通过"唐博会"销往世界各地，累计产值达7200余万元。

"唐博会"已成为拉萨乃至西藏全区特色文化产业的重要品牌性活动之一，对传承唐卡文化，培养专业人才，增加产业效益，带动就业等做出了积极的贡献。目前，西藏全区从事唐卡绘画、制作的画师和学徒达到2000余人，专业唐卡企业30多家，唐卡画院和培训机构等民间组织近100家，唐卡销售年产值近亿元。

国家对拉萨传统文化保护力度的不断加大，以及外界对西藏唐卡文化关注度的不断升温，为堆绣唐卡技艺的传承与发展提供了良好的环境和有力的保障，拉萨的唐卡产业也在这种对地域特色艺术文化的保护和传承中逐渐走向了繁荣。

指尖盛开"智慧花"："尼木三绝"，深厚底蕴收获品牌效应

从拉萨市向西100多千米，沿着318国道驾车行驶大约2个小时，便可到达久负盛名的尼木县。它虽然只是一个人口约3万、面积3000多平方千米的小县城，却在拉萨乃至整个青藏高原的文明发展史上有着举足轻重的地位。

"尼木"，藏语意为"麦穗"。这里不仅是吞弥·桑布扎的故乡，还因盛产藏香、藏纸与雕版而闻名于世，这三者也并称为"尼木三绝"。千百年来，这三种制作技艺代代相传，成就了尼木县"拉萨手工业作坊"的美名。

相传松赞干布在建立吐蕃政权之后，越发感到文字与交流的重要性，于是派人前往印度学习文字。那时，通往印度的道路异常艰险，许多人客死途中，另外一些人知难而退，唯有生于尼木县吞巴乡的吞弥·桑布扎在苦修7年、游历印度大部分地方之后，成为一名颇有造诣的梵文学者。

后来，吞弥·桑布扎在松赞干布的支持下，开始闭门创立藏文。作为嘉奖，松赞干布将"吞地方"赐给吞弥·桑布扎作为他的领地。在功成名就回到故乡后，吞弥·桑布扎看到这里的人们能够耕种的土地很少，于是根据西藏的地域特点，改进了其在印度所学的熏香技术，发明出藏香，并将藏香制作技艺传授给村民。同时，吞弥·桑布扎还赋予了藏香特殊的宗教因素，即告诉人们，通过焚烧藏香能够与天沟通，获取智慧。

　　雅鲁藏布江北的318国道旁，坐落着一家手工藏香厂。在离手工作坊不足百米远的地方，一台木制的水车在江水的冲击下，日夜不停地磨制着柏木。

　　手工作坊内，藏香厂的老板加措正忙着制作藏香。在尼木村，很多人依然喜欢手工做香，一名技术熟练工，一天可以制作大约100把藏香。

　　吞巴乡尼木村生产的藏香被称为"尼木藏香"。制作藏香时，手工艺人需要盘腿而坐，先将按比例配制好的木泥放入牛角中，左手握住牛角，右手大拇指挤压木泥，并将木泥从牛角的小孔中挤出来，形成笔直的线条状，之后还要经过晾晒，一根藏香才算完成。

　　传统制作藏香的原材料很多，一般是以柏树树干或榆树树干为主料，再以藏红花、麝香、白檀香、红檀香、紫檀香、水安息等几十种香料按适当比例配合主料搓揉而成。但是，制作藏香的主料柏树干在吞巴乡这样的高海拔地区无法生长，从古至今，柏树干都是从400多千米外的林芝县运过来的。制香所需的部分辅料，则主要来自其他地区。

　　为了使传承千年的藏香制作得到更好的发展，尼木县在吞巴乡成立了藏香农牧民合作社，"尼木藏香"也成功获批为拉萨市首个国家地理标志。

　　2008年，"尼木藏香"制作技艺被列为国家级非物质文化遗产。如今，吞巴乡有200多户藏香制作专业户，每户人家的人均收入达到3万元～4万元，每年的销售总额都保持在600万元左右，大约占尼木县生产总值的15%。

　　吞弥·桑布扎创立藏文后，松赞干布带头闭关学习，整个吐蕃的百姓纷纷效仿，对纸张的需求大大增加。与吞巴乡相距20千米的塔荣镇雪拉村因盛产藏纸而闻名西藏，是尼木县引以为傲的手工业村，这里生产的"雪拉藏纸"也被誉为"尼木三绝"之一。

　　藏纸最大的特点是不怕潮、不怕水、防虫蛀，写在藏纸上的文字历经百年仍清晰可读，因此僧人特别喜欢在藏纸上撰抄经文。尼木县的藏纸制作历史在1000年以上，它的出现对藏文化的传播起到了极大的促进作用。如今，藏纸不仅用来印刷经文，还供应博物馆以及工艺礼品制作商。

藏纸虽好，但制作起来却很烦琐。尼木藏纸为纯手工制作，共有6道技艺，工艺流程复杂、细腻，制作要求很高。其主要原料是对牲畜有害的狼毒草，藏语叫"日加"，生长在海拔4000米以上的高山上，再生周期较长。

每到夏天，尼木县制作藏纸的人家便上山去挖狼毒草根。刚挖出的狼毒草根最为新鲜，也最适合进行加工。首先要用铁锤将草根砸碎，使草根皮肉分离，然后用小刀取出外皮与肉间的纤维组织，放在臼内捣烂，接着放入锅煮，再把煮熟的狼毒草根捣成茸状，将絮状的狼毒草茸放进大容器，用一根带四片木翼的木棍不断搅动，搅成纸浆后，即可舀入绷在木框上的纱屏内，铺开摊匀，随后还要把纱屏放到一个大水缸内来回晃动，几分钟后拿出来，再放到太阳底下晒几个小时。从纱屏上揭纸更是个技术活，一不小心纸张就会出现破损，需要有丰富的经验才能保证不出差错。

和工业流水线批量生产的印刷纸不一样，藏纸稀少而珍贵，每一张都由手工制造，使用纯天然原料，工序进度完全靠天定，制成后印上经文，洁白的纸上承载的是象征文明和信仰的文字。

2006年，藏纸生产工艺被列入第一批国家级非物质文化遗产名录，为了保护并传承这种传统手工艺，尼木县于2010年专门成立了一个扶贫开发手工艺园，并为县内仅存的藏纸传统工艺家庭作坊开辟了200多平米的展览与制作空间。

除了藏纸，西藏还有一件与文明和信仰相关的传统工艺——雕版。尼木县普松乡是西藏的雕版之乡，雕刻经版的历史非常悠久，除了印刷经幡，还大量印刷经书，大大促进了西藏宗教文化的传播。

在普松乡曲水村，雕刻与经幡印刷专业合作社里，工匠们正在聚精会神地雕刻着经版，雕一块经版需要4天时间，长期盯着雕版，工匠们的眼睛很容易受损，年纪轻轻就戴上了老花镜。藏传佛教的一些经典著作，如果一个人刻完一部需要十余年时间，成立专业合作社后，雕版制作速度才有所加快。

经版雕刻是雕版印刷的一个工序，每一块雕版都是唯一的，这使得经版经历岁月之后成为难得的艺术收藏品。雕版的制作过程并不复杂，虽是工匠的活，但要想做到最好就需要艺术家的功底。

制作雕版的第一步是用一种叫"加橙"的工具刨光木板。接下来，要先顺纹理，再劈成板块，用火熏干，沤在羊粪中，然后水煮、烘干、刨光。之后，木板涂上胶，贴上经文（有字的一面冲里），晾干。用水刀刮擦去纸，此时，墨迹已经渗入木板，依据墨迹挖去空隙较多的部分，再涂上清油，一至两个小时后盖上湿布。之后还需要放置一天，在这一天中要注意保持布的湿度。

雕刻版采用的是浮雕的方式，木刻雕版上只留下凸起的文字或图像，其余的木料要挖去，通常挖去的深度为二分之一或四分之一寸，刻刀要紧贴着文字或图像边缘进行雕刻。刻好经文后，用锯子锯掉两头多余的木头，再用"切撒"把经文以外的部分打成斜面，这样，印刷时就不会印上多余的东西。

在曲水村雕刻与经幡印刷专业合作社的一个角落内，摆放着一摞一摞已经刻好的经版。在屋内并不明亮的光线中，每一块经版都折射着动人的光泽。这些光泽中有雕版艺人手上的汗水，也有他们虔诚的心意。不久之后，这些经版就会被寺庙收走，用于印刷佛经。

其实，雕版之乡普松的名声由来已久，不仅拉萨木如寺印刷的《甘珠尔》出自100年前的普松艺人之手，十几年前，拉萨佛教协会还把重刻《丹珠尔》的任务交给了普松乡的艺人们。普松乡目前有200余人从事经版雕刻。2013年尼木县雕刻和经幡印制的年产值达到360万元，工匠们的人均年收入将近1万元。

如今，在拉萨政府的大力扶持下，尼木藏香、雪拉藏纸和普松雕刻这些被赞为"尼木三绝"的传统手艺正焕发出崭新的光芒。作为尼木县活着的文化遗产，它们所彰显的是藏族人民看得见的信仰，不仅是传播西藏文化、传承民族信仰的载体，还为当地民族手工业的传承和产业经济的发展提供了源源不断的动力。

第十二章

藏医药产业：
融合文化与科技，古老藏医药焕发新活力

　　藏医药起源和根植于西藏优秀的传统特色医药，也是重要的国家非物质文化遗产。大力弘扬藏医药文化，深入推进藏医药的继承创新，让古老的藏医药融入科技支撑，有利于藏医药产业焕发出新的活力，有利于推动其健康快速地发展。

《中国藏医药影印古籍珍本》：传承千年藏医经典，
永葆藏药产业根基

　　藏医药学是中华民族医学宝库中的璀璨明珠，以其悠久的历史、独特的疗效而闻名于世。在至今2000多年的演进中，藏医药学不断汲取中医学、古印度医学及阿拉伯医学的精华，并结合青藏高原特殊地理气候环境和民族生活习俗，形成了具有丰富理论根据和临床实践且独具特色的科学体系。

　　可以说，藏医药学源远流长，博大精深，数千年来日臻完善，既是无与伦比的高原文化瑰宝，也是拉萨藏药产业发展的重要基础。因此，作为藏医药学重要载体的藏文古籍也越来越多地受到人们的重视与保护。

　　据不完全统计，现存藏文古籍总数大约在百万函以上，其中有三分之二收藏和散落于西藏自治区境内。这些古籍卷帙浩繁，年代久远，既是中华民族悠久历史文化的见证，也是人类文明的宝贵遗产。

　　然而，由于一些历史原因以及相关人才的匮乏，一度导致藏医药古籍的

保护工作严重滞后，不仅没能对其数量与种类进行全面、系统的普查，也未能科学地整理与利用这些古籍经典中的藏医药文化精髓。

2014年的春天，对于尼玛次仁来说，有着特殊的意义。作为西藏藏医学院的院长，尼玛次仁对藏医药学有着深厚的造诣与虔诚的感情。刚刚拿到《中国藏医药影印古籍珍本》丛书的样本时，他一页一页地摩挲着，仿佛书中的每一行文字都余温尚存。

尼玛次仁是国医大师措如·才朗活佛的亲传弟子，从小便与藏医学结下了不解之缘。在才朗活佛的悉心指导下，尼玛次仁翻阅了大量的藏医药典籍。他被这些藏文古籍中蕴藏的文化与智慧深深震撼，也由此产生了收集、保护藏医药学典籍，并使之服务于百姓的心愿。

为了使传承千年之久的藏医药学得到更好的保护与发展，在尼玛次仁的主持下，一项旨在搜集、抢救藏医药古籍的丛书编纂工程正式启动。这是一项极富开创性与挑战性的工作，因为从一开始，尼玛次仁便决心要将其打造成一部收录最全面、内容最权威的藏医药学经典古籍丛书。

藏文古籍虽然数量庞大，但大多收藏于全国各地的佛教寺院与高校图书馆中，其余的部分或流失海外，或散落民间，保存地域广泛而分散。不少典籍因为自然因素的破坏和人为保存的不当，字迹、颜色受损严重，卷页残缺不全，加之成文年代及作者难以考证，给尼玛次仁的搜集和整理工作带来了难以想象的困难。

2010年8月，浪东·多吉卓嘎正式加入尼玛次仁的丛书项目组，成为丛书副主编。身为西藏藏医学院图书馆馆长的多吉卓嘎，除了负责图书馆的日常工作，还要在每天早上8点半，准时与学院项目组的同事一起前往布达拉宫搜集并清点古籍。

收藏于布达拉宫中的古籍都是珍贵的文物，没有特殊情况绝不允许外借。为此，多吉卓嘎先后32次爬上红山，与相关部门及布达拉宫的管理人员进行交涉，才获准将古籍借回学院。

办完各种手续后，多吉卓嘎要在布达拉宫文物保护科工作人员的陪同下，带着当天需要扫描的古籍，乘车返回西藏藏医学院图书馆的工作室。为了保证古籍在扫描过程中不被损坏，同时不出现丢失，文物保护人员会全程看护，并在每天下午4点半前，将古籍护送回布达拉宫，一页一页地清点后重新入库。

位于西藏藏医学院图书馆内的工作室是一个摆满各种仪器设备、经书与纸堆的空间，在3年多的时间里，《中国藏医药影印古籍珍本》丛书从扫描、排版到修补、打印的工作，都是在这里完成的。

这部丛书以三种形式收藏古籍珍本：第一种是仿效古法，以经卷形式整理收藏，为学院图书馆藏而备；第二种是装帧为册，以书画形式进行传播，为研究院、博物馆收藏而备；第三种是以数字化扫描的方式，将古籍珍本在电脑及网络上进行电子同步，从而使之服务于广大藏医研究、教职人员、学生及民间爱好者。

在完成对布达拉宫藏医药古籍文献的收集、整理工作后，尼玛次仁与多吉卓嘎又带领项目组陆续对西藏图书馆、自治区档案馆，以及拉萨、阿里、山南、日喀则、那曲等地区所藏的藏医药学典籍进行了细致的搜集与扫描。

2013年，《中国藏医药影印古籍珍本》丛书项目获得国家出版基金1100万元的资金支持。一年后，这项国内规模最大的收集、整理、扫描藏医药古籍文献的工作终于取得了实质性的进展，一套包含30卷本，共计2700万字的《中国藏医药影印古籍珍本》系列丛书正式由西藏人民出版社出版发行。

丛书根据忠于原典的原则，以影印复制的方式，完整收录了《药师佛祷文五部》《五行历算秘籍月光》《时轮历算新月光》等100余部珍贵的藏医药学及天文历算古籍手抄本，内容涉及藏医药学历史、基础理论、药物药理、临床经验、药物方剂、炮制工艺及天文历算。它的出版不仅有效地抢救和保护了藏医药学的古籍珍本，为藏医药学的研究提供了丰富的理论支撑，同时也为藏医药产业的长足发展与走向世界奠定了坚实的基础。

如今，在尼玛次仁的推动下，西藏境内藏医药古籍文献的收集、整理、扫描工作仍在进行。今后，项目组还将奔赴青海、甘肃、四川、云南、内蒙古、新疆、北京、天津等地进行收集、整理、扫描藏医药古籍的工作。完成国内藏医药古籍文献的搜集、整理工作后，项目组还将前往尼泊尔、不丹、法国、美国等地，对遗失海外的古籍文献进行整理。

尼玛次仁希望通过丛书编制，使古老的藏医药学焕发出新的生机。但他的心里非常清楚，要想让藏医药真正走出高原、走出中国、走向世界，还有很长的一段路要走。整理和保护古籍只是千里之行的第一步，只有把藏医药古籍中蕴藏的文化与理论精髓传授给更多的人，并与现代医药学科技结合起来，才能真正使藏医药学永葆青春。

在尼玛次仁与学院教师的共同努力下，截至2013年，西藏藏医学院已培养出10位博士、126位硕士和3800多名大中专毕业生。接下来，尼玛次仁还将为建设传统与现代相结合的实验室与藏药实验标本中心而积极奔走，以期在深入研究藏医药古籍的基础上，将现代制药工艺与传统医药理论相结合。

拉萨虽然不是藏医药学的发源地，却凭借首府的教育、人才、科研及产业优势，吸引了越来越多像尼玛次仁一样的有识之士。他们在传承经典藏医药学理论的同时，积极进行科研攻关，为藏药文化及产业的发展提供了不可或缺的助力。

今天的拉萨，已形成了以甘露藏药、各地区医院制剂室或藏药厂为支点的藏医药产业格局，步入了以骨干企业为龙头、科研开发为依托、传统产品和新产品为支撑、资源保护利用为基础的藏医药业良性发展的轨道。"根深叶茂"的藏药产业正欣欣向荣地朝着标准化、规范化和规模化的方向稳步推进。

重视藏药制品的研发与创新：科技牵手文化，让藏医药走向世界

雪山连绵的青藏高原是世界平均海拔最高的高原，这里孕育出了医药界的奇葩——藏医药。它承载着高原悠久的历史和文化，历经上千年的传承与发展，其神奇之处正在逐渐地被世人知晓并认可。

根据史书记载，藏医药学对人体解剖知识的认识，比西医还要早800多

年，更在达尔文之前，便提出了生物进化的观念。2000多年前，古代藏医药学家便提出了"有毒就有药"的论断，其防病治病的系统知识，以及用酥油治疗外伤为代表的临床实践代代相传，至今仍在为保护人们的健康发挥着巨大的作用。

然而，由于藏医药一直局限于青藏高原地区，外界很少有机会接触到，因而，在人们的眼中，藏医药就如同拉萨这块远离凡俗的净土一样，充满了神秘的意味。

近年来，随着被称为"天路"的青藏铁路的修通，以及互联网技术的发展，藏药这一远古久远的瑰宝渐渐褪去了神秘的外衣，走入了大众的视野。

藏药主要取材于海拔3800米以上的高寒地带，天然纯净，无污染。青藏高原上可以入药的植物大约有2000多种，动物150多种，矿物80余种。药材的清洁与独特的制作工艺使藏药的毒副作用微乎其微，不会像西医一样产生医源性和药源性疾病。

藏药的生产秉承"世间万物皆可入药"的原则，这与现代医学有很大的不同，因此，一些人对藏医药存有误解。一些国外的研究机构对藏药存在片面认识，他们认为藏药中矿物成分较多，会加重人体的排毒负担。事实上，藏药里虽然添加了许多天然矿物成分，但并不是简单混合，而是通过特殊的炮制工艺，将这些矿物成分转化为人体抗病所需的药物成分，然后才能服用。

对藏医药产生类似的误解与偏见有很多原因，最关键的还是人们，尤其是国外的人对藏医药的了解浅尝辄止，并且由于传统藏医药学中保留的许多原始性特征，人们容易先入为主地以现代医学技术标准来衡量其理论水准和科学性。

其实，在漫长的发展过程与临床实践中，藏医药一直对治疗慢性病、多发病和疑难病治疗有着重要的作用，特别是对高原地区常见的内科疾病、消化疾病、心血管疾病、关节炎等疾病有着独特的疗效。

此外，与西医及传统中医相比，藏医药具备安全、方便、廉价等特点，藏药药效奇特，对许多慢性病具有良好功效。这些特点都为藏医药产品的广泛流通创造了良好的条件。

为了使藏医药在发展中得到良好的保护与传承，并使之在当代医学中发挥更大的作用，进而更好地服务百姓、造福世界，我国从改革开放之初，便对藏医药业的发展投入了大量的人才与资金，进行科研攻关与技术创新。各级卫生行政部门和藏医医疗机构以传统为基础，充分发挥特色优势，完善设施设备条件，加强服务能力、人才培养、科研及藏药生产等工作，使藏医药学得到了有效保护、传承和发展。

在藏医药经典著作方面，各类藏医药研究机构搜集整理了近百部文献、专著，并有《中国医学百科全书·藏医分卷》等30多项课题列入中国国家和省级科研项目。目前，藏医药经典专著《四部医典》《晶珠本草》等被译成英、法、俄、日等多种文字出版发行。美国科罗拉多大学率先与西藏藏医院合作，开展藏医药防治高原疾病的研究。西藏藏医药专家也纷纷应邀赴美国、英国、日本、阿根廷等十多个国家讲学并介绍藏医药。

通过文献整理、标准制定、药材种植、新药开发、炮制工艺提升，拉萨的藏医药产业发展取得了可喜的成就。在临床上加强对藏医经典方、验方的筛选，总结、整理出了治疗肝病、胃肠疾病、糖尿病、骨折、皮肤病、妇科病和眼病等特色配方及专科制剂，为提高临床疗效和新药开发奠定了坚实基础。

千百年来，藏药的生产一直以手工制作为主，效率低下，品质也难以保障，很难大规模地传播与推广。为了彻底扭转这一局面，实现藏药产业的快速发展，近年来，拉萨市坚持以市场为动力，积极编制藏药产业规划，科学调整藏药产业布局，大力引导藏药企业转型升级，优化藏药企业投融资环境，为推进藏药产业的大发展做出了巨大的努力。

如今，一座座现代化的藏药工厂先后在拉萨拔地而起，传统藏药生产加工和现代高科技的有机结合，使藏药的生产开始走向科学化、规模化、标准化与自动化。截至2015年年底，西藏全区的藏药生产企业达到18家，且均已通过国家药品生产质量管理规范（GMP）的认定，年均总产值突破8亿元。

在现代科技创新的推动下，一批技术含量较高的名优藏药陆续脱颖而出，走向国内和国际市场，藏医药产业渐渐成为拉萨的特色支柱产业之一。

其中，藏药"诺迪康"和"奇正消痛贴"在第26届日内瓦国际发明与新技术展览上获得国际发明金奖，并已进入美国、日本、韩国等20多个国家和地区。

作为藏文化优秀的代表，藏医药已经成为藏民族的一个品牌，它的发展、壮大，不仅对传统藏文化是一种有效的保护和传承，同时也让更多的患者受益，为世界带来福祉。科技创新与传统藏医药文化的有机结合，以及市场化的经营与运作，为拉萨的藏医药产业发展提供了广阔的空间和前景，对扩大社会就业与增加农牧民收入具有重大而深远的意义。

未来，对于藏医药的发展与传承来说，还有很长的一段路要走，需要让更多的人了解它的奥妙与神奇之处。

神奇的"西藏甘露"："文化大发展＋产业化经营"模式，做强藏医药品牌

冰川广布，雪山连绵，空气稀薄，经幡飘扬，如果把这几个特征同时附加在地球上的一个地方，那便是拉萨。说起拉萨，人们也许会想起深蓝色的天空、庄严肃穆的布达拉宫、信徒手中的转经筒，以及令初至者头痛欲裂的高原反应。

在前往拉萨之前，许多旅行团都会提醒游客提前备好红景天口服液。这种口服液能够迅速提升人体的血氧含量，从而有效地缓解高原反应，是现代医学科技与传统藏药的完美结合。

在神奇的藏药王国中，红景天口服液只是极为普通的一员。其他如七十味珍珠丸、二十五味珊瑚丸、仁青常觉等，只闻其名便让人觉得非常稀奇。对于大多数人来说，比这些药名更令人感到陌生而神秘的其实是生产这些药品的企业。

拉萨大大小小的藏药生产企业不下几十家，但最著名的莫过于有着"西藏同仁堂"之称的西藏甘露藏药股份有限公司。甘露，藏语称"堆孜"。

"堆"是致人疾病、伤害人命的因素，"孜"则能消除这些疾病，带来康福，故"甘露"寓意为"治病的神药"。

甘露藏药的前身，是始建于1696年的拉萨药王山医学利众院制剂室，以及1916年创建的拉萨门孜康藏药加工厂，至今已有300多年的历史，是中国历史最悠久、规模最大、技术力量最雄厚的传统藏药生产企业，也是我国唯一有着300年以上制药历史、以"甘露"品牌为代表的名贵藏药生产企业。

经历代藏医传人的不懈努力和政府对藏药的正确引导及大力扶持，甘露藏药生机勃勃地发展至今。早期，甘露藏药作为自治区医院的藏药房，一直为全区各地以及周边藏族自治区的医疗机构提供藏药服务。1994年，按照国家GMP认证标准设计并通过了认证的生产线，开启了由机械化制药替代人工制药的先河，甘露藏药成为藏药精品推向市场的第一家藏药厂。

自创建以来，通过几代藏医先辈们的刻苦钻研和共同努力，特别是改革开放以来的不断传承、发展，甘露藏药现已成为我国历史悠久、科研技术力量雄厚、传统与现代化相结合的大型藏药生产企业，被国家民委、国家经贸委核准为民族药品定点生产企业，同时列入西藏自治区重点调控企业之一。然而，甘露藏药的崛起之路并非一帆风顺。对此，甘露藏药董事长贡嘎罗布有着深刻的体会。

自2003年担任藏药厂厂长以来，贡嘎罗布对于藏药产业发展的思考便从未停止过。贡嘎罗布深知，藏药神秘但并不落后，人们对藏药普遍缺乏了解的现状在很大程度上成为阻碍藏药产业发展的瓶颈。因此，贡嘎罗布希望能将藏药发扬光大，让更多的人从中受益，并领略藏医药文化的独特魅力。

在贡嘎罗布看来，藏医之妙在于对人的生命诞生的重视和研究，在伟大的《甘露精要八支秘诀续》里，对胚胎学有精彩的表述："用比喻来说，'母亲、脐带和胎儿的关系犹如水塘、水渠、与庄稼的关系'，母亲好比水塘，脐带好比水渠，胎儿好比庄稼，水塘中的水通过水渠去滋润庄稼，使之发育成长。"这个1200年前的比喻，在今天看来依然准确生动。

藏医学认为，人体的运行规律和宇宙的日月星辰息息相通、密不可分，人体疾病要辩证地将天文五行的外因和人体生理内因综合诊治，才能达到最佳效果。这种理念表达了人与自然的渊深妙智，藏医与天文历算是天然的"同胞兄弟"，藏医学的精在于精确地将天文历算应用在藏医的诊断学、病理学、药物学中。藏族的天文历算学可以说是世界上最独特、最神奇的天文学，1986年4月24日的日食，藏族天文历算学家在没有借助任何现代仪器的情况下推算出来的结果与南京紫金山天文台的预测结果仅相差两分钟。

近年来，贡嘎罗布不遗余力地推广藏药，传播藏药文化。他清醒地认识到，发展藏医药不仅仅是为了健康，更重要的是传承和弘扬数千年的藏文化。一家企业想发展壮大除了拥有过硬的产品外，更重要的是做文化，因为文化是企业的灵魂，只有文化做起来，产品才能永远具有生命力。

贡嘎罗布对互联网有着敏锐的触觉，贡嘎罗布一开始便加大对网络渠道的建设。2005年，甘露藏药建立了中文网站和英文网站，通过网络等信息化平台的建设，让人们从不了解藏医药，不敢接受藏医藏药，逐渐转变为认识藏医药，接受藏医药，从而逐渐打开全国市场。

甘露藏药的销售渠道主要是品牌店、专柜、医保产品投标、学科合作等。2010年时，甘露藏药在国内的网络销售渠道就已经非常成熟，在全国各省市建立了60多家专卖店、227个专柜。与此同时，甘露藏药还把目光投向更大的市场，其品牌藏药已经获得了美、英、俄等国家的国际注册认证，并销往日本等国。同时，在俄罗斯和蒙古进行藏药的销售，为藏药逐步推向世界积累了宝贵的经验。

贡嘎罗布常带领老藏医到全国巡诊，并不断寻找藏药厂的新机会。显然，拥有两三千年历史的藏医药产业，虽然在享受国家各项政策优惠的情况下有了长足的进步与发展，但仍有一些亟待突破的瓶颈。

2010年9月29日，西藏自治区下发了《关于进一步扶持和促进藏医药事业发展的意见》，要求"自治区藏医药内部整合、组建集团，不仅要吸纳资本进入，更要吸纳这个行业的先进理念"。贡嘎罗布随后很快意识到，这是一个很好的机会。

很快，自治区党委、政府召开的全区国有企业改革会议，确定了国有企业必须在一两年内完成改制，要求向行业的领军团队学习，同时要跟全国其他省市的大型企业，比如同仁堂、修正等进行合作。贡嘎罗布认为，未来，无论是与业内的大企业进行资本合作、与医疗机构合开诊所，还是共建门店网络，在追求经济效益的同时，更要注重"推广藏文化"。

甘露藏药有着深厚的文化底蕴，其研制生产继承传统藏医药的制作工艺与品质，同时引进了现代化制药设备，截至2015年已生产藏药360多种。其中，有54种藏药已取得国药准字号，有15种藏药被列入《国家基本药物目录》，有12种被列入《国家医疗保险目录》。誉满于世的七十味珍珠、仁青常觉等13种珍贵藏药，还因用料讲究、工艺精湛、疗效奇特而被列入《国家中药保护品种》。

此外，甘露藏药的拉萨北派藏医水银洗炼法和藏药仁青常觉配伍技艺，因其神奇而独特的医学价值，入选我国首批国家级非物质文化遗产名录——传统医药类，其蕴含着中华民族特有的精神价值、思维方式、想象力和文化意识，体现着中华民族的生命力和创造力，成为世界医药体系之璀璨瑰宝。

藏药材产业的发展是藏药产业发展的基础，打好原料供应基础，加大藏药材种植基地建设力度对于甘露藏药来说至关重要。随着藏医药产业的发展，药材需求量逐年增加，供需矛盾逐渐呈现，而近几年药材价格的上涨，导致了藏药材的无序开采和某些地方的滥砍滥采现象，破坏了藏药材赖以繁殖和生长的生态环境，致使某些药材资源濒临枯竭，一些原本稀有的药材越来越少。

在甘露藏药公司所处的独特自然环境里，藏药材具有在药材功效、药性等方面区别于其他地区药材的优势。为规范藏药材种植基地，保障药材供应，甘露藏药采取"农户＋基地＋公司"的产业化经营模式，建立起绿色、安全、高效的藏药材原料基地；采取科研、生产、经营相结合的办法，加强品种优选优育和种源基地建设，建立稳定的藏药材种子种苗生产、供应和销售体系，保护培育濒危藏药材。这既能增加当地农户的收入，又能为甘露藏药产业的发展提供稳定、可靠的藏药原料支持，同时还可以保护药材原产地，对濒危药材也起到了一定的保护作用。

据2010年的统计，包括甘露藏药在内的4家藏药生产骨干企业产量每年以20％的速度增长，药材的需用量也同样增加。此外，据国家中医药局预测，在2020年前，中草药在国际市场的份额有望从3％提高到15％。受此趋势影响，近年来，拉萨市的藏药材生产与销售有了较大幅度的提升，市场前景一片光明。

从拉萨现有的藏药厂来看，形成较大规模的还比较少。例如，甘露藏药公司在2014年实现销售收入12479.30万元，2015年上半年实现销售收入5452.90万元，累计缴税额分别达到1540万元和863.04万元。虽然年产值突破亿元大关，但在医药产品的开发、生产、品类以及销售规模上，甘露藏药与其他省市的同类企业仍有一定的差距。

此外，拉萨的传统藏药企业在资源配置方面也存在着不合理的问题，主要体现为几个厂家同时生产同类品种的药品，形成了一种恶性竞争的关系，并在一定程度上导致了市场饱和与资源浪费。比如，"二十五味"药品，在拉萨便有三四家企业在生产。医保品种投标时，更是出现相互争斗的情况。

在这种情况下，拉萨市积极整合资源，整顿市场，从保护中发展，在发展中保护，促进藏医药企业间的交流与合作，使之扩大规模，形成合力，为解决藏药市场供需矛盾、提升整体产业水平、增加经济效益和就业做出了重要的指导与探索。

与此同时，拉萨市还注重发掘藏医药产业背后的深厚文化底蕴，将文化大发展与产业化经营结合起来，逐渐打造出一批像"甘露"一样的国际知名藏药品牌，使藏医药产业及文化在新时代中得到了良好的传承与发展。

优秀的文化是不分地域和民族的，不论其源于何处，都是人类共同的财富。藏医药文化凝聚了藏民族的智慧，也是一笔珍贵的历史文化遗产，因此，应该跳出藏药看发展，将弘扬藏医药文化与产业化经营相结合，在竞争中促进藏药企业迅速崛起。

第五篇

⋀

产城融合，双轮驱动：规划城乡产业发展，促进产城深度融合

城市没有产业支撑，即便再漂亮，也只是"空城"；产业没有城市依托，即便再高端，也只能"空转"。拉萨市大力推行"产城融合"，就是要以城市为基础，承载产业空间和发展产业经济；以产业为保障，驱动城市更新和完善服务配套，以达到产业、城市、人之间有活力、持续向上发展的模式。

第十三章

城镇化不是盖房子，必须把产业做起来

简单来说，城镇化就是农村人口转化为城镇人口的过程，但农牧民"进城"后，能不能找到合适的工作？买不买得起城里的房子？生病了有没有保障？孩子上学的事情如何解决？这些都是政府在城镇化过程中所要面临的问题。要解决这些问题，首先就要把产业做起来。

以产促城，以城带产：推动产业发展与城镇建设融合共生

近年来，各地城市新区开发成为城市发展的主要态势，传统的地产开发模式导致城市盲目追求发展，一味地大拆大建、"摊大饼"，很多新城面临着大量农业人口向城市人口转化、城市社会服务设施和基本功能薄弱、新区入住率偏低、产业竞争力弱、新老城区功能衔接不够等一系列问题。尤其是某些新城建设不考虑产业发展，只是注重房地产开发，所谓的新城建设就是"房地产化""产业空心化"，造成了城市"宜居"与"宜业"矛盾突出，从而出现了一个个产业上的"空城"、生活上的"睡城"，而在交通上则呈现"潮汐化"状态。

拉萨市领导班子对此始终保持高度的警惕，强调在城市发展过程中，充分调动产业和城镇化的互动关联性。城镇化是产业集聚发展的空间载体，产业是城镇化建设的动力源泉，两者融合能够实现城镇化的顺利推进和产业的优化升级。可以说，没有产业发展支撑的城镇化如同"沙漠上的大厦"，

"空城""睡城""潮汐化交通""人气低迷"等现象下所隐含的深层次问题是，作为城市经济功能的"产业"与城市政治、文化等主要功能之间出现了严重的不协调。

2009年，随着新一轮《拉萨市城市总体规划（2009—2020）》（以下简称《规划》）的实施，拉萨的城市建设已经进入快速、健康发展时期。根据《规划》，拉萨市将形成"东延西扩南跨，一城两岸三区"的空间结构。在《规划》实施的过程中，拉萨各级政府坚决贯彻"以产促城，以城带产"的方针，全面推动产业发展与城镇建设融合共生，柳梧新区的建设便是其中的典范。

柳梧新区是拉萨市"东延西扩南跨，一城两岸三区"城市发展战略的重要组成部分，其城市定位和发展目标是：拉萨市城市副中心，形成以"客运枢纽、现代服务、旅游集散、总部经济、特色居住"为主的西藏现代化城市典型示范区。新区规划面积42平方千米，规划人口15万。

至2015年，柳梧新区已经基本建成。新区的建设，避免了传统的地产开发模式，强调产业为先，产城融合，仅火车站所在的北组团便累计完成固定资产投资近80多个亿，建设项目达225个。奇正藏药、西藏银行等企业相继落户新区，几个新建小区建成，使当地群众妥善安置，群众的就业门路也在不断拓展。2014年，柳梧新区完成生产总值12.58亿元，财政收入达7.4亿元，新增固定资产投资31.43亿元。

近年来，拉萨市柳梧新区建成的重点项目有：

其一，拉萨市群众文化体育中心。该中心是北京市援建西藏投资最多、规模最大的一个项目，由"一场两馆"（体育场、体育馆和牦牛博物馆）构成。其中牦牛博物馆是一个具有重要文化创意的工程，用于牦牛制品、文物的收藏和展出。

其二，拉萨国际总部城。该项目总投资7.5亿元，作为西藏首家综合性总部经济产业园，以引进经济、电子商务、金融、文化、物流、生物制药、进出口贸易、现代服务业等新经济业态为重点，同时，也立足于服务本地中小企业，扶持本地优势产业做大做强。目前，已有银行、金融、证券、保险、矿业、电子商务、物流平台、黄金进出口贸易等企业入驻。

其三，"拉萨之窗"。该项目位于拉萨市火车站对面，是柳梧新区管委会为了展示拉萨现代化城市风貌以及推进火车站周边商业圈配套建设、服务来往于拉萨的旅客的一道窗口式景观。该项目分为南北两广场，南广场位于火车站站前广场的延伸，定位于仪式广场，北广场临近游乐园，定位于游乐休闲广场，商业附属功能显著。

另外，在2014年，柳梧新区开发了金马国际、中太广场、万裕城等15个商业综合体和住宅项目，开工总面积已达260万平方米，占拉萨全市开发住宅面积的70%。柳梧新区依靠优越的地理环境优势，正逐步成为21世纪拉萨城市发展的主要空间区域。

可以说，产城融合是一幅立体展示城市长尾效应的完整拼图，体现了城市产业空间与社会空间协调发展的内在要求。它的基本内涵包括：空间融合要素齐备，产业融合优势明显，基础融合纵深推进以及公共服务深入渗透。产城融合要求产业与城市功能融合、空间融合。当然，产城融合不能仅仅停留在形式上，而应回归到"以人为本"的价值导向上。只有基于人的真实需求所进行的功能安排、设施统筹和制度设计，才能真正引导城市功能、效率及生活质量不断提高，从而实现真正意义上的产城融合。

走新型城镇化道路：优化产业空间布局，提升城镇就业吸纳能力

2014年4月18日上午，投资23亿元的"中太·城市广场"奠基仪式暨开工典礼在拉萨柳梧新区举行。这预示着，一个涵盖大型时尚购物中心、休闲商业步行街区、准5A级写字楼、高档公寓和精品商务酒店等物业形态的城市综合体将在拉萨诞生，并为广大市民提供服务。

中太·城市广场项目是"中国光彩事业行"西藏自治区的重点工程中规模最大、档次最高、业态最全的城市综合体项目。项目规划用地面积65183平方米，总建筑面积约33万平方米，工期2~3年，已经顺利完成了项目规划、设计及有关前期工作。

该项目建成后，将带来常住人口8000人以上，直接带动就业5000人以上，入驻各业态品牌厂商500个以上，各类商品超过20000种，每年社会商品零售额在5.2亿元左右，贡献直接和间接的GDP约10亿元以上，财税收入将突破1亿元。

"中太·城市广场"项目的启动，可以说是拉萨市新型城镇化战略的一个标杆，对于优化城市产业空间布局，提升城镇就业吸纳能力具有卓越贡献。

伴随着全国城镇化进程，拉萨的城镇化也在迅速发展。推进拉萨新型城镇化，关键是要转变城镇建设与发展的理念，彻底摒弃"城镇化就是圈地造城"的习惯思维，树立以人为本的理念。城镇建设，不仅是修路盖楼办工厂，而且要更多地吸纳外来人口，更好地满足居民生活需要，更好地满足人的全面发展需要。在大力发展城镇经济的同时，要建设好城镇先进文化，把生态文明理念和原则全面融入城镇化全过程，注重资源节约和环境友好型城镇发展。

拉萨农牧民整体劳动技能偏低，转移就业的难度原本就很大，一旦城镇空间布局相对分散，导致综合承载能力不强，对农牧区的辐射带动就会受到诸多制约。因此，推进城镇化健康快速发展，必须以提升农牧民转移就业能力和农牧民工市民化为重点，推进城镇基本公共服务常住人口全覆盖；坚持立足地区情况、尊重规律稳妥推进，不超越现实条件急于求成。

根据规划，到2020年拉萨常住人口非农产业就业比重将达63%以上，那么，该如何解决就业问题？市政府提出，要通过产城互动融合发展、发展支撑产业等措施提升城镇就业吸纳能力。

在产城互动融合发展方面，要求优化产业空间布局，支持特色优势产业集聚发展，走以产兴城的发展道路。首先，优化特色农牧产业布局，集中建设一批特色农牧业产业园区，鼓励发展城郊休闲观光农业。其次，建设工业产业聚集区，加强园区配套建设，支持有条件的城镇依据特色发展工业园区。最后，积极培育城镇服务业集聚区，有重点地支持劳动密集型产业向中小城镇集聚，加快拉萨物流园区建设。

在发展支撑产业方面，拉萨市要求根据城镇资源环境承载能力、区位优势，培育发展各具特色的城镇支撑产业。有重点地推进工业发展，加快开发优势能矿资源，促进资源优势转化为经济优势。加快发展特色饮食品加工业，在肉制品加工业、矿泉水业培育龙头企业。发展藏药材种植业，在条件适宜地区建设大宗药材、紧缺药材抚育基地。重视培育手工艺人传承队伍，提高民族手工业计算机辅助设计、配色、印染等先进技术的运用能力，重点在藏毯、藏香、金银铜器、家具服装行业培育龙头企业，促进和带动小微企业健康发展。合理布局和发展水泥等建材业，加快淘汰现有立窑湿法窑产能，鼓励发展节能环保的新型墙体材料、建筑陶瓷、建筑石材、民用玻璃二次加工及利用废旧物资的建筑建材产业。旅游业要突出顶层设计，围绕重要的世界旅游目的地建设。加强文化产业发展，重点发展演艺娱乐、民族工艺品、会展节庆、出版影视、文化产品数字制作及相关服务等特色文化产业。

可以说，对于新型城镇化道路，拉萨市委、市政府做了深入的研究，提出了科学合理的产业空间布局，将这一布局成功落实，必将能够大大提升城镇就业吸纳能力，让民众都能找到适合自己的工作，从而拥有稳定的生活。

从善分到善合：推广新型产业合作模式，城乡共享规模化红利

1978年，安徽省凤阳县小岗村18位农民以"托孤"的方式，冒着极大

的风险，立下生死状，在土地承包责任书上按下了红手印，创造了"小岗精神"，拉开了中国改革开放的序幕。从此，中国开始告别了集体主义大锅饭时代，开始广泛推行"包产到户"。然而，随着农业生产的发展，如今农业从善分又走向了善合，拉萨各地也广泛开展起新型农业合作模式。其中，曲水县南木乡的羌嘎宾敦旅游服务合作社便是一个典型代表。

青藏铁路全线通车后，西藏旅游业迎来了井喷式的发展。曲水县南木乡政府依托当地独特的区位和交通优势，积极引导和鼓励群众开展民俗体验式旅游服务。

2011年6月，为进一步规范旅游市场，增加农牧民收入，由普布旺堆、欧珠等10位南木乡江村的农牧民群众发起，自筹资金80万元，注册成立了曲水县南木乡羌嘎宾敦旅游服务合作社。"目前转移就业劳动力66人，预计明年年产值将达到114万元，社员人均收入达1.7万元。"合作社负责人介绍。

合作社成立后，还对当地农牧民进行了手工技术培训。47岁的边巴，因为腿脚有问题，不能放牧，也不能外出打工，只能待在家里。合作社鼓励边巴参加了手工技术培训，现在能自力更生了，他自豪地说："我主要做些书包、衣服、地毯等，每年的收入在3万元以上。"

对于这种新型的合作社模式，拉萨市委、市政府不仅支持，而且还提供优惠条件大力推广，鼓励有条件的农牧民在城镇置产兴业，推动"一人创业、带动一批就业"。在这一基础上，市政府加快推进农牧业转型升级，加大农牧业重大科研成果转化和推广普及力度。

拉萨市政府为新型农业合作模式提供了大量政策支持，为了提升农牧业组织化程度，鼓励农村土地、草场向专业大户、农牧民合作社、农牧业企业等流转，支持建立农牧民合作组织可持续发展机制。此外，还积极完善科技特派员制度，构建公益性服务和经营性服务相结合、专业服务和综合服务相协调的新型农牧业社会化服务体系，建立和完善信息化服务网络，为农牧业生产全过程提供市场信息和科技信息服务。

在统筹改善农牧区人居环境方面，市政府要求同步推进城镇化和新农村建设，统筹安排农牧区基础设施建设和社会事业发展，建设农牧民幸福生活的美好家园。具体来说，包括统筹规划扶贫搬迁、生态搬迁、地质灾害隐患点搬迁、大骨节病等地方病高发区域搬迁、资源极端贫乏区域搬迁，科学编制县域村镇体系规划和镇、乡、村庄规划，加强农村社区建设，集中对搬迁群众提供综合配套服务。

在此基础上，市政府还提出保护有历史、艺术、科学价值的传统村落、少数民族特色村寨和民居，继续实施农牧区"八到农家"工程，不断提升标准，完善配套基础设施，加快防洪减灾与兴利相结合的骨干控制性水利工程规划和建设，加快无电地区电力建设和农村电网改造升级，推进农牧区信息化建设，增加农牧区物流及生活服务网点。

在教育医疗养老等方面，逐步提高农牧区学生"三包"经费补助标准，大力推进农牧区双语教育，探索实施城乡教育一体化发展制度。加强县、乡、村三级医疗卫生机构服务能力建设，完善农牧区医疗制度，进一步提高政府补助标准，加快农牧区远程医疗网络建设，推进定点医院医疗报账异地即时结算。加快建立统一的居民养老保险城乡一体化制度，健全个人、集体、政府共同筹资机制，提高各项社会保险参保率。

在密切城乡联系方面，市政府要求统筹经济社会发展规划、土地利用规划、城乡规划，综合考虑城乡基础设施及基本公共服务，探索推进"多规合一"，形成城乡统筹、相互衔接、全面覆盖的规划体系、城乡体系和监督执行体系，试点编制经济社会发展、主体功能区建设、土地利用、城乡体系于一体的县域总体发展规划。

破解阻碍生产要素自由流动的体制机制障碍，建立健全平等就业、同工同酬、城乡统一的人力资源市场。推进农牧区金融服务网点建设，力争有条件的地方实现"乡乡有网点，村村有金融服务"。进一步丰富和完善扶贫贴息贷款政策，开发符合农牧业新型经营主体特点的金融产品和服务，进一步扩大农业保险范围。强化农牧区流通市场建设，完善城乡流通渠道，提升流通现代化水平。鼓励、引导社会资本投向农牧区建设，引导更多人才、技术等要素投向农牧区。

这一系列政策的落实，都是为了打造规模效应，促进城乡协同发展。在这个基础之上，产业才能做大做强，才能从根本上提升拉萨的竞争力。

坚持可持续发展理念：不需要淘汰的产业，不需要污染的项目

拉萨的城镇化需要产业的配套发展，只有产业发展起来了，涌入城市的农牧民才有工作，社会才能稳定。然而，产业的发展并不是盲目的，不能什么产业都上，必须坚持可持续发展的理念，杜绝落后的、污染的产业。

拉萨连续多年荣登"最幸福城市"榜首，每年都向世界各地的人们展示着自己骄人的新面貌。在这个被誉为"世界上最后一片净土"的地方，社会经济发展了，城市建设国际化了，人们的衣食住行有了翻天覆地的变化——曾经乱石遍地的崎岖小路，现在变成了平坦宽阔的沥青、柏油路；曾经依靠步行或者骑驴骑马的出行方式，现在变成了自驾轿车或者乘坐火车、飞机；曾经一日三餐无米无菜的饮食，现在变成了蔬菜水果供应不绝……拉萨的变化不仅是一个人的变化，更是一座城市的变化。

对于一座城市来说，有变化是好的，但并不是所有的变化都是好的。人们的生活品质越来越高，人均寿命越来越长，城市绿化率越来越高……这些变化是好的。但是，过度的城市化建设和过快发展的重工业以及不注重节能减排而造成的环境污染，这些变化是我们不想看到的。为了杜绝这种不好的变化影响拉萨，市政府一直在不懈地努力。

城市的发展和经济的增长不能以牺牲环境作为代价，拉萨有着独特的自然生态和地理环境，维护生态平衡、避免污染是拉萨发展的前提。因此，拉

萨市委、市政府提出"经营城市"理念，全力推进"环境立市"战略，坚持可持续发展战略，提出"既要金山银山，又要碧水蓝天"，通过健全立法、强化执法，加强生态环境保护，整顿并淘汰了一批产能低、污染重的企业项目。

为整顿规范排污企业，拉萨市环保局制定实施《关于拉萨市区禁止探矿、采矿，规范采石、采砂的决定》，2013年，对堆庆德龙12家铁选矿场集中进行整顿规范，关闭了8家；对拉萨市周边砂石采挖管理混乱、乱采滥挖等问题进行集中整治，67家采砂采石场中责令停产关闭42家。

此外，为了进一步改善拉萨市环境质量，拉萨市环保局还建设了重点企业污染源监控系统，对企业污染源实施24小时数据监测。截至2014年，拉萨市实现了8家重点工业企业、2家机动车尾气检测中心、6个饮用水源地的在线监控。拉萨市环保局局长李维生说，污染源在线监控系统建设是完成污染物减排任务、改善拉萨市环境质量的重要举措，是国家污染减排"三大体系能力建设"重点任务之一，各企业是监控设施安装的责任主体，根据国家有关规定，企业安装的在线监控装置属污染防治设施，其责任主体是企业。污染源在线监控系统为及时获取现场的第一手资料、快速反应、处置突发事故等方面发挥巨大作用，同时，也将成为全市污染减排、排污收费的重要依据。

面对吸引企业发展经济与保护环境之间的两难选择，拉萨市坚持"发展经济，环保先行""既要经济发展，又要碧水蓝天"的理念，招商引资严格执行环保一票否决制，严厉禁止污染企业、"五小"企业入驻。同时加大全县重点企业环保基础设施建设，促使西藏藏缘青稞酒业公司、拉萨品藏饮品公司等重点企业按照环评报告书要求建设除尘、废水处理工程，极大地提高了重点企业污染物排放达标率。

拉萨是独特的、唯一的、与众不同的。只有走可持续发展道路，永葆绿水青山，拉萨的人们才能更加幸福地生活，拉萨的经济才能更持久地发展。

第十四章

完善城乡产业生态圈建设，助推区域一体协调发展

牦牛在牧区养殖，工厂才会有原料制成牦牛干和奶果等产品；土地里先种出了青稞，酒厂里才能酿出醇厚香甜的青稞酒。发展产业不能"城乡二元分立"，要完善城乡产业生态圈，实现区域内协调发展，形成产业链条，优势互补。当然，要实现城乡协调发展，必须首先做到城乡互通，只有交通便利了，才有条件构建产业生态圈。在这方面，拉萨市政府做了大量的工作。

统筹城乡产业发展：优化城乡互补，促进产业生态圈建设

2013年，在中央城镇化工作会议上，习近平总书记强调，要体现尊重自然、顺应自然、天人合一的理念，依托现有山水脉络等独特风光，让城市融入大自然，让居民望得见山、看得见水、记得住乡愁。

我们应该如何理解"乡愁"呢？其实，这里的"乡愁"不是一种愁，而是走入城市的人们心中那浓浓的乡情，而让大家"记得住乡愁"，就是要避免"城市里是钢筋水泥，乡村中是人烟荒芜"的景象出现。在过去的很长一段时间里，城镇化导致乡村文化不断淡化、传统村落凋敝消失。要想改变这种局面，就必须走新型城镇化道路。新型城镇化，便是城乡一体化，而城乡一体化想要实现必须要产业先行，构建城乡产业生态圈，实现城乡产业互补。

过去，人们对"城乡"有一个非常典型的定义：工业人口聚集为主的地方是城市，农业人口聚集为主的地方是乡村，工业和农业两大产业虽然不能

截然分开，但所形成的二元对立却是很明显的，从而导致工业和农业两大产业之间的流动比较僵化，后来服务业在城市兴起之后也是如此，虽然农村人口进城打工，产生了大批的农民工，但农业与工业、服务业的融合并没有实现，而农村人口的减少，则导致了农业的凋敝，于是就出现了我们前面所说的"乡村人烟荒芜"的现象。

事实上，工业的发展、服务业的发展，都离不开农业的支撑。反过来，农业的发展也离不开工业和服务业的带动。因此，只有优化城乡互补，促进产业生态圈的建立，实现城乡一体化，才能极大地推动拉萨产业的发展，实现产业强市的战略。拉萨市在优化城乡产业互补方面，已经做出了喜人的成绩。

如今，到拉萨市旅行休闲的游客，走进任何一家藏餐馆，都能够吃到最地道的藏香猪。有大量游客都是慕名而来，到餐馆之后还没有拿起菜单，直接就先点一份藏香猪。之所以会呈现出这样的场面，与政府的大力推广是分不开的。

藏香猪，又名"人参猪"，由于长期在高海拔的野外放养，它体格健壮，蹄细骨硬，毛皮黑亮光滑，善于奔跑，心肺功能特别发达，从而使肉质营养价值高，脂肪含量低，皮薄肉鲜不油腻，香鲜细嫩，切片腊熏或快火小炒两相宜。

"喝泉水、吃山珍"长大的藏香猪正成为藏族饮食文化的一个品牌。作为西藏特有的一种古老畜种资源，其烹饪方法已被列入当地的非物质文化保护名录，并已申报第二批西藏自治区级及国家级非物质文化遗产保护项目。

藏香猪只是其一，此外，藏鸡、土鲢鱼、酥油茶等也广受游客喜爱。巨大的市场需求极大地带动了拉萨农村畜牧业的发展，为广大农牧民创造了财富。

2015年，拉萨市不断加大藏鸡、生猪等规模化养殖基地的建设，全市生猪养殖基地已达25个，年底生猪出栏量达7.08万头，同比增长5.2%。其中1～9月份，拉萨市生猪出栏5.6万头，相比2014年同期增加了3000头。而藏香猪的市场价比普通猪肉的价格要高，每斤大概为20元。拉萨市藏鸡养殖基地已经达到28个，到年年底，藏鸡存栏量达到42万只，出栏35万只。拉萨市场上藏鸡均价为每只80元。

可以说，旅游业已经成为拉萨实现快速发展的战略性支柱产业，并在促进高原生态和文化的保护传承、带动其他产业发展、促进农牧民就业增收、改善城市投资环境等方面正发挥着越来越重要的作用。

每年的节假日，拉萨市都会吸引大量的外来消费，这既拉动了拉萨市消费品零售总额的增长，也为消费的升温、升级起到了一定的支撑作用，实现了拉萨市商贸流通业的持续、快速、健康发展，并成为经济增长的重要力量。

随着拉萨市商品流通规模的不断扩大，市场体系逐步得到完善，城市商业规模逐渐扩大，布局日益合理，拉萨市已基本形成了包括生产资料和生活资料、有形市场和无形市场、批发市场和零售市场等为主体的多种类、多层次的商品市场体系；建立了多种经济成分、多种市场流通渠道、多种经营方式并存的商品市场格局以及遍布城乡的流通网络和商业网点设施。不得不说，这一局面的出现，得益于城乡产业互补，同时，它又反过来为促进城乡一体化做出了贡献。

农业发展推动工业发展，带动服务业兴盛，反过来，工业和服务业的强大需求也引领农业改革与发展，同时，工业与服务业之间也实现优势互补，于是，一个完美的城乡产业生态圈就形成了。可以说，拉萨市结合自身特点，实现城乡产业融合发展，走出了一条具有拉萨特色的产业发展之路。

县县通油路，村村通公路：以路网为纽带，打通城乡产业发展脉络

古老的拉萨河，生生不息的河水激荡出河畔同样悠久而富有生命力的茶巴朗村，这里不仅有500多年前的诺桑颇章、300多年前的色季林寺，也有为百姓发家致富而修的蔬菜大棚。历史沉淀在老人们的记忆里，新生活则在年轻人的愿望里发酵。

"这里环境很好，可以发展一个度假村，村里将这几片水泊都租出去了，租期10年。"茶巴朗村的村党支部书记德庆曲珍介绍。德庆曲珍是村里新上任的大学生村官，年轻的她给茶巴朗村带来了一股新风。

在曲水县地理位置最佳的茶巴朗村，距离县城仅7.8千米，318国道穿村而过，拉日铁路、机场高速也离得不远，因此受到的关注度比较高。而地理位置上面的先天优势如何转变成整个村子经济发展与文化上面的优势，则是德曲这位年轻女村官正考虑的问题：她想改变村里的经济模式。

一直以来，农业都是茶巴朗村的主要经济支柱。前些年，在拉萨市科技局的帮助下，沿318国道线，建立起了100栋大棚，现在有37栋都租给了外来的老板种植草莓，剩下的大棚则是让村民们自己摸索试种其他特色蔬菜。

"除了借助传统农业的优势发展特色农业外，旅游方面我们也不打算放过。"德曲一边介绍一边走进路边的一户人家，那是一家新开不久的藏家乐，传统藏式风格的装修，搭配一些时尚的电器，碰撞出另一种味道，古朴而又不失生活之便利。藏家乐的主人叫卓玛，这里与一般的藏家乐不同的是，没有住宿方面的安排。卓玛家只是为来往的游客们提供即时的休憩场所。

我们可以看到，德曲对茶巴朗村的所有规划，都基于一个前提，那就是交通的便利。要想富，先修路。茶巴朗村的例子仅仅是拉萨市加快交通事业发展的一个缩影。随着拉萨市农牧区公路投入力度的加大、"县县通油路，

村村通公路"工程的实施、公路养护管理力度的强化、交通企业的健康发展，越来越多偏远乡村的群众将得到更多的实惠。

路是历史的见证，人是路的灵魂。行走在西藏120多万平方千米的土地上，行进在世界屋脊绵延5万多千米长的公路上，今天每一步的顺畅，每一米的前行，在60多年前，都还只是一个被禁锢了千百年的梦想。

西藏公路建设实行的是国家全额投资，这是全国最为特殊也是唯一的投资政策。值得一提的是，近年来拉萨市不断加大乡村公路建设力度，不仅有力地促进了拉萨市农村经济社会的发展，也为新农村建设打下了坚实基础。

为了让更多的公路向农牧区延伸，2006年以来，拉萨市在公路基础设施项目筛选、项目论证、项目争取等前期准备阶段就认真按照精心安排、严密部署、通盘考虑、统筹安排的工作思路，力求做到年度建设目标与长期建设规划合理衔接、重大项目与一般项目统筹兼顾。

拉萨市加大乡村公路建设改造后，有效地解决了农牧民出行难的问题，使乡村与城镇的联系更加便捷紧密，提高了农牧产品的运输效率，扩大了流通范围，推进了城乡一体化发展进程。如今，依托乡村公路的快速修建，使达孜县、曲水县、堆龙德庆工业园区及拉萨市新农村建设示范点相继发展和壮大起来。

据拉萨市交通运输局副局长丁志群介绍："近年来，拉萨市大力改善和提升乡村交通通行条件，方便了农牧民与外界沟通，促进了农牧区市场的发展。同时，乡村公路交通条件的极大改善，进一步加快了乡村产业结构调整，保证了农牧民外出经商和务工的快捷顺畅。"

"十二五"以来，拉萨市委、市政府把加快农牧区公路建设作为落实科学发展观、全面建设社会主义新农村、新牧区的战略任务来抓，作为一项民心工程和德政工程来办。仅2014年一年，拉萨市便投资5.3亿元新建56条农村公路，新建里程达到388.18千米。当年，拉萨市七县一区的65个乡镇（街道办事处）、261个建制村（35个居委会），1399个自然村已全部实现了通达，其中65个乡镇（街道办事处）已通畅，通畅率达到100%；261个建制村（35个居委会）中通畅223个建制村，通畅率达到85.4%。拉萨市农村公路总里程达到3335千米，通达、通畅率均居全区第一位，率先完成全区"十二五"乡村公路建设目标。

农村公路的通畅，很大程度上解决了制约农牧区经济社会发展的"瓶颈"，并加快了当地产业结构的调整，给当地农牧区形成了一大批产业路，如瓜果路、蔬菜路、旅游路等。此外，农牧民群众投工投劳，积极参与农村公路的建设，不仅接受了劳动技能的培训，还拓宽了增收致富的渠道。

与此同时，为切实保证拉萨市管养农牧区公路安全畅通，进一步提高公路的通行效能，提升公路服务社会经济发展的水平，逐步扭转"重建轻养"的不利局面，拉萨市公路管理部门在实际工作中倡导"建设是发展，养护也是发展"的工作理念，通过各方面努力，拉萨市公路养护管理得到了明显加强。

可以说，交通的发展给拉萨产业的发展提供了保障，在四通八达的路网之上，拉萨市的产业越来越壮大，经济越来越活跃，人们的生活水平也越来越高。

统筹规划，协同发展：改善城乡二元结构，推进城乡一体化

门前的草坪上绿草如茵，庭院内鲜花怒放，家家户户都安装了闭路电视，一条笔直的水泥路直通县城，道路两旁树成行、青草似毯……

这里所描写的，不是拉萨市区的某个高档小区，而是拉萨市纳金乡一个普通的的村庄——嘎巴村。据村民们回忆说，过去的嘎巴村可以说是典型的城乡结合部，尘土飞扬，垃圾遍地，乱搭乱建情况非常严重，然而，这种乱象在如今的拉萨已经很难见到了。

昔日出行观天色，今朝"玉带"穿村过，四通八达的交通优势让城郊的农畜产品畅销各大市场，百姓的腰包也因此越来越鼓。这正是拉萨市以中心

城市带动城镇发展，以城镇带动农牧区发展，推进城乡一体化进程，让越来越多的"结合部"正式跨入城区行列的真实写照。

实践证明，城镇化水平高的地方，经济社会发展快，反之发展就慢。改善城乡二元结构，实施城乡协调发展战略，事关拉萨经济社会长远发展大局。然而，推进城乡协调发展是一个长期的过程，拉萨该遵循什么样的理念，走什么样的路子，至关重要。从实际出发，走出一条高原特色的城镇化发展道路，是拉萨推进城乡协调发展和一体化进程的关键所在。

要想分享城市扩张带来的机遇，就要无缝对接城市发展，而道路建设首当其冲。近几年，拉萨市加快推进重点道路工程建设，中心城区至县城之间公路等级达到三级以上标准，县城至乡镇之间公路等级达到四级以上标准，提高了城镇之间的通达能力。同时围绕农牧区公路技术等级标准化、连通网络化、安全设施、城乡客运一体化，拉萨市加快了建设行政村通达道路。

"路修好了，可给咱老百姓造福了！原先土路坑坑洼洼，种庄稼收庄稼都费事，现在可好了，开车也能上来了，而且，从我家到县城原来近一小时的路，现在只需要20多分钟就到了。这是原先想都不敢想的事，这就是政府给咱老百姓修的方便路啊！"谈起尼木县的道路，71岁的格珍老人深有感触。公路的通车解决了尼木县帕古乡98户573人的出行难问题，当村民看到汽车开到家门口时，都忍不住热泪盈眶。

公路修好了，产业也要跟上。近年来，拉萨城郊经济发展"一枝独秀"，备受关注，已从原来以乡村经济作为先导，逐步转化为依托城市、在城乡结合部形成、具有以非农产业为主导的综合产业结构的一种独立形态的区域性经济。其鲜明的发展特点为城市发展、致富乡村注入了强劲动力。

堆龙德庆区地处拉萨市郊区，农业人口占全区总人口的80%以上。这几年，该区充分借助城市辐射力，发挥信息灵、交通便利、市场大等优势，围绕社会需要，兴工务商，大力发展特色经济，取得了显著效益。该区用城市理念谋求农业发展，用企业方式组织农业生产，把企业的管理理念、营销手段、科学技术植入农业，促进了全区农牧业产业化经营。

最近，堆龙德庆马乡的占堆每天都乐呵呵的，原来在2014年，他家的蔬菜大棚由于管理得当、品种多，仅温室大棚一项，收入就超5万元。羊达乡的农民白珍，率先在村里搞特色种植，年收入达6万元以上，并带动周边农民从事特色农牧种植业。近两年来，羊达乡已有大批农民摆脱贫困，过上了好日子。

像占堆和白珍一样在拉萨市城郊经济发展中获益的人并不鲜见。拉萨市依托当地水、土壤、空气、人文环境"四不污染"的独特优势，大力发展以食品、饮品、药品、饰品"四品"为拳头产品的净土健康产业；不断完善"两区四园"的园区载体功能，提升基础设施、产业配套、物流配送等综合服务能力。

为了充分发挥城郊结合部的区位优势，增强农畜产品在市场上的竞争力，探索城市外延型经济发展途径，拉萨市把大力发展乡镇企业和私营经济作为新的经济增长点，制定优惠政策，采取"请进来，走出去"的办法招商引资，鼓励群众联办、户办乡镇企业。据了解，截至2016年5月，仅城关区就有工业企业15家、民族手工业12家。其中，拉萨鼎业制粉有限公司和西藏舒心实业有限公司已发展为城关区规模以上工业企业。

得益于农业机械化的全面推广，城关区农民也从世代耕作的土地上解放出来，他们有了像城市居民一样在家门口工作的机会。最近，政府帮助村里的剩余劳动力安排了保安、保洁、家政等工作，现年27岁的慈觉林村村民巴次前不久还参加了岗前培训，这让他对未来的工作和生活充满了期待。

拉萨在发展城郊经济的同时，还创造了更多的就业机会，让广大居民公平参与到市场经济发展的过程中，共创发展业绩，共享发展成果。目前，拉萨市城郊县（区）争做发展经济"龙头"和带领群众致富"领头雁"的"气候"已然形成。城郊农牧民家家拥有电视机，大多数群众拥有洗衣机、电冰箱等家用电器；有的家庭拥有拖拉机或摩托车，还有部分农民购买了汽车，农牧民的生活已发生了翻天覆地的变化。

第十五章

实施人才战略，以"人才圈"撬动"产业链"

人才是产业发展的原动力，有了"人才圈"才能撬动"产业链"。西藏高寒缺氧等客观因素，导致拉萨市的人才引进困难，人才匮乏成为阻碍拉萨发展的重要因素。多年来，拉萨市政府实施人才战略，通过"借巢孵化""本地培训""短期业务援藏"等多种途径，不仅把外地人才引进来，为拉萨产业发展做贡献，而且着力培养本地人才，引来金凤凰，培养"雪凤凰"，为拉萨储备了大量的人才。

"借巢孵化"战略：与援藏企业合作，实施人才孵化工程

现代社会已经进入了一个人才竞争的时代，谁拥有最完备的人才队伍，就拥有了大力发展经济社会的强大后援。习近平总书记提出："要树立强烈的人才意识，寻觅人才求贤若渴，发现人才如获至宝，举荐人才不拘一格，使用人才各尽其能。"拉萨市在推进快速发展和长治久安进程中，进一步理清思路，大力实施人才兴市战略。

拉萨市委、市政府一向重视人才的引进，制定出台了《拉萨市引进人才优惠政策实施细则》，为引进人才提供30余项优惠政策，并坚持每年组织人员到全国高等院校开展人才引进工作，先后从各高等院校引进城市规划、播音主持等急需紧缺专业人才639名。

然而，由于高寒缺氧的特殊气候，各地人才的引进还是遇到了现实的困

难。因此，拉萨市在加大人才引进工作力度的同时，还十分注重人才培养，制定了《拉萨市中长期人才发展规划纲要（2011—2020年）》，启动实施了"平安拉萨"等十大人才工程，充分利用北京、江苏人才智力援助资金，加大对本土人才培训力度。

为此，拉萨市政府还总结出了一套"借巢孵化"的人才战略，即与援藏企业合作，实施人才孵化工程，从而培养出了一大批实干型人才。近年来，拉萨市依托对口援助平台，采取从北京市、江苏省邀请业务骨干，开展数天或几个月短期业务援藏，建立实践课堂和帮带平台，大力培养本地人才，实现了援藏人才进得来、用得上、对本地人才培养有实效，推动了拉萨自我发展能力和"造血"功能的提升。

据了解，拉萨市以规划指导为抓手，大力培养党政人才。在净土产业、教育城、信息化、农村农业改革试验区等重大工作和重点工程建设中，拉萨市从北京市、江苏省聘请综合素质强、思路视野宽、实践经验丰富的党政人才进藏，采取与拉萨党政人才共同组建团队的方式，帮助开展规划编制、方案起草、政策制定等工作，潜移默化地拓展了团队成员的思路视野，更新了观念。

同时，以学科建设为抓手，培养专业技术人才。拉萨市把教师、医生作为学科援藏的重点，2013年实施了"江苏省医疗专家赴拉萨开展短期服务"项目，从苏州大学附属第一医院和附属儿童医院邀请了4名医生组成援藏医疗专家队，赴拉萨市人民医院开展了为期一个月的坐诊服务，以现场操作、同步讲解和集中培训等方式，帮助小儿麻醉、内镜、心超、B超4个科室的医务人员提高医技水平。随后，拉萨市又结合新建设的北京、江苏示范学校，从北京市、江苏省邀请100余名语文、数学、英语等学科带头人和骨干教师进藏，采取援藏教师与本地教师共同组建学科组的方式，对本地教师开展跟班听课、指导教学、组织轮训，全面提升拉萨教师教育教学水平。

通过从北京、江苏邀请医疗队、教师队、科技队、人才队开展短期业务援藏，拉萨市在学科建设、工程管理、现代农业等方面开发引进了一大批优秀智力成果，培养培训了一大批优秀人才，仅2013年就培养培训各类人才近1000人次，本地人才成长的载体和舞台不断拓宽。

为了推广经验，巩固成果，2014年，拉萨市又出台了《2014年度北京市对口支援拉萨市人才和智力援助计划》，启动了2014年度北京市人才和智力援助工作，计划投入资金1100万元，实施项目22个，培养培训人才1700人次，大力实施"十百千"人才培养计划：

实施"十人"计划，培养中高层次人才。围绕产业、科技和企业发展需要，培养引进10名中高层次人才，使资金和项目突出助优扶强，流向能创新、善攻坚的创新创业人才（团队）和符合经济社会重大需求的项目，重点在经开区试点建设"人才管理改革试验区"，以资金的重点倾斜强化"人才管理试验区"引才聚才能力，吸引积聚、培养培训一批中高层次人才，发挥好中高层次人才引领带动效应，进一步优化人才结构。

实施"百人"计划，培养骨干人才。围绕"五大战略"、净土健康产业等中心工作，覆盖教育、广电、卫生、农牧林水等多个急需紧缺人才领域，"走出去"和"请进来"并举，采取集中培训、岗位锻炼等方式，实行订单式培养，计划安排12个项目129.8万元，培养引进300名骨干人才，壮大人才中坚力量。

实施"千人"计划，培养基层人才。围绕县乡人才需求，列支专门资金260万元，充分发挥县乡基层在人才培养、引进、使用中的主体作用，支持县乡自主开展教育、卫生等专业技术人员培养、轮训等工作，力争培养1000名基层人才，以灵活的机制激发县（区）组织部门的主动性和创造性，扩大人才和智力援助的辐射范围。

据介绍，通过人才智力援助引进的先进思想观念、管理经验和知识技能，在拉萨市已经转化为推动实际工作的强大动力。数字化城市管理系统填补了拉萨市利用信息化手段管理城市的空白；赴江苏学习设施农业技术的专业技术人员返岗后，培训了3100余名蔬菜种植员，有力地推进了拉萨市设施农业的发展。

通过人才智力援助，拉萨市一大批各级各类人才开阔了视野，提升了能力素质，人才队伍建设工作与拉萨市经济社会发展不断适应。

农科教结合：培养懂技术和会经营的新型农牧民

2015年1月7日，当雄县纳木湖乡纳木湖村和达布村两个工作队为当地建造的9座两用温室大棚项目已竣工验收。由于当地属于牧区，牧民对蔬菜种植知识欠缺，为充分发挥两用温棚的作用，工作队专门选派了学习能力强、有一定文化基础的18名牧民（每村各9名），参加在堆龙德庆国家级蔬菜种植基地开办的蔬菜种植技术培训班，并全程安排学员们的住宿和交通等。

培训班安排3天课程，为牧民开办白菜、萝卜、西红柿、莲花白等蔬菜种植技术课程，此次培训班聘请了专业种植技术师授课，技术师从整地、施肥、播种、管理等几个方面进行了系统讲解，同时采取在蔬菜大棚实地操作的方式详细讲解蔬菜的育苗、种植、收获等阶段的步骤，使牧民容易理解，从而更透彻、深入地学习蔬菜种植技术，为增加牧民收入打下了扎实的基础。

古语云，"授人以鱼，不如授人以渔"。现在，"能力贫困"仍然是制约拉萨农村发展的重要原因。近年来，拉萨市政府一直重视并支持农牧业特色产业发展，逐年加大投资力度，同时加强对农牧民的培训。只有农民有了技术，才能发展新型农业，加快经济发展。

在农村技术培训方面，各驻村工作队起到了关键作用。在拉萨深入开展创先争优强基惠民活动中，各驻村工作队在为民解难事、办实事的同时，更应注重引导农牧民尊重和认识市场规律，主动适应市场经济的发展变化，努力打造"有文化、懂技术、会经营"的新型农牧民。也就是说，不仅有文化、懂技术，最重要的是还要会经营。在这方面，拉萨市尼木县吞巴乡吞达村驻村工作队取得了显著的成绩，当地村民制作的藏香申请了自己的专利和品牌——"吞弥圣香"，这件事曾经轰动一时，被各大媒体争相报道。

尼木县吞巴乡是尼木藏香的产地，自古以来，吞巴乡生产的藏香就远销全西藏地区及周边国家，受到了藏族人民的一致认可和推崇。然而，尼木藏香都是家庭式作坊生产出来的，没有自己的商标，很多藏香在销售的时候也都是散装的。这样一来，不但不能将自己优质的藏香与其他藏香区别，而且也卖不出好的价钱。

于是，吞巴乡吞达村在驻村工作队的提议下，决定打造自己的品牌。经过西藏民俗学者的考证，发明藏香的就是出生在吞达村的藏文创始人吞弥·桑布扎。所以，就取了"吞弥"两个字，再加上是藏香的生产地，取名为"吞弥圣香"，并为他们设计、申请、注册了商标，提升了吞巴乡藏香的品质和形象。此外，当地政府还整合吞巴乡藏香生产家庭作坊，形成了两家合作社，为做大打响藏香品牌奠定了基础。

时至今日，吞巴乡已经成为藏香生产专业乡，有生产藏香专业户220户，从业人员227人，用于研磨原料的水磨274座，一盒盒包装精美的吞弥圣香已经行销全国。与此同时，吞达村入选中国历史文化名村名录，成为西藏历史文化名村，从而得以大力发展乡村旅游，带动了吞达村村民致富。

为进一步加快培养有道德、有文化、懂技术、会经营的新型农牧民，拉萨市不断加强农牧民培训工作，力争实现"户户有科技明白人、村村有流通经纪人和致富带头人"的目标。通过全面开展"专业科技示范户"培育工程，做到村里有点、乡镇有面、县里成片。对留在农牧区从事农牧业生产和经营的专业农牧民，将增强培训的针对性和实效性，重点进行特色种养技术的培训；对有转产转岗就业愿望的农牧民，有组织、有针对性地开展转移就业引导性培训和职业技能培训；对村组干部、农牧区经纪人、专业大户、专业合作经济组织骨干、复转军人以及农牧区应届初高中毕业生，主要开展中高等农牧业职业教育培训。

拉萨市还不断创新培训方式，依托对口支援等优势，组织有一定基础的农牧民到农业发达地区参观学习，请当地的种养能手对拉萨市农牧民进行"传、帮、带"式的培训。不仅如此，拉萨市有关部门还将加强体系建设，建立健全县级农牧民科技培训基地和村级农牧民科技培训点。加强师资队伍、教材等方面的建设，确保农牧民教育培训质量不断提高。

据拉萨市人力资源和社会保障局（简称"市人社局"）有关负责人介绍，为使农牧民群众掌握一技之长，尽快脱贫致富，增加农牧民现金收入，提高转移就业率，改善生产生活条件，市人社局将继续大力开展农牧民技能培训和劳动力转移培训。根据各县（区）培训办和驻村工作队对拉萨市农牧民培训需求进行的调查摸底和由拉萨市培训办建立的"拉萨市农牧区农牧民培训意愿数据库"，培训方式以农牧业实用技术培训为主、劳动力转移就业培训为辅。已经开展培训的内容包括建筑、宾馆酒店客房服务、商场与超市营业员、烹饪、美容美发、汽车驾驶等一些实用技术。

截至2014年4月，该局已经投入了257万余元，举办17期各类培训班，培训农牧民956人、城镇失业人员328人。由于拉萨市建设工程多，培训的建筑工人就达到了160人，不仅缓解了用工荒，还解决了农牧民的就业问题。培训合格率达到了95%以上，就业率为73%。

参加汽车驾驶培训的学员格桑在堆龙德庆搞起了运输，日子过得红红火火。"这完全得益于市人社局组织的培训，让我走上了致富路，培训期间，不仅管吃住，学费还非常少。"格桑说。据悉，这些培训中，培训几乎都是免费，深受农牧民的欢迎。

"广阔天地，大有作为。"只要基层乡镇政府和驻村工作队注重引导、加大扶持，必然能为农牧区经济发展培养出越来越多的新型农牧民。

短期业务援藏：吸引高端人才，建立人才季节性栖息基地

2015年10月，拉萨市卫生局选聘10名专家参加拉萨市卫生系统"百名专家"下基层服务活动，来自北京的胡建华主任医师、王素美副主任医师便参与其中。

10月21日至27日，胡建华主任代表北京专家，以拉萨市人民医院内科主任的身份，和专家组成员一起到拉萨市曲水县人民医院进行了教学查房、会诊、门诊及专题讲座等医疗服务活动，并前往著名的佛教圣地雄色寺义诊送药，受到当地群众的热烈欢迎。

从2014年开始，拉萨市启动"百名专家下基层服务活动"，也是短期业务援藏的推广与延伸。2015年7月27日，第二次"百名专家下基层服务活动"启动。这一活动充分发挥各类专家人才优势，帮助县乡解决实际问题，取得了良好的成效。具体来说有以下几大作用：

第一，打破了市县合作障碍。活动坚持市委组织部牵头抓总、市直责任单位实施、县（区）委组织部配合的原则，7家市直责任单位与8县（区）委组织部、县（区）直相关部门和乡镇密切配合，充分沟通，衔接有序。市直各责任单位主要领导主动带头参与，以上带下，推动活动深入开展。市县委组织部、市直责任单位政工人事部门分别指定专人全程实地跟踪，推动人才工作真正深入到基层，深入到一线，形成上下协调、统筹推进的工作合力。

第二，畅通了人才发现渠道。活动中，市直各责任单位树立开放的人才观，坚持立足拉萨，面向全区和对口支援省市选聘专家，以基层经济社会发展急需、具有较强专业优势和业务能力、服务意识和敬业精神强的行业骨干人才为标准，把博士服务团成员、"西部之光"访问学者、国务院和自治区特殊津贴专家和北京市、江苏省优秀人才等纳入重点选聘对象，遴选92名专

家学者，建立专家信息库，并通过活动实效检验和发现人才，畅通了人才脱颖而出的渠道。

第三，拓宽了人才作用发挥平台。围绕"民生安市""法制稳市"战略和净土产业发展需要，坚持以用为本、按需服务，结合基层实际需求和92名专家特长优势，以基层提需求、专家报项目、组织部门牵线搭桥的方式，科学安排服务内容、方式和受众群体，实现了专家优秀经验、科技成果与基层实际有机结合，使专家的技术和经验转化为现实的生产力，有效提升了食用菌种植、天然饮用水、奶业、生猪养殖、藏鸡养殖、设施园艺、特色作物种植等多个领域的科技含量。同时，专家为基层出良策、授技术、跑项目、协调资金，促进了基层经济效益和社会效益的双赢。

第四，促进了全市人才交流合作。一是促进群众与专家互动。通过定期下基层现场指导、集中培训、远程指导相结合的方式，实现了在线解答与集中指导互补，对一些涉及多领域、多部门的复杂问题，专家们采取"联合会诊"的方式，组成了群众的智囊团。2014年，已先后组织54名专家组成16个服务小组开展80场次各类形式服务活动，惠及群众近1000人，如区农科院蔬菜专家强珍，与各县（区）蔬菜种植群众建立了4个QQ群，在线实时开展技术交流活动，实现了专家和群众的良性互动。二是推动专家之间的互动。通过"百名专家下基层服务活动"，搭建了各方面优秀专家相互交流、触发灵感、开阔视野的良好平台，形成了共同学习、共同促进的良好氛围，使专家业务水平有了新提高。

第五，强化了以人才推动发展的观念。活动开展以来，各专家组在净土产业、教育、卫生发展和政策法律普及等方面主动帮助基层，出主意、想办法，做到到位不越位、工作不包办，推动技术、智力、管理、信息等要素流向基层，加快了科技成果转化，推进了基层人才队伍建设，使各县（区）、乡镇、学校、企业等深切感受到了科技和人才的力量，强化了以人才推动发展的观念。如活动中，市科技局邀请的5名食用菌专家针对黄蘑菇人工种植难、食用菌产业链不完善等问题，积极促成了"西藏黄蘑菇半人工促繁培育技术研究"和"食用菌产业科技支撑建设研究"等科技项目成功立项，有力推动了拉萨食用菌产业的优化升级。

总之，通过短期业务援藏的方式，拉萨市政府将全国最优秀的专家都请进来，在各个领域都给拉萨带来了最专业的指导，给拉萨的产业发展注入了新的活力。

四业工程：送金送银，不如送人一技之长

在各种各样的招聘会上，经常可以看到这样一类人，他们穿着朴素，面目凝重，在一家企业前驻足片刻，然后便悄悄离开，走到下一家企业前，过了一会儿又摇摇头走开了。这让旁边的人不禁为他们着急，找一份工作真就那么难吗？上前一问，你就会明白，这些人要么是进城寻找机会的农牧民，要么是技术落后的下岗工人，对他们来说，找工作就是这么难。

与此同时，许多企业也在大大小小的招聘会之间不断奔波，还通过报纸、网络等多种渠道想方设法地网罗人才，可结果总是找不到合适的员工。

一边是没有工作的人，一边是招不到人才的企业，面对这种情况，只能由政府牵线搭桥，将普通的劳动者变成企业需要的人才。送金送银，不如送人一技之长，对这些找不到工作的劳动者来说，职业培训是政府送给他们最棒的大礼包。为此，拉萨市在自治区党委、政府的领导下，全市各级各部门大力实施以业育人、以业安人、以业管人、以业富人的"四业工程"，着力解决老百姓最关心、最直接、最现实的就业问题。

2015年1月8日上午，拉萨市农牧民子女烹饪技能培训班在城关区职业技术培训中心举行，来自城关区、林周县的30名贫困户子女参加此次为期1个月的培训，培训结束后经考核合格将发放全国统一的烹饪技能资格证书。

23岁的索朗玉珍来自林周县强嘎乡，因为不会什么技术，她一直辗转打工，收入微薄。此次培训之后，已经有餐馆主动找上门来联系工作的事情，这让索朗玉珍对自己未来的生活充满了期待，她说："学会了烹饪技术，不仅掌握了实用技能，收入水平也将大幅提高，生活将变得更加幸福。"

城关区职业技术培训中心相关工作人员介绍，为做好此次培训，中心提前做好了各项准备，设备齐全的实训教室将为学员系统掌握烹饪技能提供保障。此次培训投入经费约13万元，希望借助培训让困难群众掌握一技之长，通过自己的努力实现致富增收。

"四业工程"不只是"以业安人"，而且还"以业富人"，鼓励被培训人员进行创业，来自墨竹工卡县塔杰村的26岁女孩德吉便是受益者之一。

2013年6月，拉萨市"四业办"委托西藏天骄职业技术学校举办了"扶贫面食店创业"示范项目，德吉便是接受培训者之一，在顺利结业之后，她不仅掌握了技术，还领到了创业所需的设备，她将自己的面食店选址在家乡墨竹工卡县，随后政府还替她装修了店面。

以前由于没有什么技术，德吉只能四处奔波打工，拿着不高的工资，干的都是没有技术含量的活，更没有足够的时间照顾家里的老人。谈起以往的打工经历，德吉心里充满了对家人的愧疚。但自从自己创业开店之后，她不但收入提高了一大截，而且还有能力将老人接到身边照顾，生活非常富足。

在拉萨市各级领导的支持下，"四业工程"取得了显著的成绩。2015年1～9月，拉萨市以全力推动城乡劳动力稳定就业、持续增收为突破口，加大资金投入，狠抓培训质量，拓宽就业渠道。具体来说有以下工作：

第一，增强培训实效，提高技能素质。拉萨市共举办城乡劳动力培训213期，培训人数15393人。其中实用技术培训87期、8788人，合格率达90%；转移就业培训103期、5850人，就业率达90%；创业培训15期、425

人，创业成功率达70%，城乡劳动者的技能素质显著提高。

第二，拓宽就业渠道，促进转移就业。1月到9月，拉萨市新增就业10692人；城镇登记失业率控制在2.2%以内；开发就业岗位16314个；开展职业介绍10791人；农牧民转移就业8743人，组织农牧区劳动力劳务输出11597人，全市城乡劳动者充分就业。

第三，创新社会管理，增添和谐因素。2015年这9个月间，拉萨市各级党政组织培训特殊人员1148人，其中汽车驾驶培训158人，保安培训620人，装载机操作培训10人，烹饪技术培训120人，残疾人民族手工编织培训60人，其他培训110人，已就业780人，经济发展和社会稳定的和谐因素不断增加。

第四，经费保障有力，群众稳步增收。拉萨市共投入"四业工程"经费4557万元，其中，市财政投入2170.4万元，各县（区）投入682.4万元，市直部门投入1704.2万元，确保了该市"四业工程"工作顺利开展。该市有近5000名农牧民群众通过实用技术培训后，按照科学种养来提高一产收入，创收4338万元，全市城乡劳动力收入稳步提升。

可以说，"四业工程"是将普通人变成人才的平台，是失业人员通往就业的桥梁，同时也是为企业提供技术人才基础的特殊学校，不仅过去办，现在办，将来也还会一直办下去。

第六篇

促进开放型产业发展：
把握世界经济脉搏，开创
产业新格局

天高任鸟飞，海阔凭鱼跃。现代社会是一个开放型的社会，故步自封是没有发展前途的。伴随着交通的便利、运输业的发展，拉萨市实施"产业走出去"战略，越来越快地融入到祖国轰轰烈烈的经济发展中来。不仅如此，拉萨市还要跨出国门，把握世界发展的脉搏，在实践中积累经验，多下功夫去学习、摸索，只有早发现、早行动，才能早受益、早强大。

第十六章

准确定位区域优势，精心规划产业蓝图

尺有所短，寸有所长，每一个地区都有自己的优势和劣势，而扬长避短恰恰是拉萨市产业发展的核心战略。拉萨的产业目光并没有局限于西藏，而是以开放的心态，着眼于全国乃至全球，在这种竞争态势下，只有准确定位，找到优势，合理布局，才能快速发展，抢占市场。

请进来，走出去：向世界打开一扇了解西藏的窗口

2015年1月16日，中国铁塔股份有限公司拉萨市分公司成立并举行了揭牌仪式，拉萨市副市长史本林出席仪式并揭牌。这标志着中国第一家国有大型通信基础设施服务企业正式进驻拉萨市。

史本林在致辞中表示，中国铁塔股份有限公司拉萨市分公司的成立，可有效避免在通信基础设施方面的重复投资和资源浪费，对减少土地占用、保护环境资源、促进节能降耗、美化城市环境具有积极的推进作用，将成为拉萨市扩大通信基础设施建设的重要新生力量。他希望该公司发挥独特优势，整合上下游产业链，积极融入到地方社会经济建设中来，在实现自身发展壮大的同时，拉动地方经济发展，实现双方共赢，为实现拉萨市经济快速发展和长治久安贡献力量。

仅仅半个多月之后的2月4日，拉萨市又有一件大事发生，中信银行获准进入拉萨，并很快进入筹建阶段，至此，拉萨银行业金融机构达12家。

近5年来，为适应经济社会发展形势和需要，拉萨不断引进各类银行进驻，当地金融业发展迅速。2015年，拉萨已有国家开发银行和农业发展银行两家政策性银行和工、农、中、建4家国有股份制银行。此外，还有西藏银行、民生银行、邮政储蓄银行、中信银行、林芝村镇银行和西藏信托有限公司等12家金融机构。

这两件事虽然看似风马牛不相及，但实际上都是拉萨市委、市政府成功实行"走出去，请进来"发展战略的缩影。近年来，以资讯宣传为基础抓项目推介、以"请进来，走出去"为重点抓招商引资是拉萨市经济发展战略的重中之重。这不仅打开了一个让世界了解拉萨的窗口，同时还打开了一扇请企业和资本走进来的大门。

开阔眼界才能走对路子，见多识广才能合理定位。近年来，从世博会到西博会，再到拉萨市自己举办的雪顿节，拉萨市政府一方面主动"出击"，加强与企业的联络与沟通；另一方面又邀请全国的客商来拉萨实地考察，独具特色的展区和热情周到的服务广受各参展单位、企业好评。"请进来，走出去"这项全市一直坚定不移实施的战略，正在为拉萨的经济发展带来丰厚的回报。

"走出去"，是要让企业走出去，打造更响亮的品牌；是要让产品走出去，开拓更广阔的市场；是要让"久居深闺"的民族传统手工艺走出去，让先辈留下来的文化精品与现代营销手段得到有机结合；是要让旅游品牌以及服务理念走出去，吸引更多的游客前来西藏，最终实现"大美西藏、幸福西藏"理念走出去的目的，为人们打造一扇了解西藏的窗口，将蓬勃发展、和谐幸福的社会主义新西藏展现在世人眼前。

唐卡、藏香、虫草、藏红花、青稞酒、藏药……这些孕育于雪域高原的民族特色产品正逐渐地被人们熟知，并受到越来越多消费者的青睐。作为拉萨市经济发展主体的各类企业和商业组织，一定要摒弃以往闭门造车的生产经营方式，要积极利用一切机会走向市场。一方面，要积极向市场靠拢，敢于同各类产品展开竞争，不断提升产品的知名度和竞争力；另一方面，在加快"走出去"步伐的同时，必须循序渐进、量力而行，将提高企业核心竞争能力作为重点，坚持自主创新，打造自主品牌。

各类商业博览会、洽谈会是打响商业品牌、提升商业产品知名度的一条捷径，同时也是学习和吸收先进商业理念、经营方式的绝佳平台；不仅是各类企业和商业组织需要去珍惜的宝贵机遇，同时也对地方性特色产业、民族手工业、旅游产业等领域有十分明显的促进作用。因此，在"走出去"的同时，一定要坚持"请进来"，形成企业文化、人才、营销理念等各个方面的"新陈代谢"，在参展中认真捕捉商机，在学习中完成对企业内涵的补充，确保每次参加类似展示活动时，不仅要获得短期经济效益上的收获，更要在区外建立一批稳定的合作关系、打响品牌知名度，着眼于长远的发展。

天高任鸟飞，海阔凭鱼跃。拉萨自身的市场终究是有限的，要实现全市各类企业和民族自主品牌的发展壮大，就必须要融入现代商业理念，增强走出拉萨市、走出自治区的信心，在实践中积累经验，多下功夫去学习、摸索，只有早发现、早行动，才能早受益、早强大。

一区三轴多点：点线面全方位发力，促成未来产业格局

2015年4月，有一个话题在拉萨百姓之间热烈讨论，那就是正处于公示阶段的《拉萨市城市总体规划（2009—2020）》。可以说，这个总规划不仅关系着每一个拉萨人的切身利益，同时也勾勒出拉萨市即将迎来的一个快速发展时代的蓝图。在这张蓝图的指引下，一个开放型的产业新格局即将出现。

根据这份总规划，拉萨市域城镇空间布局将实现"中心聚散，轴向带动，点状促进"的发展战略，形成"一区三轴多点"的城乡空间格局。其

中，"一区"指拉萨城镇协调发展区，"三轴"即培育沿川藏线城镇发展轴、青藏线、拉（萨）林（周）城镇联系轴，"多点"即将特色乡镇作为提供农牧区公共服务、辐射带动边远地区发展的城镇集聚点。

在总规划公示之后，大家都对拉萨的发展充满期待，希望能够借助城市的发展，让自己的生活水平也上一个台阶——做生意的期待能够带来更多的客源，想要创业的期待获得更多更好的政策支持，而普通上班族也希望拥有更稳定的工作。在这种期待之中，在8月24日拉萨市第十届人民代表大会常务委员会第二十一次会议上，终于通过了《拉萨市城市总体规划（2009—2020）》修改（2014版）。

可以说，修改版总规划对拉萨市的产业布局起到了高屋建瓴的指导作用。在"一区三轴多点"的产业分布基础之上，拉萨市将把特色产业——净土健康产业作为重点，弘扬"净土拉萨，质量引领"的城市质量精神，挖掘"净土、净水、净气、净心"的内涵，打造"净土拉萨"的城市名片，综合运用标准、计量、品牌、检验检测等手段，适应全国乃至世界大市场的需求，加速特色产业规范发展，推动净土健康产业链延伸，发展饮品、药品和保健品、食品、饰品产业。

"饮品主要是饮用水等，西藏的水由于地理环境优势，被称作好水，而拉萨又占了一大部分。按照规划，3～5年内，西藏天然饮用水年产量力争达到500万吨，而拉萨天然饮用水力争实现年产量300万～350万吨的目标任务。"拉萨市相关部门负责人说道。随着人们健康意识的提高，全国的饮用水市场不断壮大，拉萨市正是以开放的眼光看准了这一机遇，迅速发展饮用水产业。截至2015年6月，拉萨市已获得食品生产许可证的天然饮用水生产企业有16家，分布在拉萨市各个县（区），其中一些企业生产的饮用水走在了该行业前沿，在全国各地都广受好评。

越是民族的，就越是世界的。药品以及保健品主要是回归到西藏本土藏药上，此外，还将对西藏特有的冬虫夏草、松茸等天然产品进行扶持，打造具有民族特色的产业。

拉萨产品要想走出西藏、打入全国乃至世界市场，质量是前提保障。质量不过关，一切都是空话。据相关负责人介绍，2015年，拉萨市质监部门已经结合行政许可、巡查检查、产品进度抽查等工作，开展了各类专项整治和联合检查工作，如督促企业、餐饮行业推行食品添加剂的"五专"工作；联合自治区计量测试所对拉萨13家集贸市场的1148台计量器具进行免费鉴定；针对拉萨市种子、农药、兽药、饲料、饲料添加剂及农机具销售市场开展联合大检查；每月定时对43家种子、农药经营门市，25家兽药饲料门市进行检查；督促各定点屠宰场建立待宰畜禽来源、销售管理和台账登记制度……

"广泛开展质量强企、质量强业、质量强县活动，鼓励企业采用国际标准和国外先进标准，培育一批创新型企业、高新技术企业、专利示范企业、农业科技企业。以这些工作带动质量基础建设，为质量强市奠定好基础。

"目前获得国家级或省级实验室资质认证且在有效期内的实验室，拉萨有33家，其中国家级实验室只有6家。总体存在着检测机构检测创新能力不足，规模普遍偏小，检测项目设置趋同，专业化、精确化检测能力不够等问题，而且对于专门检验食品、药品以及农产品的机构更是缺乏。在综合考虑了各方面因素后，拉萨市打算新建认证级别达到国家级的实验室。"相关负责人介绍道。

据了解，实验室建成后将实现信息共享、实现检测数据结果互认，进一步提高社会对实验室的认知度和信任度，最终获得法律、政府和市场的共同认可。目前，拉萨市4个县级农产品质量安全检验检测站项目均已建设完成，1个地市级农产品质量安全检验检测中心的基建部分也已完成。

与此同时，拉萨市仍然大力发展文化产业，以开放的心态进行文化交流。根据《拉萨市文化产业发展规划（2013—2020）》，拉萨市文化产业在布局上将以拉萨河为主线，以中心城区、堆龙德庆区和达孜县一体化发展为核心，拓展城市"半小时"发展空间；同时进一步推进拉萨古城保护与文化生态涵养工程，修复和提升以布达拉宫、大昭寺、罗布林卡为主体的世界遗产精品区；通过文化服务、休闲娱乐、产业园区分层次、分梯度的东延西扩南跨迁移，形成传统与现代融合发展的文化产业示范高地，打造文化底蕴浓厚、文化要素聚集、文化事业繁荣、文化产业发达、文化创新活跃的拉萨"文化中心区"。

此外，拉萨市文化产业还将充分发掘和整合当雄县、尼木县、墨竹工卡县、曲水县、林周县的文化、旅游、生态、农副产品等多种资源，发挥特色优势，拓展和延伸文化产业的发展空间和产业链条，形成"中心—外围"多点资源互补和平衡发展的产业延伸格局。

拉萨金滩，雪域金谷：顿珠金融产业园，辐射南亚的现代金融基地

在拉萨市"东延西扩南跨"的城市发展格局中，顿珠金融产业园的建设规划不容忽视，它意味着拉萨市首个以金融商贸为主题功能的园区将要出现。这对拉萨市的产业发展，尤其是对柳梧的经济拉动，具有不可估量的作用。

事实上，经专题会议研究，拉萨市政府早在2014年12月便同意并批准了《拉萨市顿珠金融产业园控制性详细规划》。根据这份文件，拉萨顿珠金融产业园旨在建成拉萨市以商务金融功能为主导的"拉萨金滩，雪域金谷"，辐射南亚地区的现代金融业服务基地，服务西藏地区现代高端商务休闲示范区，并打造成拉萨市现代金融商贸汇集地，与拉萨河北的老城区形成现代与历史的交相辉映。

拉萨顿珠金融产业园选址位于拉萨河以南、三号坝桥延伸地区、柳梧北组团以东的1.47平方千米用地范围内。从园区规划的整体范围轮廓来看，整体外形与大鹏极为相似，靠近拉萨河的区域，地貌随着曲折的河岸线变化，就像大鹏展翅，项目规划区域整体结构可概括为"一体两翼三片三心"。"一体"指沿金融路形成功能联系轴，构建"大鹏"主体；"两翼"指沿金

融轴向两侧扩展商务金融功能，形成"大鹏"金翅；"三片"指滨水区、中部平台区、南部山地区，构成"大鹏"强健之躯。"三心"分别为商务休闲中心（水心）、商务金融中心（重心）、商务服务中心（城心）。

金融产业园依据因地制宜、风险防范、绿色生态的生态理念谋求发展。园区北侧为拉萨河，南侧为山体，地块生态敏感度较高，所以在规划设计中运用生态理念，力求在金融产业园区建设中寻求开发与环境的和谐统一。

从功能支撑方面来说，顿珠金融产业园将是拉萨首个以商务功能为主导的产业园，为拉萨的经济腾飞做出了贡献。通过不断优化升级金融功能，顿珠金融产业园将成为现代化的拉萨金融信息服务中心，促进拉萨经济飞速发展。"金鹏翱翔万象更新"的拉萨新气象，成为美丽西藏的名片。

从城市规划空间协调思路来讲，"补轴聚气"是最为合理的规划，"补轴"具体来说就是在拉萨河南部区域，构建一条城市轴，此轴连接柳梧新区、拉萨市顿珠金融产业园规划区域和慈觉林文化旅游创意园。"聚气"具体来说就是在顿珠金融产业园规划区域内，可将布达拉宫、罗布林卡、哲蚌寺等景观尽收眼底。从整个拉萨来看，拉萨河北部区域已经开发成熟，可开发土地并不多，所以，为满足未来发展的需求，可以在拉萨河南部区域构建新的城市轴，与拉萨河北部区域的城市主轴南北呼应，在拉萨河南部区域打造现代化高科技城市名片。

拉萨市顿珠金融产业园从发展趋势、战略机遇、相关规划和发展基础四大视角出发，结合外部驱动发展引导和内部驱动发展引导，统筹考虑周边区域发展，与柳梧新区形成错位发展，建设"低碳生态金融产业园"，与太阳岛、仙足岛、慈觉林差异化发展，结合区位优势打造"拉萨最高端、集现代化与地域特色于一体的现代休闲服务业"，所以在一体化发展和差异化定位原则下，将项目规划功能定位为辐射南亚地区的现代金融产业服务基地和服务西藏地区现代高端商务休闲示范区。以规划区资源特色和区位条件为基础，结合规划区发展目标与功能定位，充分展现西藏民族特色与现代发展之美。

拉萨市之所以发展金融，从外部分析，因为通过南亚贸易通道的建设，西藏将成为中国通往印度洋、南亚的"桥头堡"，在国家、西藏政府的政策有力支持下，西藏南亚贸易陆路大通道战略将充分利用国内外市场，盘活西部地区资源，带来跨境贸易额增加，繁荣拉萨金融市场；从内部条件分析，拉萨有发展金融业的潜力，虽然西藏金融机构已经存在一定的基础，但仍是一业独大，金融生态主题单一，与西藏产业升级及南亚贸易激增的现实需求不匹配，金融产业急需改进，而拉萨市顿珠金融产业园将会全面升级、优化金融业服务水平。园区建成后，预计居住市民约1万人，提供就业岗位2.1万个。

顿珠金融产业园凭借临近柳梧新区北组团和拉萨主城区的区位优势，必将成为拉萨金融业提升发展的载体。虽然目前园区还在建设之中，但是相信过不了多久，这里将成为拉萨最繁华的地区之一，用金融服务整个拉萨，带动西藏经济增长。

"唐蕃古道"焕生机：主动出击，沿"一带一路"寻找新财富

在1000多年前，唐朝文成公主离开繁华的都城长安，历经千难万险，来到雪域高原，与赞普松赞干布结成美好姻缘，由此成为高原民众千古传唱的佳话。同时，当年文成公主走过之处留下了许多驿站、村舍、古寺，形成了闻名遐迩的"唐蕃古道"。

唐蕃古道是我国古代历史上一条非常著名的交通大道，也是唐代以来中原去往青海、西藏乃至尼泊尔、印度等国的必经之路。它起自陕西西安（即长安），途经甘肃、青海，至西藏拉萨（即逻些），全长3千余公里。整条古道横贯中国西部，跨越举世闻名的世界屋脊，联通我国西南的友好邻邦，故亦有"丝绸南路"之称。

历史发展到今天，唐蕃古道又开始焕发新的生机。2013年秋天，习近平

总书记分别提出建设丝绸之路经济带和21世纪海上丝绸之路的战略构想。贯穿欧亚大陆，东连亚太经济圈，西入欧洲经济圈，世界上跨度最长的经济大走廊，最具发展潜力的经济合作带——"一带一路"，应者云集，世界瞩目。

在"一带一路"经济发展战略下，我国在进一步做强沿海经济增长动力的同时，将大力推进西部大开发、中部崛起、长江经济带开放开发、武陵山等片区扶贫开发，为我国新一轮经济增长提供新的动力源。它标志着我国开始改变传统的对外经贸合作方向，由偏重东部海路变为东部海路与西部陆路双向均衡发展。西藏西北方向与"丝绸之路经济带"相对接，正南方向与"21世纪海上丝绸之路"在南亚沿海地带相交汇，是对国家对外开放总体战略布局的丰富和完善。可以说，"一带一路"这个惠及全球半数人口的战略，再一次为拉萨的发展带来了新的发展机遇。

自西藏和平解放以来，在国家的大力支持下，西藏的交通得到较快发展，已初步形成了铁路、公路、航空等综合一体的立体交通网络，与周边省市以及南亚国家在能源、电信、商贸以及物流等领域的交流合作更加密切。在此背景下，"一带一路"战略构想将为拉萨跨越发展带来重要机遇。能否抓住这个机遇，使拉萨的发展融入"一带一路"战略构想的发展规划之中，是关系到拉萨未来长远发展大计的重要环节。

为此，拉萨市在区政府的领导下，围绕"一带一路"战略构想制订出了一揽子的具体实施方案，如开辟交通和物流大通道；实现贸易和投资便利化，打破地区经济发展瓶颈；推进金融领域合作；成立能源俱乐部；建立粮食合作机制等。拉萨应该抓住机遇，发挥地缘优势，在"一带一路"战略构想的推进中拓展发展空间，紧紧围绕"交通、贸易、金融、旅游、物流"等领域开展工作。

第一，在交通方面，要建立立体交通网络，助推拉萨交通实现快速发展。必须推进国道高速化和省道高等级化，规划建设区内高速公路，推进青藏铁路扩能改造建设等。逐步提高机场航运能力，支持通用航空发展，推进应急救援基地建设。

第二，在贸易领域，要实现无缝链接，推动贸易融合发展。一方面，加快完善口岸建设，开展边境贸易，积极参与"孟中印缅经济走廊"建设；另一方面，不断促进拉萨与全国各省市的经贸合作与发展。充分利用青稞、牦牛肉等高原特色农牧林产品的要素优势，积极推动相关产业发展，在公路、铁路、航空立体交通网络的支持下，加大与其他省市的经贸合作。

第三，在金融领域，要不断推动产业持续快速协调健康发展。一方面，拉萨要逐步完善金融组织体系，出台并完善相关政策；另一方面，要不断健全完善拉萨金融基础设施，减少金融网点空白乡镇，改善基层网点营业环境，促进普惠金融等金融服务发展。

第四，要大力发展旅游业。在保护好自然风貌、珍贵遗迹的基础上，把拉萨旅游发展战略纳入到国家旅游总体发展战略中来，加大旅游基础设施建设项目的投入和国家旅游发展基金支持力度，发挥对口援藏省（市）大型国有骨干旅游企业的积极作用，推动拉萨国际旅游城市建设，推进中尼跨境旅游区建设，将拉萨打造成为世界级旅游胜地。

第五，积极发展现代物流。现代物流的发展对推动经济发展、促进就业有着十分显著的作用。支持和引导各大型物流企业到拉萨投资兴业，促进拉萨本地物流企业扩大经营规模、升级改造。此外，不断加大农牧区市场体系、农畜产品骨干流通网络体系建设的资金支持力度，进一步加大仓储中心以及冷链物流设施建设力度，推动物流信息平台的建设，形成覆盖全区的物流体系，并依托日益完善的交通网络，逐步辐射全国西部、中部地区，通往南亚。

总之，"一带一路"经济发展战略的大背景给拉萨带来了新机遇，让绵延千年的"唐蕃古道"焕发了新的生机，我们一定要牢牢抓住这个机遇，将拉萨市的产业发展带上一个新的台阶，同时也让拉萨人民的生活进入一个新的阶段。

第十七章

快马加鞭提升公共服务，平台支撑加速产业腾飞

企业的发展离不开政府公共平台的支撑，从宏观布局到优惠政策，无一不对企业产生巨大影响。近年来，拉萨市在建设"信息惠民"国家试点城市的大背景下，通过拟建设的"拉萨市公共服务综合应用平台工程建设项目"创新发展信息惠民工程，进一步增强信息服务能力，有效整合了分散的公共服务资源，以全面提升公共服务水平和管理能力。

区域通关一体化：创优海关服务，打通产业流通关节

2015年5月8日，西藏航空有限责任公司向拉萨海关申报进口一架客运飞机，该报关单是拉萨海关启动"丝绸之路经济带海关区域通关一体化"后的第一张报关单。

对一般群众来说，"报关单"以及"通关一体化"这些字眼都显得有些陌生。然而，对于生意人，尤其是从事边境贸易的商人来说，"区域通关一体化"让他们兴奋异常，因为这项政策让他们少了很多麻烦。那么，区域通关一体化究竟是怎么回事呢？

通关一体化，简单来说就是"多地通关，如同一关"，比如有的企业注册、生产在一个地方，但是货物的进出口可能在另外一个城市，原来海关的分布是按照属地化的，一个地方的海关自身是一个独立的监管体系，现在实现了区域通关一体化以后，企业可以自主地选择申报、纳税、验放地点和

通关模式，以往需要在多关办理的手续可以在一个海关办理，进一步简化手续。因此，它被称为"改革开放以来海关最具革命性的变革"。

2015年5月1日，拉萨海关与丝绸之路经济带沿线10个海关一同启动丝绸之路经济带区域通关一体化改革。这一举措打破了地域限制和海关关区界线，使沿线9个省（区）的10个海关，即青岛、太原、济南、郑州、西安、兰州、银川、西宁、乌鲁木齐、拉萨，形成"十关如一关"的通关一体化格局，这不仅使西藏自治区进出口企业拥有更多选择权，可自主选择申报口岸、通关模式和查验地点，打造低成本、高效率的通关环境，同时将进一步助推西藏融入"一带一路"国家发展战略和"丝绸之路经济带"重大战略规划，服务西藏外向型经济发展。

在通关一体化模式下，企业将有更大的自主选择权。这意味着10个海关全面实现电子放行，企业在申报地海关申报放行后，无须办理纸面签章放行手续，口岸监管场所、港务部门直接凭海关电子放行信息办理提货、发运手续将更加便捷。比如，拉萨市一家企业选择在拉萨报关将高原特色产品从青岛通过海运销往海外，便可在拉萨报关、查验后，将该批货物运至青岛海关监管场所，凭报关单状态查询系统获得是否放行信息，如信息核对无误，无须再办理纸面签章，场所卡口抬杆放行。此举减少了中间环节，节约时间，大大提高了货物通关速度。

通关一体化后，区域内企业无论在沿线10个海关的哪个现场办理业务手续，都将享受同样待遇和标准。企业在任一海关办理的注册、备案、核销等手续，完成的商品预审价、预归类、原产地预确定等海关专业认定，办理的税款保函、电子支付担保等，在10个海关均互认通用。相关负责人表示，通关一体化最直接的受益者当属企业，因为这项政策可以降低企业通关成本，提高通关效率。据拉萨海关测算，此次改革大体上可以为企业节省通关成本20%～30%。

嘎米卓玛在拉萨从事边境贸易多年，她经营的企业就率先享受到了改革后"多关如一关"的便利。她介绍说，现在企业可以自主选择向经营单位注册地、货物实际进出境地海关或其直属海关集中报关点办理通关手续。同时，改革取消了报关企业跨关区从事报关服务的限制，允许"一地注册，多地报关"。

"以往从报关到退税的整个流程最长需要一个月才能办完，通关一体化后10天内就能完成出口手续了。"嘎米卓玛说，改革前企业出口须先在生产地报关，出口地审单后放行，其间不仅须往返多城办理手续，报关费用每单也要多交100元。实施通关一体化后，她的货物只须在一地报关，其他地区共享信息，短短几分钟就能完成一次报关查验，顺利放行。

拉萨海关监管通关处负责人表示，丝绸之路经济带海关区域通关实施一体化改革后，区内进出口企业无论在沿线海关的哪个现场办理业务手续，都将享受同样待遇和标准。这项改革一方面将简化相关手续和审批环节，促进通关提速、物流加快和经济成本降低，使截至2015年4月在拉萨海关注册的西藏286家进出口企业从中获益；另一方面将使西藏进一步融入丝绸之路经济带物流"大通道"，打通西藏进出口企业贯穿丝绸之路经济带的通关"高速路"，带动西藏对外开放。

拓展跨境人民币结算业务，增强边贸与金融综合实力

2013年7月，在人民银行拉萨中心支行的指导下，中国银行西藏分行成功办理了西藏某商贸公司的跨境人民币资本金业务，500万元注册资金从中国香港汇入该公司在中国银行开立的人民币资本金专用账户，这是西藏首笔以人民币结算方式为外商投资企业办理的直接投资业务。

这一笔业务的成功办理，标志着西藏跨境人民币业务范围由经常项目延

伸到了资本项目，也标志着西藏在推动跨境人民币业务方面迈出了实质性的一步。此举开辟了西藏外商投资新渠道，为今后西藏企业多元化投资提供了借鉴。

也许大家会有疑问，究竟什么是跨境人民币结算呢？确切来说，跨境人民币结算是指经国家允许，有条件的企业在自愿的基础上以人民币作为跨境贸易和投资的结算货币。银行在政策规定范围内，可以直接为企业提供跨境交易和投资的人民币结算及融资业务。可以说，跨境人民币结算的启动是人民币国际化的起点，满足了企业规避汇率风险、减少汇兑成本的需要，也是境内银行扩大市场份额的契机和新的利润增长点。

2010年6月17日，西藏被国家确定为跨境贸易人民币结算试点省区，从那时起人民银行拉萨中心支行便引导辖区内商业银行认真做好人民币跨境使用各项工作，稳步推动人民币各项业务。

从现状来看，西藏自治区各口岸主要是与尼泊尔开展相关边贸业务，基于前期边贸结算的良好合作基础，双方边民及贸易商之间的信任度较高，西藏自治区对尼泊尔跨境贸易人民币结算基本采用的是非居民转账模式。该模式要求尼泊尔进口商在我区商业银行开立人民币银行结算账户（即NRA账户），通过境内企业的人民币账户与尼泊尔进口商的NRA账户间的转账，完成跨境贸易人民币结算。西藏自治区的跨境贸易人民币结算业务基本采取此种模式。

据人民银行拉萨中心支行的统计数据显示，自开展跨境人民币结算业务以来，截至2014年年末，西藏跨境人民币业务累计结算金额达303亿元。其中，2014年全年西藏跨境人民币业务结算金额95.16亿元，同比增长9.17%；跨境人民币业务涉及企业101家，较上年增加27家，业务往来已拓展到意大利、法国、美国等17个国家和地区。

同时，人行拉萨中心支行和国家外汇管理局拉萨中心支局围绕服务外资企业，以推动跨境人民币业务发展为切入点，加大对跨境人民币投资者的政策宣传，建立信息共享机制，推动企业以跨境人民币投资，促进资本项下跨境人民币投资业务的发展，为外资企业解决了资金短缺问题。

此外，西藏还建立了出口货物贸易人民币结算企业重点监管名单制度，西藏辖区内所有具有进出口经营资格的企业均可依法开展出口货物贸易人民币结算业务。随着口岸和边贸市场基础设施的不断改善，西藏跨境人民币结算业务也促进了外贸发展。最新数据显示，2014年西藏外贸进出口总额达到138.48亿元人民币，其中边境小额贸易达到121.74亿元人民币，占外贸进出口总额的87.91%。西藏商务部门还利用外资实现新突破，区域合作成果丰硕，实际使用外资新增1.6亿美元，增长57%。

西藏跨境贸易人民币结算的不断发展，给边境贸易发展带来了深刻的影响，主要表现在以下三个方面：

第一，跨境贸易人民币结算能增强边贸企业综合实力。开展跨境贸易人民币结算以前，边贸企业在跨境贸易中存在汇率风险、汇兑风险以及由此引发的边贸企业运营效率低、企业人力成本高、资金流通速度慢等一系列问题。而跨境贸易人民币结算的优势在于能规避汇率风险，提高运营效率，降低边贸企业成本，加快资金流通速度，为提高拉萨边贸企业综合实力铺平道路。

跨境贸易人民币结算改变了过去边贸企业出口收汇和进口付汇模式，从相对复杂的"人民币"到"美元"到"尼泊尔卢比"简化为直接通过人民币进行结算，这就极大地提高了国际结算的速度，同时也提高了企业资金的使用率，为边贸企业快速发展提供了有力支持。

第二，开展跨境贸易人民币结算为拉萨市商业银行带来了新的发展机遇。通过跨境贸易人民币结算，拉萨市商业银行获得了新的业务发展空间，有利于拉萨商业银行充分发挥人民币的优势，增加和拓宽业务范围，创新贸易融资产品，加快人民币"走出去"的步伐。

在2014年，拉萨开展跨境人民币清算业务集中在中国农业银行西藏分行与中国银行西藏分行两家商业银行。这两家银行均具备资金实力雄厚、清算系统发达和经营网点广泛等诸多特点，在本币结算中具有明显优势，以跨境贸易人民币结算服务为突破口，能充分发挥其特点及优势。随着拉萨跨境贸易人民币结算需求不断增加，其发达的结算网络还可逐步向境外扩展，有利于提升拉萨商业银行的竞争力。

第三，跨境人民币国际结算有利于打击边境口岸地下人民币与外币交易。拉萨人民币跨境流动相当一部分是通过非规范渠道进行的。人民币在居民与非居民之间的转移，既有正常交易背景下引起的，也有因非正常交易需求而发生的。尼泊尔与西藏的贸易结算中普遍存在两次兑换的问题，由此引起交易成本较高、手续复杂、结算速度较慢、汇率风险较大等问题，这些因素导致了人民币与尼泊尔货币地下交易盛行。如果人民币用于国际结算，有助于打击地下人民币与尼泊尔货币交易行为，有效维护拉萨的金融秩序和金融安全。

总之，跨境人民币结算业务简化了边贸手续，提高了结算速度，而且还为企业提高了资金使用率，让拉萨的产品更顺畅地"走出去"，这也是政府通过金融手段支持产业发展的表现，为产业的繁荣奠定了基础。

支持小微企业发展，积极落实小微企业税收优惠政策

现在，人们经常提到一个词——小微企业，什么样的企业才算是小微企业呢？确切来讲，小微企业是小型企业、微型企业、家庭作坊式企业、个体工商户的统称。大中企业虽然能够形成规模效应，小微企业却灵活多变，勇于创新，所以在国民经济和社会发展中占有重要地位。在开放型产业发展的大背景下，小微企业有着得天独厚的优势，由于创业者本身眼界开阔，它更容易接受先进的经营模式。同时，为了生存下去，它也更容易瞄准新的市场机遇，而新的市场机遇往往又引领着产业发展的未来，这样就会让拉萨的产业发展在与外部的竞争中获得优势。

如果发展得好，小微企业将来有可能成为大企业。然而，相比大型企业的成熟完善，小微企业不仅各种资源有限，而且在管理体系、人才配置和资本方面与大中企业有着较大差距，从而导致其在市场竞争中处于下风，很容易因为大中型企业的竞争而倒闭。因此，小微企业需要政府的扶持。

为了帮扶小微企业，拉萨市政府积极响应国家号召，贯彻实施了一系列的优惠政策，主要包括三个方面：一是放宽市场准入，促进小微企业总量快速增加。放宽住所要求、经营范围限制，凡从事一般经营项目，不涉及前置审批事项的，可以自主选择经营项目，实行即来即办。二是提供帮扶措施，使小微企业存活率显著提高。放宽年检条件，充分利用股权出资、股权出质等形式，帮助小微企业不断拓宽融资渠道。三是营造良好发展环境，实现小微企业快速发展。为畅通市场主体准入通道，市工商局在注册大厅专门设立"绿色通道"缩短审批时限，实行当天受理当天核准的当场办结制。

在各种帮扶措施中，效果最明显的就是税收优惠。从2013年8月1日起，小微企业中月销售额不超过2万元的增值税小规模纳税人和月营业额不超过2万元的营业税纳税人暂免征收流转税（增值税和营业税）。

刘芋君是拉萨市创美广告有限公司负责人，两年前刚刚从成都来到拉萨进行创业。由于是白手起家，她和所有初期创业的人一样，面临着资金有限的难题。她以前在成都时是公司白领，可以说现在花的每一分钱都是当时辛辛苦苦上班挣来的，创业以后才发现，原来钱这么不禁花。因此，她经常说的两句话就是"一分钱也要掰两半花""好钢用在刀刃上，花钱花在根节儿上"。

在流转税优惠政策实施以前，刘芋君的公司每月须缴纳定额税，即使公司个别月份无营业额，也需要缴纳流转税560元。虽然并不是一个多大的数字，但一年算下来也有好几笔钱了，这些钱对她以及她的公司来说却是至关重要的。然而，自从小微企业流转税优惠政策实施后，她的公司享受免征增值税，让她感到一下子轻松了许多。

　　由于规模小、抗风险能力弱等原因，小微企业带有明显的草根经济特征。当前，市场需求不足，劳动力成本上升，融资难题一直不能有效解决，许多小微企业面临生存压力，特别是传统制造业，部分小微企业出现发展缓慢的情况，直接影响到经济发展和社会稳定，同时也不利于拉萨市构建开放式产业发展格局。因此，帮助小微企业渡过难关具有重要意义，不仅能稳定就业，更重要的是能稳定内需，稳定信心和希望。

　　为了给小微企业提供良好的发展环境，拉萨市国税局指定专人调查统计辖区内小微企业户数，进行登记造册，对符合优惠政策条件的企业及时告知，通过税企QQ群、微信平台、办税大厅LED屏等不同形式向纳税人宣传小微企业税收优惠政策。

　　此外，拉萨市国税部门还对全市小微企业税收优惠政策落实情况进行实地督促检查，及时发现和纠正政策落实过程中存在的问题，防止应减不减、应免不免的现象发生。据统计，2015年第一季度全市享受小微企业增值税税收优惠政策的企业有22842户，减免增值税额1941.52万元；享受小微企业营业税优惠政策的企业有13662户，减免营业税额1392.98万元。

　　除了税收，小微企业融资难、担保难一直是拉萨市政府极力解决的事情。近年来，拉萨辖区银行机构采取多项措施有效解决了小微企业融资难题，加大对小微企业信贷投放力度，扶持小微企业健康发展。

　　为了改善西藏小微企业的金融服务，中国农业银行西藏分行先后出台了《中国农业银行西藏自治区分行小微企业信贷业务管理实施细则》《关于进一步加强和改善中小企业金融服务的意见》等，并积极从总行争取扩大审批权限等优惠政策，如总行准予西藏地区银担合作流动资金贷款期限从原来的1年可延长至3年。在产品创新方面，农行西藏分行结合西藏特殊区情和中小微企业客户经营特点，创新研发了应收账款质押贷款和仓储共管质押贷款两项新产品。

　　"充分应用'批量授信'审批模式，对小微企业客户群体实行批量评级、分类和授信，提高审批效率。我们完善了中小微企业信贷业务信息管理平台、客户关系管理等系统，有效探索了金融服务中小微企业信贷业务的'绿色通道'。"农行西藏分行行长米玛旺堆介绍，为了加大银担合作力度，截至2014年6月，银行与西藏财信担保有限公司等3家融资性担保机构开展了业务合作。

数据显示，2015年1月至5月农行西藏分行累计发放中小微企业贷款24.24亿元，贷款户数为378户，贷款余额达85.31亿元，较年初增加15.64亿元，增长22.45%，同比多增7.29亿元。

可以说，拉萨市政府这一系列的优惠政策给小微企业带来了巨大的实惠，给它们的成长与发展注入了活力。小微企业的迅速发展，反过来又为拉萨市构建开放型产业发展格局提供了源源不绝的能量。

第十八章

建设立体化交通运输体系，助推拉萨走向世界

交通是现代社会的血脉，产业的发展离不开便利的交通运输。如果交通闭塞，拉萨的产品运不出去，外面的商品运不进来，阻塞了输血管道，产业发展就无从谈起。伴随着拉萨贡嘎机场的建立、青藏公路的修建、青藏铁路的通车，一个立体化的交通运输体系逐步建成，为拉萨市产业发展带来了良好时机。

世界屋脊上的经济大动脉：青藏铁路牵出高原经济带

"黄昏我站在高高的山岗，盼望铁路修到我家乡，一条条巨龙翻山越岭，为雪域高原送来安康，那是一条神奇的天路，把人间的温暖送到边疆，从此山不再高路不再漫长……"韩红的一首《天路》久经传唱，唱出了西藏人民对青藏铁路的翘首盼望，也唱尽了人们对西藏这块神秘土地的无限想象。

2006年7月1日，被誉为"天路"的青藏铁路全线通车运营，给拉萨的发展带来了全新活力。青藏铁路是青海省西宁市至西藏自治区拉萨市的铁路，全长1956千米，其中海拔4000米以上的路段960千米，多年冻土地段550千米，翻越唐古拉山的铁路最高点海拔5072米，是全球海拔最高和最长的高原铁路。这条路，不仅圆了西藏几代人的梦，同时也延伸了西藏人民的梦想。

青海大学财经学院教授张宏岩说，随着青藏铁路的开通，青藏高原的几

个省区已纳入青藏高原经济带中，从而带动整个区域经济的发展。

辽阔的青藏高原向来以丰富的矿产资源、动植物资源以及蕴藏量巨大的水电等资源闻名于世。在矿产资源短缺的大背景下，青藏高原拥有着其他地区无法比拟的优势。随着列车开进青藏高原，人流、物流、信息流等将加速这块古老土地的现代嬗变，激活青藏高原的内在活力。

由于运距长、运费高、损耗大，拉萨的商品物资价格普遍高于其他地区。青藏铁路像是一条大动脉，将拉萨市场与全国统一的大市场紧紧连接在一起，大大降低了拉萨生产生活资料的成本，使高原广大农牧民群众直接受益。藏鸡蛋在北京的超市卖到3元一枚，如此高的价格，却时常脱销。拉萨的资源优势难以顺利转换成经济优势，其中一个重要的因素就是高昂的运输成本。青藏铁路全线通车之后，将运输成本降低一半以上，从而彻底打破了青藏高原运输瓶颈，极大地缓解了运力紧张的情况。

此外，拉萨的旅游业、藏医药业、矿业、农畜产品加工业、民族手工业以及高原生物等高原特色产业将步入可持续发展的良性发展轨道，形成以发展旅游业为核心的观光业，以藏医药为中心的现代制药企业，以牦牛为主要载体的食品加工业等价值链和新的经济增长点，并与青海等毗邻省区联动发展，孕育着青藏高原经济带的形成。

此外，拉萨还拥有众多极品旅游资源，对海内外游客有着非凡的吸引力。2004年，进藏观光游客总数首次超过100万人次。但由于之前游客进出西藏主要靠空运，运力有限且费用高，因此旅游界有"出国容易进藏难"之说。青藏铁路沿途经过塔尔寺、日月山、青海湖、鸟岛、昆仑山、可可西里、纳木错、布达拉宫等景区景点，几乎囊括了千年唐蕃古道文化的精髓。青藏铁路的建成，极大地拉动了拉萨旅游业的发展速度，将西北的丝绸之路与拉萨的布达拉宫连接起来，成为新的黄金旅游热线。

2015年7月1日，青藏铁路开通运营9周年。9年来，这条"钢铁天路"加速了青、藏两省区旅游基础设施的不断完善，促进了旅游业的发展，一条以青藏铁路为中轴线的"青藏铁路旅游带"逐步形成规模。9年来，依托青藏铁路，越来越多的人走上创业之路，开起了饭馆、旅店，跑起了运输……一条以青藏铁路为中轴线的"高原经济带"逐步形成。

根据西藏自治区旅游局统计数据显示，青藏铁路开通运营以来，西藏接待国内外游客人数由2005年的180万人次，增加到2013年的1290万人次；旅游收入由2005年的19.4亿元增加到2013年的165亿元。

根据来自青藏铁路公司的数据，截至2014年，青藏铁路公司累计运送货物35590.2万吨，货物运送量由2006年的2491.0万吨增加到2013年的5777万吨，年均增长12.8%。拉萨站货物到发量从2007年的76.8万吨到2013年的463.5万吨，年均增长34.9%。

青海师范大学经管学院教授张剑勇表示，青藏铁路给西藏实施的"特色经济发展战略""全面开放带动战略""可持续发展战略"和青海实施的"四区两带一线"发展战略带来了强大动力支撑，他说："青藏铁路已成为区域经济社会发展的强大引擎，拉动了青藏两省区经济跨越式'奔跑'。"

青藏两省区统计数据显示，青藏铁路通车后的2006年至2013年，青海省GDP由641亿元增长到2103亿元，西藏自治区GDP由342亿元增长到802亿元，年均增速保持10%以上。"应该说，青藏铁路功不可没。"张剑勇说。

世界屋脊交通格局的改变，深刻影响着这一地区经济社会发展格局。这是一条具有划时代意义的经济文化线，举世瞩目的青藏高原旅游板块的产业资源和文化优势也逐渐得到进一步整合，从而成为西部大开发过程中的一个重要发展极。

从更广阔的视野来看，青藏铁路不仅是中国的大事、西藏的大事，还有助于中国与南亚各国发展经贸关系。这一过程，既是青藏高原经济与中国经济一起融入国际经济，从而变得更加开放的过程，又是藏文化自身发展以及与多种文化不断碰撞的过程。

雪域新天路：拉日铁路打通与南亚贸易的"黄金通道"

2014年8月16日上午9点，拉日铁路首趟列车K9821次从拉萨火车站缓缓驶出，3个小时后到达西藏第二大城市日喀则，这意味着青藏铁路的首条延伸线拉日铁路正式通车运营，也意味着从拉萨到日喀则的时间缩短了近一半，拉萨到珠峰之间实现一日通达。

从大庆来的王卓和爸爸妈妈抢到了这趟列车软卧铺的最后3个铺位。王卓和爸爸妈妈早就想去日喀则了，无奈过去路况太差一直没有去成。"听说拉日铁路即将通车，我们就开始关注，终于订到了铺位。这张车票我要好好珍藏，回学校还可以向同学们炫耀一番。"王卓兴奋地说道。

王卓的爸爸介绍说，他在西藏做生意已经7年多了，每年都要往返日喀则至少30趟。"这是我去日喀则最舒服的一次，以往开车去日喀则少说也要5个小时，要是赶上断路、堵车，耽误工夫不说，长时间驾车身体也受不了。"而拉日铁路的开通对于常年往来拉萨和日喀则的生意人来说可谓是天大的喜讯，中午到达日喀则，谈完生意一点都不耽误晚上回拉萨。

拉日铁路是西藏自治区"十二五"期间标志性工程，于2010年9月26日开工建设，总投资132.82亿元，全线总长253千米，东起青藏铁路终点站拉萨站，沿拉萨河而下，途经堆龙德庆区、曲水县后，折向西溯雅鲁藏布江而上，穿越近90千米的雅鲁藏布江峡谷区，再经尼木、仁布县后抵达西藏西南部重镇日喀则市。全线设拉萨南、曲水、日喀则等14个车站，最高运营时速120千米每小时，年货运量830万吨以上。

由于地质条件复杂、桥隧比例高、环保投入大，拉日铁路每米造价超过5万元，造价很高。拉日铁路建设指挥部副指挥长张立忠说，拉日铁路选线时已最大限度地避开了雅鲁藏布江中游河谷黑颈鹤国家级自然保护区、曲水县水源保护区等，在建设中采取了土地整治和植被恢复相结合的措施，沿线使用地源热泵、太阳能热水采暖系统及电采暖系统等清洁方式。为了不影响野生动物迁徙，拉日铁路主要地段全部采用高架桥，给动物留出迁徙通道。

"拉日铁路正式通车运营，意味着旅客可以更便捷地探访藏西南地区许多长期'养在深闺人未识'的扎什伦布寺、珠穆朗玛峰等世界级景区。"西藏旅游总公司总经理、旅行社协会会长黄利华说。拉日铁路的开通将吸引更多游客到日喀则观光旅游，拉萨和日喀则两地旅游的融合将进一步加快，距离打造横跨喜马拉雅山大景区的梦想更近一步。

作为延伸的"天路"，拉日铁路开通运营之后，将完善西藏铁路网结构，改变西藏西南部地区单一依靠公路运输的局面，对推动西藏经济社会发展具有重要意义。

"铁路开通后，我们公司产品运输到拉萨会很方便，物流成本比公路将降低很多，损耗也会大大减少。"日喀则市一家食品公司总经理强巴旦达得知拉日铁路开通的消息，难掩兴奋之情。

位于日喀则拉孜县的西藏首家"农民旅馆"的老板顿珠，非常看好拉日铁路带来的商机。最近他正计划把他的家庭旅馆重新装修，再修几间客房。他说："铁路通了后，游客会越来越多，原来的旅馆，客房太少了。"

拉日铁路的开通，使青藏铁路距离中国和尼泊尔、印度的边境口岸距离更近，将推动西藏外贸发展，有望打造中国与南亚国家陆路贸易的"黄金通道"。

拉萨海关关长王文喜说："拉日铁路的通车运营，将进一步发挥西藏独特的区位优势和地缘优势，进一步提速南亚贸易陆路大通道的建设。在青藏铁路延伸线的带动下，西藏对外贸易将进入一个黄金发展期。"

西藏自治区陆路边境线长达4000多千米，与印度、尼泊尔等接壤。截至2014年8月，开放的边境口岸有樟木口岸、普兰口岸等。中国和尼泊尔边境的吉隆口岸在2014年12月1日正式扩大开放。

"随着拉日铁路的通车，吉隆口岸将成为中国联系南亚国家市场的重要纽带。在铁路的带动下，吉隆口岸的边境贸易将更加繁荣，知名度和影响力也会不断提高。"吉隆海关关长王珑说。

近年来，西藏不断加大边境口岸基础设施建设，积极推进南亚陆路贸易大通道建设，对外贸易取得历史性突破。2011—2013年，对外贸易总额先后突破10亿美元、20亿美元和30亿美元大关。

西藏铁路建设领导小组办公室副主任杨育林表示，拉日铁路开通后，将彻底改变西藏西南部地区单一依靠公路运输的局面，西藏与其他省市的连接会更为紧密，这对于完善西藏铁路网结构、推进西藏经济社会发展、维护社会稳定、增进民族团结具有非常重要的意义。

"空中禁区"变通途：缔造以拉萨为中心，辐射国内外的航空网

2015年3月1日上午9点39分，一架搭载125名乘客的空客A319飞机平稳降落在拉萨贡嘎国际机场，这标志着架设在"世界屋脊"西藏高原上的"空中金桥"——国航成都至拉萨航线实现了安全飞行50周年。

西藏被誉为"地球第三极"，平均海拔超过4000米，空气稀薄，气候复杂，一度被视为"空中禁区"，是全世界公认飞行难度最大的空域。西藏和平解放后，为促进西藏与全国其他地区的交流，党和政府高瞻远瞩地提出了开辟西藏航线的战略设想。

1956年5月29日，中华人民共和国民航第一任总飞行师潘国定率机组驾驶毛主席亲笔题名的"北京号"康维尔活塞飞机从四川广汉起飞，成功降落在海拔4250米的拉萨当雄民用机场，一举震惊了国际民航界。

1965年3月1日，经过精心筹备，中国国际航空公司的前身——民航第一

飞行大队资深机长孙全贵和毕春芳驾驶伊尔18螺旋桨飞机平稳降落在当雄机场，实现了成都—拉萨航线首航，西藏的民航事业由此揭开了崭新一页。由于当雄机场所处位置的净空条件不理想，次年10月，拉萨航站转移至雅鲁藏布江南岸的贡嘎机场，直至今天。

拉萨航线积累了丰富的高原飞行经验，随后国航又先后成功试飞西藏的昌都邦达机场、林芝米林机场、阿里昆莎机场和日喀则和平机场，陆续开辟尼泊尔加德满都、北京、重庆至拉萨以及成都—邦达、成都—林芝、成都—日喀则、拉萨—阿里等10余条往返西藏高原的国际、国内和区内航线，从而构筑起了以拉萨为中心、密集辐射周边大中城市的航线网络。

为进一步促进西藏民航事业发展，国航在中国民航历史上首次招收了藏族乘务员和藏族大学本科飞行员，让藏族年轻人实现了翱翔蓝天的梦想。在2004年8月，拉萨又成立了西藏自治区首家基地航空运输企业——国航西藏分公司，并在拉萨机场启用了全球行李查询系统。截至2015年3月，国航每周进出西藏的航班超过100架次，年旅客运输量达92.3万人次，其中航成都—拉萨年旅客运输量已从当年4000人次增至42.6万人次，拉萨航线客货运输量占到西藏空运总量的60%以上。从2005年起，四川航空、海南航空、东方航空、南方航空、西藏航空等公司也陆续进入了拉萨航线运营，西藏民航运输业就此进入一个较快发展时期。

2014年5月，中国民航局出台了《关于进一步促进西藏民航发展的意见》，加大对西藏民航业的政策支持力度，鼓励航空公司开辟连接西藏的国际航线及17个对口支援省区重要城市的直飞、经停航线航班，进一步扩大进出西藏的航线网络；支持航空公司通过安排现有干线机场经停或延至西藏自治区内支线机场，以及安排环飞、串飞西藏自治区内机场，加密航线航班，鼓励航空公司间加强干支航班间衔接和进行代码共享；支持将林芝机场打造成第二条进出藏航空通道；鼓励低成本航空公司进驻西藏或执飞西藏航线；鼓励有条件的航空公司在拉萨、林芝等机场设立基地。西藏民航事业发展迅速，已累计落实国家投资逾30亿元，先后实施了拉萨贡嘎机场改扩建、林芝米林机场新建、阿里昆莎机场新建等工程。

作为拉萨支柱产业之一的旅游业更与航空密不可分。近年来，拉萨旅游业产值以每年超过20%的速度快速发展。2004年，拉萨市接待国内外游客仅为50万人次，旅游业总收只有6.8亿元。然而到了2015年，仅1月至10月，拉萨接待国内外游客便达到了1158.96万人次，实现年内首超千万人次，旅游总收入152.05亿元，可以说近10年来实现了快速的发展。

2015年上半年，民航西藏自治区管理局完成旅客吞吐量155万人次，保障航班起降16549架次，完成货邮吞吐量11909.2吨，同比增长17.2%、19.3%、3.8%，分别完成全年目标的43.1%、47.2%、42.5%。

经过50年的发展，民航西藏自治区管理局始终坚持"稳中求好，好中求进"的发展方针，全力推动西藏民航平稳、健康发展，积极引入航空公司、新开航线。截至2015年6月，新开了林芝—广州直航、拉萨—南充—杭州、拉萨—康定—成都等10条航线，同时，进一步加密了成都—拉萨—加德满都、拉萨—郑州、拉萨—北京等航线。截至2017年3月，运营西藏航线的航空公司增至9家，航线数增至71条，通航城市达41个，初步形成了以拉萨贡嘎机场为枢纽、区内其他机场为支线，辐射国内主要大中城市和援藏省份的航线网络。

时光飞逝，岁月如梭。50年来，中国民航人在戈壁荒漠中树立起一座座现代化的航站楼，犹如戈壁深处的红柳一般，深深地扎根西藏。一支专业的高原机场建设队伍在这里成长、成熟，一支高原机场运行队伍在这里百炼成钢。据不完全统计，西藏民航通航50年，已累计完成旅客吞吐量2471.64万人次，民航业的发展也成为西藏发展的一个缩影。

拉萨第一大桥：以纳金大桥为依托，打造跨河环城纽带

拉萨河是拉萨的护城河，藏语称"吉曲"，它宛如一条神圣纯洁的哈达环绕着拉萨城，然后又慢慢地展开，向远方伸展着、奔流着。拉萨人经常在节假日带着帐篷、食物到拉萨河边过林卡，亲朋好友聚在一起，很是欢乐。

然而，伴随着拉萨市的发展，拉萨河却成了阻碍城市向南发展的脚步，为此拉萨市政府曾先后修建了拉萨大桥和柳梧大桥。如今，一座新的桥梁——纳金大桥又横亘在了拉萨河上，为出行的人们带来了方便，也将拉萨市快速发展的脚步带到了拉萨河的南岸。

拉萨市城关区纳金乡的扎西老人目睹了纳金大桥从项目部的成立、便桥的搭设、桥梁主体的正式开工建设到斜拉索的安装……直到大桥正式通车。

这一天，老人早早起床，徒步踏上这座连接南北两岸的大桥，迎着蓬勃升起的朝阳，心中发出无限的感慨。在拉萨河边住了几十年，从村口修大桥去对岸，以前在他心里是想都没想过的事，可如今那曾经"没影儿的事"却已经变成现实。

对于扎西老人来说，纳金大桥的通车，不仅方便了他的出行，更重要的是对他儿子的生意也很有帮助。他儿子是跑运输的，以前要开车到河对岸去，还要绕道柳梧大桥，相当于横贯了整个拉萨城区，纳金大桥通车之后，就能节省不少的运输成本。

纳金大桥工程是依据《拉萨市城市总体规划（2009—2020）》要求修建，旨在完善城市跨河交通和环城路网而实施的西藏自治区"十一五"规划188重点项目。它于2011年3月18日正式开工建设，2013年10月20日全线贯通，达

到通车条件，建设工期历时2年7个月，建设项目批复总投资3.7025亿元。

纳金大桥全长1.28千米，宽33米。全桥由主桥、南引桥和北引桥组成。其中主桥长374米，为三塔四跨单索面预应力混凝土斜拉桥；引桥长906米，结构形式采用连续小箱梁组合而成。配套工程包括南北接线道路长1549米，其中南接线道路长1170米，北接线道路长379米，以及亮化、绿化、景观装饰灯工程。桥梁设计标准为城市主干道I级，双向六车道，设计时速60千米每小时。

纳金大桥的建成通车，对拉萨的产业发展具有不可估量的作用。近年来，拉萨市大力推进东城区建设步伐，力争到2015年把东城区打造成为一座现代化中心新城。按照规划，东城新区西至藏热路，南到山体，东至城关区东边界，北到山边，总面积75平方千米，其中规划城市建设用地12.7平方千米，规划人口7万～8.5万，形成以市级行政办公、文化、会展、教育、民俗风情旅游、高新技术产业等功能为主的综合新区。

东城新区由纳金片区和百淀片区两个片区组成，这两个区各具特色，突出了东城新区的综合功能。

纳金片区西至藏热路、南到拉萨河，东边一直延伸到纳金电厂，北边依山，总面积25.3平方千米，其中城市规划建设用地9.5平方千米，规划人口6万～7万。这一片区以市级行政办公、文化、会展、教育、居住等功能为主要特色。

百淀片区北至拉萨河，东到城关区东边界，南边依山，西到城关区西边界，总面积49.7平方千米，其中城市规划建设用地3.2平方千米，规划人口1万～1.5万，以民俗风情旅游、高新技术产业、生活配套等功能为主要特色。

然而，拉萨河却横亘在纳金片区和百淀片区之间，阻碍着东城新区的建设和发展。在此之前，由于拉萨大桥年久失修，从318国道林芝方向进入拉萨的重车只能绕道柳梧大桥，几乎相当于穿过了一个拉萨城区的距离，无论对个人出行，还是企业发展都非常不方便。自从纳金大桥投入使用后，便可以直接上纳金大桥从百淀片区进入纳金片区，继而直接进入拉萨市区，有效缓解了柳梧大桥的交通压力，提高了国道318线的运输能力。

纳金大桥不仅可以将拉萨南北连接起来，还将是拉萨市主城区对外交通和城市外围交通体系的重要组成部分，形成一条城市外围的快速通道。这将对突破东城区经济发展的交通瓶颈、完善拉萨城区路网结构、促进拉萨市经济社会协调发展有重要意义。

第七篇

**新产业，新业态：
实施创新驱动战略，拓展
新兴产业版图**

2014年9月，国务院总理李克强同志在夏季达沃斯论坛上发出"大众创业、万众创新"的号召，"双创"一词由此开始走红。创新是一个国家发展的不竭动力，只有勇于创新，善于创新，才能站在社会发展的制高点。为此，拉萨市政府实施创新驱动战略，大力拓展新兴产业版图，让创新的思想在拉萨市各领域开花结果。

第十九章
新能源产业：
优先发展低碳节能技术，掀起清洁能源革命

日光城拉萨虽然一向以空气清新为人称道，但如果始终采用以火力发电为主的能源供应方式，迟早会对环境造成污染。为了让生活在雪域高原的百姓免受雾霾侵害，拉萨市政府结合当地优势，大力发展光能、地热、水利、沼气等清洁新能源，掀起了一场低碳环保的能源革命。

日光城的华丽变身：拉萨主导光伏革命，惠及全产业链条

拉萨地区探明的石油、煤炭等化石能源资源相对贫乏，但充沛的阳光是拉萨人民取之不尽的财富，太阳能灶、太阳能移动基站、光伏电站等在拉萨随处可见，拉萨已经成为全国太阳能应用率最高、用途最广的地区之一。

"我们海拔高，离太阳近。"有一位发改委干部曾这样开玩笑说，但这句话却代表了拉萨大规模开发利用太阳能资源的信心。

2012年5月10日上午，龙源西藏羊八井20兆瓦光伏电站正式投产发电，标志着拉萨市能源产业发展迈上新台阶。

龙源西藏羊八井太阳能光伏电站是拉萨市开工建设的第一座大型并网光伏电站，是全市新能源产业发展的重要示范工程。20兆瓦光伏电站是羊八井太阳能光伏电站二期项目，总投资4.5亿元，首年上网发电量3778万千瓦时。项目的开发、建设充分利用了羊八井清洁、丰富的太阳能资源，每年可提供

清洁绿色能源超过3700万千瓦时，可节约标煤1.2万吨，减排二氧化碳3.26万吨，对于生态环境保护、加快当地循环经济和低碳经济发展将起到积极的促进作用。

羊八井20兆瓦光伏电站竣工投产，对进一步缓解西藏中部地区电网电力供需矛盾、推动西藏地区发展、繁荣市场经济、促进社会和谐具有重要意义。它提升了西藏光伏发电产业的层次和规模，对于优化西藏能源结构，构建清洁、安全、多能互补的综合能源体系，促进经济社会可持续发展同样具有重要意义。

除了光伏电站，作为日光城的拉萨对太阳能这种干净、清洁的能源还在多个领域加以利用，比如利用太阳能供热。

王女士是一名来拉萨玩的游客，她在色拉北路一公厕洗手时发现水龙头里的水竟然是热的，感到非常惊喜，对当地朋友说："这么冷的天气，在公厕居然有热水洗手，实在是没想到。"王女士表示，她从小畏寒，双手一到冬天就会长冻疮，从不敢用冷水洗手，现在有热水了真是方便不少。

王女士的朋友告诉她，在公厕顶部安装了太阳能电池板，每块的功率为90瓦。这些电池板所发的电可以满足公厕一天的使用量，公厕全天都可供应热水。白天剩余电量还可储存，到晚上再使用。

拉萨市区有多座公厕安装了太阳能电池板，可以提供热水，同时还能为照明、取暖提供电力。这几座"太阳能公厕"都是按照三星级标准建设的，太阳能使用分为"光热"和"光电"两种方式，"光热"即太阳能热水器，可以全体提供热水；"光电"为太阳能发电，为公厕照明、取暖提供电力。

为预防出现意外情况，这些公厕都安装了两套电力系统，即太阳能发电系统和正常用电系统。如因连续阴天导致供电不足时，可自动切换为正常用电，确保相关设施正常使用。根据规划，拉萨市还将建成更多的"太阳能公厕"，打造一批三星级服务标准的公厕。

"在公厕建设中引入太阳能技术目前尚属少数，我们正在进行新的'太阳能公厕'选址工作。"拉萨市环卫局工作人员说，三星级服务标准的"太阳能公厕"均采用太阳能发电，不仅给市民带来方便，同时还充分将"低碳节能"理念融入市民的日常生活中。

在拉萨除了公厕使用太阳能供电供热，路灯也同样利用了这种低碳清洁能源。拉萨市城关区启动基础设施改造工程，改造后的小区路灯都采用太阳能供电，节能环保，小区住户不用支付电费，皆大欢喜。据不完全统计，拉萨市在各交通干道、景观绿地、新农村建设中增设太阳能路灯近1200盏。

近年来，拉萨市不断加大节能减排资金投入和宣传力度，通过推广新产品、新能源、新材料等途径，使节能减排工作收到了实效。

拉萨市高度重视建筑领域的新能源利用。已竣工使用的拉萨市干部职工周转房小区内照明就全部采用太阳能路灯，楼上供水装置则安装了太阳能热水器；建成的中干渠拉鲁湿地绿化工程，路灯全部采用太阳能、风能一体化照明灯。另外，坚持以市场为导向、应用为龙头，在全面禁止使用实心黏土砖的同时，积极推广各种新型墙体材料，全市"禁黏"执行率达到80%，建筑新型墙体材料应用比例达到35%以上。

此外，太阳能在拉萨市人民的生活生产中也被广泛利用。在农业生产方面，光伏水泵、光伏大棚和光伏森林防火预警系统的应用都为农牧民的生产条件带来了极大的改善；日常生活方面，太阳能手电筒、太阳能光暖和太阳能家用视频系统的应用也有效地提升了农牧民群众的生活质量。

太阳能是一种取之不尽、用之不竭的可再生资源，而拉萨市在清洁能源的开发与应用上可谓具有先天的优势，因此，开展光伏革命，充分开发太阳能源，是拉萨产业进一步发展的源泉与动力。

蒸蒸日上的"大地之光"：羊八井地热电站，托起西藏能源新城

地球是一个巨大的宝库，它体内蕴藏的能源不仅数量庞大而且丰富多样，随着科技的发展，我们对能源的认识也越来越广泛，在太阳能发电之前，地热这种清洁而且可再生的能源便早已被科学家们所注意到了。

地热是来自地球内部核聚变产生的一种资源。地球上火山喷出的熔岩温度高达1200℃～1300℃，天然温泉的温度大多在60℃以上，有的甚至高达100℃～140℃。这说明地球是一个庞大的热库，蕴藏着巨大的热能。这种热量渗出地表，于是就有了地热。

西藏地热资源丰富，地热储量居全国首位，素有"地热博物馆"之称，在2010年4月前，就已发现了地热点700余个，主要分布在青藏铁路沿线、西藏南部和西部地区。20世纪70年代初，当地质勘探队伍的足迹踏进拉萨以北90千米处的羊八井地区时，发现这里温泉散发着一股股蒸腾的热气。于是，羊八井地热试验电站建设的序幕拉开了。

西藏和平解放之前，仅有一座小型的一个装机125马力的夺底小电站。后来被水冲毁以后，西藏很长的一段时间里都没有电。和平解放以后，党中央国务院各级领导对西藏电力事业发展是非常重视的。大家也都认识到，没有电力事业的发展，西藏经济的发展和社会的进步都无从谈起。

1975年，中央政府决定把羊八井地热田的开发列为国家"五五计划"重点工程。9月23日，西藏自治区人民政府决定成立地热开发建设的专门机构——"9·23"工程处，也就是后来的羊八井地热电厂。

国家把羊八井开发作为重点科技攻关项目，先后拨出2亿多元资金，经过藏汉工程技术人员的艰苦奋斗，丰富的地热资源开始被开发利用。1975年，西藏第三地质大队用岩心钻在羊八井打出了我国第一口湿蒸汽井，第二年我国大陆上第一台兆瓦级地热发电机组在这里成功发电，开创了世界中温

浅层热储资源发电的先例。

　　自1977年9月建成试验发电以来，西藏羊八井地热电站是目前唯一持续发电的地热电站，其第一台1兆瓦试验机组于1977年发电成功，至1991年陆续完成另8台3兆瓦机组，同时1兆瓦试验机组退役。此后维持总装机容量24.18兆瓦，占拉萨电网总装机容量的41.5%，在冬季枯水季节，地热发电占拉萨电网的60.0%，成为主力电网之一。羊八井地热电站每年发电在1亿度上下，但近几年不断挖掘潜力，增大出力，屡创历史最高纪录，2009年发电1.419亿度。截至2014年12月，羊八井地热电站累计发电30.6亿千瓦时，折合标煤约95万吨，减排二氧化碳约为260万吨，为西藏经济社会发展和环境保护做出了积极贡献。

　　在西藏电力发展史上，羊八井具有无可替代的作用，在新能源开发利用上也具有无可比拟的优势。羊八井地热的开发利用开创了国际上利用中低温地热发电的先例。在世界新能源的开发利用上占有重要位置。据统计，我国地热发电装机容量列世界第十二位，西藏利用地热资源发电居我国第一位。

　　羊八井不仅是我国最大的地热电站，也是世界上唯一一座利用中温浅层热储进行工业性发电的电厂。在20多个地热发电的国家和地区中，只有羊八井电站能够利用地下200米以内、150℃以下的浅层中温储热资源进行发电。1997年，羊八井传来激动人心的消息：在地热城北部的念青唐古拉山体上打出一口205℃、高压力、强能量的高温井，使羊八井成为世界上少数几个拥有单井发电潜力万余千瓦的高焓值热流体的地热田，为其开发深层高焓值地热资源展示了广阔的发展前景。

　　"我们还没有将西藏的地热资源最大限度地利用起来。"西藏电力有限公司羊八井地热电厂副厂长蒋勇说。截至2010年，羊八井地热电站已开发的主要是浅层资源，也就是埋藏在地下90米到250米之间的地热。而储藏于地表1400米以下的"大储量、高品质"的地热资源尚未开发，这部分深层地热的总装机容量保守估计至少为3万千瓦。蒋勇说，经过几十年的运营，羊八井地热电站也出现了结垢、腐蚀和热效率低等问题，地热资源的利用面临技术革新。

2010年3月，一座1000千瓦的新型地热发电项目在羊八井开工。这个项目首次在西藏采用双螺杆膨胀动力机等先进地热发电技术，它可以将地热水全部引入到动力机膨胀做功，地热水在送入全流动力机前无须进行扩容和闪蒸等处理，能量的利用率有较大提高。

事实上，地热并不仅仅可以用来发电，如果利用地下浅层地热资源建立起既可供热又可制冷的高效节能热泵系统，就能发挥其巨大的价值：冬季热泵作为供暖的热源，同时蓄存冷量以备夏用；而在夏季作为冷源，同时蓄存热量以备冬用。这样，拉萨不仅有源源不竭的城市新温暖，地热能还能与太阳能、风能一起替代传统薪柴能源，保护西藏的蓝天碧水。

在羊八井的地热资源开发过程中，有时候，费心费力地打好了一口井，抽出来的热水却因为温度过低不能用于发电。在过去，这样的井往往被废弃不管。而现在，西部大开发和青藏高原交通、旅游业的发展，让羊八井的电厂工人们看到了商机。在距离羊八井地热电厂约1千米的地方，在这个平均海拔约4500米的世界屋脊上，羊八井人将废弃的温水井修成了温泉浴场，建起了宾馆和特色餐厅，一个新的高原温泉旅游项目就这样诞生了。

此外，发电过程用到的地热水降到一定温度以下之后就被引入池塘养鱼，鱼塘的水又经过管道重新回到电厂的冷却管用于冷却发电机组……"这些循环利用工作做好了，羊八井，甚至整个西藏的循环经济建设也就做起来了。"羊八井地热电厂负责人的观点正好切合了拉萨市政府确立的"高原生态循环经济建设"的思路。

现在，走在西藏广袤的土地上，居民房顶上的太阳能热水器、院子里的太阳灶、道路两旁路灯杆顶上都有一块长方形平板的别致的路灯……它们都昭示着西藏正广泛利用太阳、风、地热等自然赋予的清洁资源。这些自然资源的利用不仅是对西藏常规能源短缺很好的补充，也对西藏的环境保护有着积极的作用。

高峡出平湖：旁多水利枢纽工程，成就西藏水能开发不朽传奇

在林周县旁多乡有一个半农半牧的村子，名叫宁布村。它的海拔在4200米左右，与拉萨市的直线距离大约63千米。这里有山、有河，更有被称作"西藏三峡"的旁多水利枢纽工程。

村前有一座山，叫龙日山，有"西藏富士山"之称，也有"旁多金字塔"之美誉。宁布村位于龙日山的心脏部分，"宁布"意为"心脏"或"中心地带"，故此得名。

村后有一条河，叫乌日龙河，与热振河、达龙河共同注入拉萨河，素有"三河一流"的美称。在河的另一边，还有一座山，叫宁日曲布。传说，在宁日曲布山上经常会形成一根4米高的冰柱，旁边的旁多错湖面也会结出厚厚的冰层。每当这里的百姓到山南朝拜，山南的人便会问："宁日曲布是否有冰柱，旁多错的湖面是否结冰？"如果山上形成了冰柱，湖面也结冰了，山南人便知道宁布的百姓今年会丰收，衣食也就有了保障。

为什么会这样呢？村里的老人普觉说，在宁日曲布山的后面还有一个窝状的山凹，如同一个粮食囤被人掏空。这冰块就像一位慈爱的母亲为儿女们生计担忧的泪水，她日夜向上苍祈祷儿女生活富足。如果没有她的祈祷，当地的百姓就要遭殃了。

"林周县实际上是一个缺水的地方，老百姓种庄稼、栽树基本都是靠天吃饭。"林周县水利局水利队队长格桑次仁指着不远处的农田说，那里是一片低产田，过去每年的青稞产量都很低，当地百姓有时候会不够吃。如今，这里的百姓再也不会为是否吃得饱担忧了，因为旁多水利枢纽工程给这里带来了天翻地覆的变化。

旁多水利枢纽工程是西藏自治区"十一五"重点水利建设项目，也是拉萨河流域的骨干性控制工程；是拉萨河干流水电梯级开发的龙头水库，也是

全区迄今为止规模最大、投资最多的水利枢纽工程。

水库总库容为12.3亿立方米，电站装机容量16万千瓦，年平均发电量5.99亿千瓦时，设计灌溉面积65.28万亩。该工程的建设，结束了拉萨河流域没有骨干控制性工程的历史，对于改善下游农业灌溉条件，缓解西藏中部地区电网供需矛盾，保障流域防洪、供水和生态安全，促进当地经济社会发展具有十分重要的作用。

2009年7月15日，旁多水利枢纽工程在宁布村开工。2013年12月10日，旁多水利枢纽工程首台机组正式向西藏中部地区电网并网送电，每日向拉萨输送50万度电，从而缓解了拉萨市的冬季电荒。2014年7月30日，工程最后一台发电机组经72小时试运行后，正式并网发电。截至2015年9月，电站累计上网电量达5.54亿千瓦时，改善了西藏中部地区电网电源结构，缓解了电力供需矛盾，发挥了显著的经济效益和社会效益。

参与施工建设的武警水电部队二总队旁多机电安装组项目部总工程师王志强说，旁多水利枢纽工程，地质条件极其复杂，是国内水利专家公认的极具挑战性的一项水利工程。目前，旁多水利枢纽工程已经创造了防渗墙领域内世界最深、高海拔地区库容最大、高海拔地区单机容量最大、高海拔地区输水隧洞最长等多项之最。

旁多水利枢纽工程不仅有发电、灌溉、防洪的功能，还将起到保护生态以及带动当地旅游的作用。项目建成投入使用后，这里将形成一个巨大的水库。试想，万里碧波在阳光的照耀下，蓝天白云倒映其中，将会呈现出怎样的迷人风景？

届时，从拉萨出发到墨竹工卡县，到松赞干布故里甲玛沟，到直贡梯寺，再到德仲温泉，经过旁多水利枢纽工程，再到当雄县，然后从当雄县回到拉萨，一路走来一路有景，风景处处皆宜人。

作为"近水楼台"的宁布村，更是看到了未来的发展前景和机遇。2013年，旁多乡乡长赵广超说："这里是林周北部三乡的中心，也是环拉萨游的必经之地，到时候旁多水库势必会成为一大亮点。目前，我们正在完善旅游的基础设施并对旅游项目、资源进行规划，将村庄的集镇建设当作中心工作来抓，突出美化、亮化、绿化和服务职能，现在中国石化、中国移动、银行等已经纷纷入驻。"

据旁多水利枢纽工程管理局的保安旺久说，他自己原来在拉萨的一个派出所担任了4年协警，后来家里人都说村里发展很好，很多在外面打工的村民都回来了。他也辞了工作回到村中做保安。现在家里既种地，也养着牛羊。同时，爸爸和妹妹还开着服装店和茶馆，弟弟开车在工地跑运输，全家每年都有非常可观的收入。

在村里，类似旺久的人还有很多。旁多水利枢纽工程的实施，为当地解决劳动力就业开拓了新的天地，很多青壮年都在工地上做着适合自己的工作。因外来人员的增多，很多家庭也纷纷经营起商店、餐馆、茶馆等副业。

高峡平湖，千秋丰碑。半个多世纪以来，国家投巨资在雪域高原上建设的一个个重点工程项目，让千千万万的农牧民群众从中受益，生活发生了翻天覆地的变化。旁多水利枢纽工程关系着西藏自治区各族人民生活改善、经济社会发展和社会稳定，是重大的民生工程。

第二十章

战略性新兴产业：
以科技创新为核心，拓展新兴产业发展空间

社会的发展往往是以科技创新为动力的，蒸汽机的发明推动了第一次工业革命，人类社会进入蒸汽时代；发电机和其他电力技术发明促进了第二次工业革命的到来，人类社会进入电气时代；以互联网为代表的信息技术迅速发展极大地改变了人们的交往方式，人类进入信息时代。拉萨市委、市政府主导产业升级，从劳动密集型转向技术密集型，其核心动力就是科技的不断创新。

推进新型工业化：以高新技术为先导，
向技术密集型产业伸出橄榄枝

"公司自2005年8月份成立以来，始终立足本地，不断加强技术创新，大力开发适应高原环境的太阳能电池、太阳能电池组件、太阳能供电系统、太阳能灶、太阳能热水系统、太阳能光伏电源等应用产品。"西藏天威英利新能源有限公司副总经理牛冬说道。

近年来，西藏天威英利新能源有限公司着力于研究、开发、示范、推广太阳能光电及光热产品，已建成多个生产线，填补了拉萨没有太阳能光伏产品生产能力的空白。

牛冬说，西藏天威英利新能源有限公司已投资500万元自主设计建成的

集光电、光热、光暖、风电技术为一体的示范型多功能展厅，已成为拉萨市新能源生产示范培训基地，每年可为全区培训相关人员300人。培训内容主要是新能源产品的维修和维护等。

在拉萨，交通信号灯、路灯、草坪灯、壁灯、庭院灯以及各种通讯电源、与建筑相结合的全玻璃光伏组件、并网发电等将逐步实现太阳能供电，清洁环保的新能源正推向全市各个角落，太阳这一新能源正在西藏各有关领域发挥着重要作用。天威英利也因此成为拉萨市推进新型工业化，从劳动密集型向技术密集型转型的标杆企业。

技术密集型产业又称知识密集型产业，指的是利用复杂先进而又尖端的科学技术进行工作的生产部门和服务部门。它的技术密集程度往往同各行业、部门或企业的机械化、自动化程度成正比，而同各行业、部门或企业所用手工操作人数成反比。

发展技术密集型产业，有利于发挥科技人才的作用，有利于应用与推广国内外最新科技成果，有利于引进国外先进技术和生产高精尖产品，有利于提高企业经济效益，促进生产力的发展。发展技术密集型产业已成为世界各国抢占新一轮经济发展制高点的重要战略。

近年来，拉萨市政府以环境保护和资源节约为前提，以高新技术为先导，以特色资源开发为重点，以做大做强骨干企业为支撑，以建设开发区和工业集中发展为载体，以改善投资环境为保证，工业经济保持了快速发展的良好态势。

拉萨市政府认为，加快推进新型工业化，是实现拉萨快速发展和长治久安的迫切需要。与东部城市相比，拉萨市经济发展相对落后，主要原因是工业发展落后阻碍了拉萨市快速发展，因而必须把新型工业化建设放在推动拉快速发展和长治久安的战略高度。

加快推进新型工业化，是拉萨市转变经济发展方式、促进产业转型升级的迫切需要。拉萨要立足环保优先、生态立市，加快建设资源节约型、环境友好型社会,努力形成高端化、集群化、集约化和生态化为特征的新型产业体系。

　　加快推进新型工业化,是化解拉萨市经济发展制约因素的迫切需要。因此,拉萨市要通过推进新型工业化,推动优势区域、优势产业、优势企业率先快速发展,进一步加大对"一区四园三基地"的扶持,统筹新型工业化协调发展。加快优势资源的合理开发利用,推进产业合理布局,努力打造高原特色生物及农畜产品深加工基地、民族手工业生产基地、新能源产业示范基地等,使拉萨成为西藏地区"两化"融合的实验区、特色优势资源的集聚区、工业经济快速发展的示范区。

　　近年来,拉萨市借助北京、江苏对口援藏平台,不断培育壮大新兴产业,加大对新能源、新材料等新型产业的投入。以天威英利公司等企业为依托,重点发展太阳能成套设备等产业,培育新的经济增长点。2012年,江苏尚德集团投资6亿元的尚德电力拉萨百兆级光伏并网发电基地项目,投产后可实现年销售收入8000万元,年上缴税金800万元左右,并将在拉萨打造以尚德电力为龙头的太阳能光伏产业集群。江苏昊泰气体设备科技有限公司投资3.8亿元的西藏昊泰设备科技有限公司制氧设备生产项目,已经建成投产。同时,全国100名知名企业家将于近期到拉萨考察和产业、项目对接。

　　由拉萨国家级经济技术开发区、达孜县工业园、堆龙德庆区工业园、曲水县工业园组成的"一区三园",无论是从园区的基础设施建设和已建成开工的企业来看,都彰显着现代化的气息。

　　到2015年年末,拉萨市力争"一区三园"实现工业增加值50亿元,工业税收突破4亿元。拉萨市工业信息局局长刘雨林说,"十二五"期间,拉萨市将继续加强工业园区建设步伐。加强园区的科学规划,合理布局,加快基础设施建设步伐,引进国内大型企业到"一区三园"投资兴业,把"一区三园"打造成为全区制造业的样板和龙头,成为全区经济发展的引擎。

发展新型建材业：融入科技和绿色理念，开创建材产业广阔前景

2015年1月至10月，拉萨市实现产值50.53亿元，同比增长31.8%，占规模以上企业总产值的74.8%。全市产值跨亿元企业增至16家，其中，高争建材产值突破10亿元，达10.16亿元，同比增长41.7%。

高争建材全称为西藏高争建材股份有限公司，位于拉萨市堆龙德庆区，始建于1960年，占地1600余亩，拥有正式员工1000余人，是西藏自治区最具实力的国有骨干建材企业之一。

拉萨市实施"产业强市"战略，着力发展"六大产业"，新型建材业便是其中之一。高争建材的快速发展，除了政府的大力扶持，也与拉萨市快速发展的市场需求分不开。

近年来，随着西藏经济社会的快速发展，人民生活水准日益提高，进而对家居环境及生活质量的要求也在不断提高，新型建材市场的建设势在必行。根据拉萨市商贸、物流等现代服务业发展规划，拉萨经济技术开发区提出在经开区B区规划一个立足拉萨、服务全区、辐射南亚市场的大型建材交易中心。

据统计，西藏自治区每年投入基本建设资金近40亿元，其中在建筑材料方面的消费就超过10亿元，巨大的建设投资加大了建筑材料市场的需求和社会消费。与此同时，"十二五"期间，我国鼓励支持建材行业的企业公司发展，并且中央"西部大开发"战略的实施和拉萨市场经济体制的逐步建立及投资环境的进一步改善，为拉萨建材工业的发展，也创造了良好的外部环境。

之前，拉萨建材市场分散，场地面积小，布局混乱，品种不全，尤其是缺乏高档品种，市民为了买建材往往要东奔西跑，甚至有市民不辞辛苦去其他相邻省份采购建材，很不方便。此外，由于建材小市场建筑简陋、配套设

施不齐全，从事包括板材、卫浴、五金、地板等建材经营行业的经营户也都渴求能够建设一个配套齐全、交通便利的综合性建材市场。

2012年8月，拉萨市委、市政府开展"全国民营企业家西藏行"活动。受邀参加拉萨经济技术开发区的招商引资项目推介会时，经商多年的陈孝才对建材交易中心这个项目产生了浓厚兴趣，经过商榷，双方一拍即合，签订项目意向协议书，并于8月份注册成立西藏建材交易有限公司，项目正式落户拉萨经济技术开发区。

拉萨市建材交易中心作为拉萨最大的综合楼建材市场，项目规划占地约341亩，总建筑面积30万平方米，总投资10亿元人民币，位于拉萨经济技术开发区B区，处于拉萨市西部建材、五金、汽配等产业的物流带，该项目的建成将成为拉萨乃至全区最大的一站式建材市场。

2014年5月，拉萨建材交易中心一期工程完工，有200多家商户签约入驻。本项目可以提升拉萨市品牌家居、建材城的服务质量，将有效推进拉萨家居、建材业激烈竞争的差异化发展，促进拉萨建材城的优化发展，并减轻品牌家居、建材城处于商业区位配置而造成的高成本运作压力，以达到拉萨家居、建材市场良性发展的目的。

在拉萨建材交易中心建设的同时，拉萨建材行业的电商化之路也在悄然进行，但这还只是一小部分商家的行为。不得不承认，电商化确实是家居建材行业发展的新渠道，特别是"互联网＋"这一概念被提出来之后，其发展的迫切性就更加明显了。不过，国内家居建材电商的短板，如送货期长、价格高、体验感差等缺点也制约着它的进一步发展。

在2010年就开始做网站的掌上明珠家居负责人闫瑞介绍，他们的网站可以直接在线交易，网站开始运营时，投入了大量的广告费用，当年的效果也还不错，每个月从网站上导入实体店的销量就有100多单，但在网上成交的订单基本上没有。大多数顾客是看了网站上的产品介绍之后，再到实体店来看一遍，然后才成交。由于这几年广告费用投入少了，网站的作用逐渐减弱，公司也不再安排专人负责运营。闫瑞介绍，受消费习惯的影响，在网上直接成交家具确实非常困难，"一个订单基本上万元，谁会不看到实实在在的产品就下单？"正是由于网站成交的重重困难，他们这才逐渐放弃了网站。

2014年7月份才开始做自己网站的拉萨圣象地板负责人钱先生介绍，他们现在做的网站主要作用是展品展示和品牌介绍，没有网上交易功能。君凯家居有限公司市场部经理吕先生表示，他们做了微信公众平台，但目的是进行宣传和活动推广，没有在线交易功能。另外，一些做微信或网站的拉萨家居建材商家，他们给出的答案也基本一致，都是为了产品展示和品牌介绍。

正在做自己官方微信的嘉俊建材有限公司负责人彭勇军表示，他们即将正式上线的微信公众号开通了微商城功能，可以线上直接交易。消费者只要在微商城中看中一款产品就可以直接下单留下电话和地址，商家会安排送货上门，但只在拉萨市免邮费，其他市区县仍须支付邮费。但彭勇军同时表示，他对线上交易不抱太大希望，这样做只是方便老顾客，做微信的主要目的还是产品展示、品牌介绍和对活动推广。

因此，政府还会继续加大投入力度，积极寻求适合建材行业发展的道路，将绿色和科技理念融入发展中，拓宽建材行业发展轨道。

日光城里撒"金稞"：规模化发展生物产业，促进科技成果产业化转化

古人云，"书中自有黄金屋"，而如今却是"科技铸就黄金屋"。在这个世界上，比黄金贵的物质有很多，羧肽酶B就是其中之一，每毫克的售价可达120元。在医学上羧肽酶B可用于肿瘤抗体导向酶前体药物治疗，还可作为诊断急性胰腺炎轻重程度的血清标记，在基因工程领域用于蛋白质和肽类的测序，但其最为人熟知的用途是成为胰岛素生产过程中的一种催化剂。

作为天然胰岛素的提取和重组人胰岛素制备中不可缺少的双酶之一，羧肽酶B的工业开发成本较高是造成胰岛素价格偏高的主要因素之一。这种物质目前国内基本上都是从猪胰腺上提取，但这种方法比较原始，国内最大的胰岛素生产厂商就采用这种方式，但其只用于生产，不对外销售，因此市场上没有国产羧肽酶B。能够买到的都是美国西格玛公司的产品，其来源一是传统方式提取，另一种就是生物发酵得来。因此，开发羧肽酶B的生产新技术，可以改变我国羧肽酶B产品完全依赖进口、临床使用胰岛素价位过高的问题。而这一科技难题已经被西藏金稞集团有限责任公司（以下简称金稞集团）攻克。

西藏拉萨属于高原季风半干旱气候，年平均气温7.4℃，由于海拔在3000米以上，年平均含氧量只有平原地区的60%～80%，大气压为平原地区的60%～75%。金稞集团的发酵生产线便位于拉萨市曲水县雅江产业园。由于地处青藏高原，他们感受到了在此环境下生物制造的优势。

"低压、低氧的自然环境下，不利于微生物的生长，空气中所含有的其他微生物较少。在发酵过程中，只要控制好灭菌环节，不易因其他途径的污染而出现染菌的现象，在一定程度上降低了发酵成本。"金稞集团副总工程师、高原生物制造工程技术创新团队技术骨干张春颖说。

西藏的水质在国内处于前列，这也更适合发酵过程中微生物的生长。他们在厂区打了水井，简单处理后就可饮用，张春颖说："井水里，硅酸盐和硒的含量高，而且喝起来都透着甜味。"

另外，在高寒环境下，后处理过程中的环境温度较低，有利于生物活性物质的分离纯化过程中活性的保存，提高提取率和纯化率，在一定程度上降低了分离纯化成本。

当然，在高原进行生物制造也不全是优势，也有其相对的劣势，比如，西藏的所有设备都需要采用高原型设备，所耗的能源高于全国其他地区，在一定程度上增加了在高原地区进行产业化生产的成本和难度。

"一路走来，技术团队脱了无数层'皮'，历尽艰难。"然而，张春颖却笑了起来，"如果再次面临选择，我依然会选择到拉萨来创业。"

"自从我第一次来到'日光城'拉萨的那一刻起，我就被她的魅力所征服——气势磅礴的布达拉宫、神奇的藏医药文化……"张春颖谈起10年前初到拉萨的震撼，至今依然充满敬意。那一年，她获得博士学位，成为科研院所的一名一线工作者。这个北京女孩有着令人艳美的工作环境和收入，却在博士毕业后选择到条件艰苦的西藏参与创业。

生物产业是我国"十二五"期间重点发展的战略性新兴产业。西藏的第二产业尚欠发达，金稞集团做的恰恰是第二产业中的战略性新兴产业——生物技术成果的转化。十年磨一剑，从最初的西藏自治区第一家生物企业到如今成功入选科技部"2013年创新人才推进计划入选名单"，成为西藏自治区唯一入选"重点领域创新团队"的高原生物制造工程技术创新团队，金稞集团迈出的步伐愈发扎实。

"我们是第一家落地西藏并具有真正意义和一定规模的生物制造企业。"在张春颖带领下，技术团队追逐生物工程技术国际科技前沿，围绕高原极端环境下生物工程技术中的工程菌构建、高密度发酵、培养基优化、分离、纯化等关键技术问题，搭建了集实验室技术集成、中试工程化放大、产业化技术开发为一体的面向全产业链的技术创新平台。

2015年，该技术团队已完成羧肽酶β、腺苷蛋氨酸和谷胱甘肽等在高原条件下的工程化技术开发，可在一定程度上促进我国生物技术产品的产业化，打破工程化瓶颈和海外巨头的垄断，推动具有自主知识产权的生物工程技术的开发与产业化转化。

曲水县科技兴农：农业和生物育种产业，
推进净土健康产业快速发展

科技不仅对新兴产业的发展推波助澜，对于传统产业的提升更是功不可没。为此，拉萨市提出了"科技兴农"战略，坚持生态农业、低碳农业、循环农业发展原则，以项目建设为突破口，狠抓农业产业化经营、规模化运作，推动科学规划管理、绿色种植技术、生态科学养殖技术与市场营销网络有机结合，逐步引导传统农业向现代农业转变。其中，曲水县取得的成果尤为突出。

西藏泽西生物科技有限公司成立于2013年，地址在拉萨市曲水县聂当乡蔬菜园区，主营食用菌的种植销售和加工包装销售。公司于2014年5月已全面投入生产，生产规模为日产5000袋食用菌。

"食用菌工厂化能够实现四季不间断出菇，以现有规模每天可增产2吨。实现日销售收入2.4万元，利润1.2万元。"西藏泽西生物科技有限公司负责人介绍，食用菌的生产销售，不仅符合拉萨净土健康产业的标准，实现了新品种的技术发展和推广，更带动了老百姓增收。"我们的工人全是附近的农牧民，每人每月工资收入是3000余元。"该公司的负责人表示，到2015年年底，公司已解决100多位农牧民的就业问题。

种植基地食用菌引进、驯化、推广种植的菌类品种已知共有8个，分别为白肉灵芝、黑姬菇、榆黄菇、金针菇、褐色双孢菇、杏鲍菇、秀珍菇和猴头菇，种植大棚共50栋。该基地的白肉灵芝驯化、推广种植已经成功，2015年已与西藏某药厂签订白肉灵芝收购合同。

"不过，我们基地主要实验、驯化、种植推广的菌种还是以本地菌种为主，比如白肉灵芝、褐色双孢菇，这些菌种都是其他地区所没有的。"西藏泽西生物科技有限公司总经理郭树东说，食用菌推广种植基地内还建有生产车间、实验室、食用菌初加工工厂等。

　　白肉灵芝是种植基地经过几年的研究、驯化试验成功后，2015年才开始在拉萨推广种植的。人工驯化种植的白肉灵芝生存环境要求特别高，比如湿度、温度、阳光、氧气含量等方面控制都比较严格，一个环节出现问题，灵芝长势会立即发生变化。为了给灵芝生长提供一个适宜、稳定的生存环境，他们还在种植灵芝的大棚内种植了一排葡萄树，修建了一条水渠。这排葡萄树的作用就是为灵芝遮光，水渠的作用就是为大棚提供湿度，水渠内还养了各种鱼类。有些微生物需要氧气，那么这些植物就可以给它们供氧，所以整个大棚里的菌类、植物和鱼类等在一起形成一个互补生存的小环境。

　　除了白肉灵芝外，基地驯化推广种植的还有褐色双孢菇、猴头菇、榆黄菇等。双孢菇分为白色和褐色的两种，白色双孢菇在超市、菜市场很常见，但褐色双孢菇却很少见。他们与高原生物研究所驯化推广种植成功的野生褐色双孢菇在全区尚属首例。褐色双孢菇吃起来口感不仅嫩滑，营养价值高，而且还有一定的药用价值。榆黄菇是他们公司引进推广种植的新品种，这种蘑菇含有的黄色素非常高，而且营养价值也比较高。

　　另外，该基地还种植了平常比较常见的菌类，比如金针菇、黑姬菇等。为了推广种植食用菌，该公司还与才纳乡、山南市、曲水县的农牧民签订了合作协议，他们为农牧民提供菌棒，免费给农牧民培训种植技术，让当地老百姓能够自己种植蘑菇、自己卖、自己吃。这样，当地农牧民购买蘑菇不仅减少了中间环节，而且还可以吃到绿色无污染的蘑菇。

　　据了解，拉萨市场上卖的蘑菇大多数都是从全国其他地区空运过来的。空运过来的蘑菇大多数都添加了保鲜剂、荧光剂等添加剂，而且从市场上购买的蘑菇多数都在水中浸泡过，蘑菇含有很大的水分。另外，蘑菇空运到拉萨，经过批发商、零售商环节之后，市民购买的蘑菇价格很高。现在，曲水县当地农牧民自己种植蘑菇之后，不但可以节约成本，而且吃起来比较安全卫生。

除了蘑菇种植推广，曲水县还大力发展其他多元农业。

拉萨曲水天合瓜果基地是一家集农产品种植、成品加工和新产品实验为一体的种植基地。基地占地面积150亩，总投资750万元。该基地成立之初，经过反复实验，成功种植了150亩草莓，打破了拉萨无草莓种植成功的纪录。后来，天合瓜果基地又试种了郁金香、油桃、樱桃、香椿、葡萄等品种，并取得了成功。瓜果基地结合自身实际情况开发集旅游观光、采摘、农家乐、培训、科研为一体的特色旅游休闲农业。"基地里产的都是无公害水果，一般西瓜刚出棚几天就会全部卖完。"该瓜果基地的负责人说。

"曲水县共有十多万只藏鸡，南木村的藏鸡养殖合作社就占了20%。我们的藏鸡蛋已经向拉萨市的超市供应。"藏鸡养殖合作社的负责人说，下一步将整合林地资源，充分利用现有林地，以市场为导向，以集体养鸡场为平台，从家禽分散养殖逐步发展到规模化养殖，从喜好养殖发展到技术养殖，鼓励农户发展藏鸡养殖，在全村原有15%养殖户的基础上力争3~5年内发展50%养殖户，打造南木村藏鸡养殖专业村，让更多农户受益。

此外，曲水县还加大招商引资力度，促进净土健康产业快速发展，由北京中地种畜股份有限公司和拉萨净土产业投资开发有限公司、曲水净土产业投资开发有限公司共同出资创办生态牧场，项目投资总金额达2亿元，计划养殖5000头奶牛及2000头肉牛。

2014年，曲水县又投入38.7万余元资金，从河北省引进维戴尔、玫瑰香、黑加仑等9种葡萄新品种12.5万余株，在该县才纳乡国家现代农业示范园区进行育苗培植。园区群众在专家的指导下，有序开展育苗工作，为下一步正式种植进行前期试验摸索。

第二十一章

智慧产业：
建设智慧城市，发挥拉萨后发产业优势

随着移动通信的普及，拉萨快速实现了与世界的无缝沟通。在短短十余年时间里，拉萨相继进入2G、3G和4G时代，实现了通信发展水平与全国其他地区的完全同步。过去，拉萨的传统工业发展水平相比全国其他地区有着相当大的差距，但进入移动互联网时代之后，拉萨市充分发挥后发优势，以信息网络技术为基础，积极建设智慧城市，为拉萨产业发展提供了全新、高效的平台。

天上拉萨，智慧光谷：信息网络全覆盖，
　构筑拉萨产业升级新平台

格桑是觉木隆村人，近两年跑运输尝到了甜头，决定再买一辆大货车扩大经营。不过，他手上的积蓄还不够，想要去银行进行贷款。一打听才知道，贷款还得提供个人信用报告。

个人信用报告是中国人民银行征信中心出具的、全面反映信息主体借债还钱、遵守合同和遵纪守法状况的信用档案。个人信用报告客观地记录、整合信息主体的信用表现，全面、准确、及时地反映其信用状况，是信息主体的"经济身份证"。

正当格桑为此事着急时，又有人告诉他，个人信用报告并不复杂，自己

上网登录中国人民银行征信中心个人信用信息服务平台就能查询。他按照别人的指导一试，果然如此，不由得感慨网络真是太方便了。

如今，网络与西藏人民的生产生活息息相关，不可分割。截至2015年2月，西藏互联网用户总数达217万户，西藏广大农牧民搭上信息化快车道，全区逾七成百姓使用互联网。其中固定互联网宽带用户家庭普及率达32%。

西藏通信管理局局长青其表示，西藏过去一年间积极实施"宽带西藏2014"专项行动，宽带网络覆盖能力进一步加强，通光缆乡镇为668个，占全区乡镇总数的97%；加快农村通信基础设施建设，累计完成行政村通宽带3816个，村通宽带率达72%。2014年，西藏还消除了639个行政村的移动通信信号盲区。这标志着西藏所有行政村实现移动通信信号全覆盖。西藏偏僻村落、广袤牧区的农牧民群众均可通过手机与世界零距离、零时差接轨。2015年，西藏也进一步推进了乡通光缆的比率，并加大村通宽带的覆盖率。一系列措施进一步提升了互联网覆盖面，服务经济社会发展和群众生产生活。

在网络逐步覆盖整个西藏的大背景下，拉萨市政府也在着力推动信息化平台，为拉萨市产业升级提供助力。2015年7月23日，市政府和腾讯签署战略合作框架协议，双方约定将逐步推进拉萨建设"智慧城市"的进程。按照拉萨的需求，腾讯在物联网、云计算、光网络、移动互联网等技术手段方面，给予支持和积极合作。微信"城市服务"项目也在拉萨落地，主要推动政府机关、企事业单位整合接入，重点在医疗、社保、公积金、公安、交通、生活缴费、教育、民政、税务、政务服务等领域展开合作。基于云技术，双方还将共同搭建信息数据平台，围绕人、地、物、事等基本要素和吃、住、行、消、娱等基本轨迹，推进城市日常管理服务。

西藏自治区党委常委、拉萨市委书记齐扎拉表示，腾讯公司作为中国最大的互联网综合服务提供商之一，拥有完善的自主研发体系，在存储技术、数据挖掘等方面拥有相当数量的专利，可以为拉萨快速适应互联网时代发展需求提供助力。

拉萨市政府将积极支持腾讯互联网、移动支付、金融等项目在拉萨的发展，支持腾讯在拉萨建立分支机构，重点推动腾讯与拉萨传统优势产业的合作。腾讯公司副总裁谢呼表示，腾讯公司将充分发挥数据搜集分析方面的优势，让拉萨人民感受到互联网带来的便利。

腾讯公司相关工作人员介绍，从2014年年底开始，在政务微信号的基础上，微信团队推出了以城市为主体单位的微信"城市服务"入口，将过去分散在各个政务微信账号里的服务能力聚合到统一的一站式服务平台中，打造手机里一站式、全天候的民生服务大厅。市民办事只需要动动手指即可随时随地完成各类政务民生业务办理，以最简单的方式享受最"智慧"的生活。

从广州2014年12月率先实现微信"城市服务"接入至2015年7月，在这短短的8个月时间里，微信"城市服务"已经接入包括北京、上海、广州、深圳在内的27个城市，覆盖超过1.5亿用户。从已上线服务的城市来看，医院挂号、违章办理、港澳再次签注、户政业务预约、长途汽车购票，是使用频次最高、最受用户欢迎的服务。

以政务微信融入并推动国家治理水平和百姓生活质量提升，将成为"互联网＋"时代的新常态。微信团队表示，希望通过继续做好政府部门之间、政府与民生之间的连接器，通过更好地帮助政务微信号提升服务能力，帮助市民更快捷地获取优质服务，提升智慧城市产业发展水平。

由于互联网不断普及应用，西藏电子商务每年交易额以30％以上的速度递增，网络购物呈急剧增长态势。林芝墨脱县的卓玛央金现在偏爱网上购物，由于墨脱公路通车，加上互联网信号稳定，青睐网购的人群越来越多。"使用互联网让我的世界更加丰富，不光购物，找工作、寻找致富办法都更方便。"卓玛央金说。

西藏社科院经济战略研究所副研究员何纲表示："互联网在西藏普及应用，可缩短西藏与外界的物理空间距离，有助于加快西藏与祖国其他地区交流步伐，还可推动思想观念更新，有利于西藏产业的发展。"

公共交通携手智能金融：两秒钟闪付，刷新"拉萨速度"

很多人都遭遇过乘公交车、打车时没带零钱的尴尬。不过，从2015年4月份开始，拉萨市民只要随身携带金融IC卡，就可以直接刷卡坐公交、打车，再也不用为没有零钱烦恼了。

随着智慧城市的发展，智能交通已经成为不可或缺的一部分，从智能车载设备到智能APP软件，无孔不入地渗透到人们的生活当中，方便着人们的出行。由中国银联西藏分公司启动的银联金融IC卡综合服务平台暨拉萨公共交通金融IC卡应用项目，标志着金融IC卡正式进入西藏民生领域。

据中国银联西藏分公司相关负责人介绍，金融IC卡又称为芯片银行卡，是以芯片为介质的银行卡。芯片卡容量大，可以存储密钥、数字证书、指纹等信息，能同时处理多种业务，为持卡人提供一卡多用的便利，同时还具有安全保密性好和闪付快捷消费的优势。

电子现金账户是金融IC卡的小额支付账户，使用前需先实施充值和圈存操作，持卡人可到各发卡银行营业网点及ATM等自动终端上，通过现金或转账方式进行圈存，使账户中具备可消费金额，使用时即可实现快速、不输密码、不签名的快捷支付。

现在，电子现金账户余额最高不超过1000元，其闪付功能更多是为了方便市民快速小额支付。该负责人提醒，由于金融IC卡的小额支付账户具有不挂失、资金不计息等特点，因此，市民不宜一次性将过多的钱存入金融IC卡，以免卡丢失后造成不必要的损失。

拉萨公交集团党委书记、董事长曹志明在启动仪式上介绍，金融IC卡综合服务平台和拉萨公共交通金融IC卡应用项目于2014年5月份正式启动，由拉萨公交集团、中国银联西藏分公司、驻拉萨市各商业银行和通讯运营商共同承担。

现在，公共交通金融IC卡已经在拉萨市区公交出租系统全面安装，拉萨也成为全国推进金融IC卡和手机闪付系统在城市公共交通领域推广应用实现全覆盖的第一个省会城市。同时，这也意味着，除了传统的现金支付和公交IC卡刷卡方式，在拉萨乘公交还可以通过金融IC卡和手机闪付系统完成，算下来，就有四种付费方式了。

新的金融IC卡刷卡机外观看起来与之前的公交卡刷卡机大同小异，只不过上面印着"闪付"字样。只要将自己的金融IC卡在刷卡器上轻轻一碰，"嘀"的一声后，显示器显示扣费1元，整个过程两秒就完成了。

"原本担心会比刷公交卡麻烦，没想到只要将金融IC卡轻轻往刷卡机上碰一下就可以了，挺方便的。"在旁边围观的市民看到体验过程后说，"看来以后公交卡都可以省了，出门带张银行卡就够了。"这时，旁边有人说："出门乘车拿手机就行，只要去营业厅将手机卡与自己的金融IC卡绑定，一样可以乘车消费。"原来，有人正在用手机体验乘车费用的支付，与刷卡没有任何区别。

不过，安装在出租车上的刷卡机与公交车上的有点不一样，机器上有菜单、电召、电话、确定等按钮键。"选择刷卡付费时，司机只要在刷卡机上手输金额，乘客只须将卡放在机器标有'闪付'字样的区域即可。"中国银联西藏分公司相关工作人员一边向大家讲解，一边拿出金融IC卡演示给大家看。

"有了这种刷卡机，以后也不需要给乘客找钱，而且排除了收到假币和没零钱找的情况，乘客只要在下车的时候刷一下卡，钱马上就到我们的账户里，太方便了。"出租车司机说，这种支付方式还缩短了乘客与司机间车费结付的时间。

"未来，我们将推进该平台在水电煤气、医疗卫生、文化旅游、餐饮购物等民生领域的拓展和应用，为金融IC卡和移动金融产业跨地区、跨行业、跨机构实现资源共享、应用互通、合作共赢提供坚实的技术支持。"该负责人表示，接下来，该公司将促进金融IC卡和手机终端实现一卡多用、一卡通用，为老百姓在公共服务、电子商务等领域提供更加安全便捷的金融服务和公共交通服务，提升拉萨公共服务能力，节约社会资源，实现"一卡在手，支付无忧"的目标，推进智慧拉萨建设。

产业未动，物流先行：智能货运中枢，
物流"心脏"加速产业供血

每年的11月11日，是年轻人的一个另类节日。因为这一天的日期里面有连续四个"1"，这个日子便被定为"光棍节"。从2009年开始，"光棍节"具有了另外的意义，在这一天，以阿里巴巴为首的电商们会掀起一轮网购促销大战。然而，这也直接导致了物流、快递公司的"压力山大"。

"2012年'双十一'，我们的员工早上都睡不着觉，压力太大了。早上四五点钟就起来开始撕单子分拣货物，分拣完以后，各单位一上班就开始送，送到晚上十一二点才送完。"韵达货运有限公司驻西藏的负责人刘建华说道。

从七年前进驻拉萨到2013年，韵达货运每年的增长率都达到了100%，2013年甚至达到了200%。刘建华说，在2012年寄出去的货量每天只有100多公斤，现在已经达到了1吨多，进港和出港的货量比例为5：1。进港量翻了不止一番，2012年每天要送400件左右的货，2013年达到了1000多件，用一句话总结就是"每年的货量都在增加"。

在拉萨，大大小小的快递物流公司每年的业务量都在成倍地增长。

物流是随商品生产的出现而出现的，随商品生产的发展而发展，所以物

流是一种古老的传统的经济活动。在我国，现代物流业是最近才发展起来的新兴行业之一，企业要销售产品、获取收入，没有流通是不行的。物流为企业从包装、仓储、运输、配送等方面尽可能地节省各项开支，以降低企业的成本而从中赢利。消费者为了生活，也需要购买生活必要的物品，物品到消费者手中的过程，流通也是必不可少的。

物流业的发展重要性不言而喻。西藏自治区自然资源、文化资源得天独厚，长期以来，因交通不便、信息闭塞，使得各种资源难以发挥经济和社会效益，陷入"酒香也怕巷子深"的尴尬：有深厚文化底蕴的藏医药，即使疗效再显著，也无法送到自治区外患者的手中；林芝的野生菌，即便再香美，也难以走出高原进入更多国内消费者的餐桌；蕴藏的矿产再丰富，哪怕经济效益再显著，也无法发挥应有的价值。而物流业的迅速发展，则能很好地解决这一瓶颈问题。

伴随着电子商务的发展，市场对物流的需要呈现几何倍的增长。在各级党委、政府的高度重视下，不仅西藏自治区具备公路、航空、铁路三方面的运输能力，而且随着大量物流基础设施的建设和一大批区自治内外物流企业的进驻，西藏在短短几年的时间内实现了现代物流业从无到有的飞跃。特别是青藏铁路的通车及西藏立体交通的形成和发展，带动了西藏自治区以拉萨为中心的物流业快速发展。

2013年，为了推动拉萨市经济的发展，市政府批准在堆龙德庆建立一个智能化的货运物流枢纽——拉萨市交通货运枢纽。

据了解，位于拉萨火车站附近的中铁快运公司和位于堆龙德庆的拉萨西货站主要以仓储配送为主，规模偏小，竞争力偏弱，不能满足拉萨发展现代物流业的需求。因此，在拉萨建设一个规模较大、功能齐全、信息化共享的物流中心十分必要，这也是拉萨市政府批准、支持规划的项目之一。

拉萨市交通货运枢纽将建成功能齐全、主要以信息化为平台的智能化物流中心。该信息化物流平台可以显示全国所有物流信息资源，可以为拉萨乃至西藏物流行业提供一个信息共享的资源平台。

建设拉萨市交通货运枢纽，能更好地发挥青藏铁路的作用，推进物流贸易发展，引进资金、技术、人才、企业等生产要素，推动产业升级，优化资源配置，改造提升市场规模和档次，形成统一开放、竞争有序的市场体系，巩固拉萨市成为西藏自治区重要的商品流通集散地的地位。

拉萨市交通货运枢纽建设完成后，将依托青藏铁路、国道109线和拉日铁路、拉贡公路等便捷的交通条件，建成集运输、仓储、包装、配送、信息服务于一体的综合物流园区。引进大型物流企业，采用市场化经营，重点发展集装箱运输、联运代理、仓储配送等现代物流服务业，推进公共商贸物流信息平台和电子商务系统建设。

"等拉萨市交通货运枢纽建设完成后，不仅将堆龙、羊达片区的几个大的物流园区与公路、铁路、航空运输衔接起来，还可以带动柳梧新区、堆龙德庆的餐饮、娱乐、商场、超市、物流等行业的发展，从而增加当地群众的经济收入，推动当地乃至拉萨市的发展。"据项目的负责人介绍，该货运枢纽建设完成后，将与那曲、山南、日喀则物流中心形成优势互补，成为辐射西藏连接南亚大市场的综合性现代物流中心。

积极推动"互联网＋"模式，助力拉萨传统产业转型升级

2015年3月5日，李克强总理在政府工作报告中首次提出了"互联网＋"行动计划。他提出，制订"互联网＋"行动计划，推动移动互联网、云计算、大数据、物联网等与现代制造业结合，促进电子商务、工业互联网和互联网金融健康发展，引导互联网企业拓展国际市场。

当新生事物悄然步入传统生活的时候，西藏人的生活也在悄然改变着。对西藏人来说，前些年还闻所未闻的"互联网＋"，如今却已经带来了越来越多的经济效益。

拉萨市民多吉卓嘎每天早上起床的第一件事就是打开淘宝看订单。她经营着一家网店，主要销售一些自己编的佛珠手串，实惠的价格与精美的设计总会吸引很多客户。"我的生活跟网络已经分不开了，从给孩子在网上买衣服、玩具，通过团购网站订餐，现在就连水果、蛋糕这些新鲜食物都是网上下订单空运过来的，不仅价格实惠，还很便捷。"38岁的多吉卓嘎讲述自己与网络的故事。

"以前，有汉族朋友跟我提到淘宝，我根本就不知道那是什么东西，也不相信可以通过它来做买卖，2006年铁路畅通后物资运上来了，如今我们通过网络就能够了解到外面的世界，网络的确是个神奇的东西。"像多吉卓嘎一样依靠互联网生活的西藏人越来越多，人们在感受到其中便利的同时，也找到了商机。

有这样一个数据，2013年注册地址为西藏的活跃淘宝店铺数量达1216家，主要分布在拉萨和林芝地区，主要销售牦牛肉、藏香、藏红花、松茸、藏药……这些土特产在网上的畅销，标志着西藏特产经营也进入了电商时代。

前面提到的吞巴藏香，也通过互联网插上了腾飞的翅膀。"有了包装、商标以后，吞达村藏香的年产值增加了20%。"据相关负责人介绍，为了进一步推介吞巴乡旅游资源，打开吞巴藏香的销路，吞达村还建设了西藏首个村级门户网站。

不仅如此，在驻村工作队的帮助下，吞达村还在淘宝、阿里巴巴上开了3家网店销售藏香。在淘宝网上的官方网店名称为"藏域密阁"，在阿里巴巴上建立了官方批发网店，店名为"藏文鼻祖之乡产品店"。此外，他们还在北京找了一个刚毕业的大学生做代理商销售藏香。据了解，吞达村的藏香目前在网上销量很好，有时候一天销售额就可以达到5000元。

在"全民创业，万众创新"的时代，拉萨没有落下步伐，虽然起步较晚，但商机无限。商人小马最近在忙碌着将自己的店"扩充"，他在八廓街开了一家土特产销售门店，为了满足更多游客的需求，他准备开一家"微店"。从微店注册、拍照片、做宣传，细心的小马一个也不落下。"今年通过微信销售，我已经卖了20万元左右的冬虫夏草和各类藏药，看到越来越多的人习惯这种购物方式，我就专门找了技术来做这个项目，我们做生意的也要跟着时代的脚步向前走。"26岁的小马对微店经营充满了信心。

29岁的藏族小伙占堆于2013年选择辞职下海，开启了自己的创业生涯，创办了西藏卓越信息有限公司。

如今很多拉萨人喜欢登录爱购网站选购一些化妆品，这个网站就是亚啦一手创建起来的本土电子商务平台，通过网络营销，他找到了西藏发展的新模式。"目前我们公司团队还在专门做一些微商开发、网站建设，还利用爱购网做一些爱心义卖活动，做一些我们青年人应尽的社会义务。"

2015年8月14日，京东与拉萨市政府签订战略合作协议，成为国内首家进藏的电商企业。拉萨净土健康产品也正式开启线上销售，成为京东西藏馆中最具吸引力的商品门类。截至2015年年底，该门类已经上线销售西藏特色商品432种，青稞酒、牦牛肉干、藏红花、冬虫夏草等特色商品均有涉及。在已上线销售的商品中，拉萨净土健康产品占据很大的比重。拉萨秼源农产品开发有限责任公司、西藏圣央水资源开发有限公司等隶属于拉萨市净土健康产业的企业生产的牦牛肉干、青稞米、酥油茶、藏奶果等产品均有销售，且这些产品均已通过拉萨市总商会的质量认证，能让广大消费者买得更放心。

与京东的合作，对于拉萨来说还仅仅是一个起步，伴随着"互联网＋"模式的推广，拉萨传统产业的转型升级将更加快速。

尾　篇

∧

生态文明视角下的产业发展：
经济、社会与自然的
复合生态系统

高原上的一切众生，都须仰赖着与自然生态和谐相处的无上法则。拉萨河，这条雪域圣地的母亲河，从念青唐古拉山5300米的平静湿地惊险跳跃，直下到3500米的拉萨谷地，随之水面渐宽，而湍急未削。倾泻而下的河水自达孜县向北流动，静静地沿拉萨蜿蜒而过，向南流经堆龙德庆，之后出曲水县，最终汇入雅鲁藏布江。

在世界最大的城市湿地——拉鲁国家湿地自然保护区，鹰飞草长，树木繁茂，雪山与蓝天交相辉映，是常年不变的景色。这片占有拉萨十分之一土地的高原草甸沼泽，每年可吸收7.88万吨二氧化碳，产生5.37万吨氧气，被称为古城拉萨的"天然氧吧"。

得益于拉萨天然的良好自然生态系统，无论是在清晨还是傍晚，不管在哪一个角落，淳朴虔诚的拉萨居民都能感触高原特有的清冽空气，以及其带来的惬意、顺畅和神圣。

若从高原之巅俯瞰，在拉萨这片狭长的谷地里，现代工业文明的成果如满天星斗，星罗棋布：以"一区四园"为核心，拉萨凭借基础设施、政策和区位优势，正通过现代化的生产、制造、运输和组织体系，沿着通途大道，背靠雪山、河流，集聚传统和现代生态产业，迅速发展、辐射四方。

可以说，在拉萨这座高原历史名城里，现代产业文明发展的触角，已延伸至大街小巷，城市乡村。随着各种文明、信息、科技的交汇融合，拉萨不仅仅是被动地吸纳和接收着，而是日渐主动，靠着复合系统的自循环体系，形成了独特的生态机制。

在拉萨，那些备用的氧气呼吸器来自达孜工业园的昊泰公司；浓郁藏饰风情的庭院建筑，一砖一瓦取之于工业园的环保建材企业；拉萨经济开发区、达孜工业园、堆龙德庆工业园、曲水工业园内的传统产品工厂化、标准化生产，覆盖牦牛肉干、蔬菜、青稞酒、藏药藏饮、氆氇、藏毯、佛像、唐卡、藏香等数百个品类。

生态文明的高度，取决于自循环主体的成熟复杂程度。毫无疑问，拉萨这座净城，也是空前的人类经济、社会发展与自然生态复合系统。譬如，在达孜县城西1千米处，紧临318国道、背靠拉萨河上游的达孜工业园，正带着朝气蓬勃的气势，冉冉升起。

自2005年以来，达孜工业园一直受到中央和自治区领导高度的重视。"做强工业、做优农牧业、做特旅游业、做美城乡"，加强对工业园的统筹布局、培育特色产业、提升设施水平，在这一战略的贯彻实施下，达孜工业取得了迅猛发展。

园区之内，170家企业如今已涌现出优格仓、卓玛、藏艺文博园、天圣、华草堂、藏品、藏缘民族以及春光食品等传统民族优势产业品牌；以天威英利、力泰聚公司等为主体的新能源和环保产业；以路安公司为主体的建材物流业，园区内的企业已形成产业优势。2015年，达孜工业园区实现工业总产值11.5亿元、税收达到10.21亿元。截至2016年10月，园区共入驻企业866家，其中实体型企业58家，投资企业30家；规模以上企业10家，龙头企业8家；过亿的项目13个。园区解决就业已达4225人次。

在拉萨，要推动经济的发展，就要守住两个底线，即国家安全屏障的底线与生态安全的底线。因而，拉萨的产业发展，要始终遵循"生态先行"和"前瞻规划"。在达孜工业园，项目是园区的生命，招商自然是重中之重，但"环保优先，生态为重"的理念更为重要。可以说，达孜工业园的商业项目工作中，选资更重于引资。

在生态异常脆弱、复杂的青藏高原，一旦没有了青山，也就没有了金山银山。因此，工业发展的同时，生态环保的重要性也受到极高重视，只有做到有所为，有所不为，时刻严守环保生态的底线，才能获得长期的可持续发展。

在该产业发展理念之下，达孜工业园是西藏全区唯一做过规划环境影响报告书的工业园区，园区的定位就是打造"生态工业园"，绝不让污水流入拉萨河。达孜工业园有严格的企业准入条件，鼓励能耗低、污染小的企业入园，限制或禁止引进高污染、高能耗、高排污的企业。在主要污染物总量控制的前提下，入园企业还必须满足清洁生产和达标排放的要求，并尽量实现循环经济的发展模式。

其实，早在拉萨市和镇江政府的达孜工业园立项规划合作阶段，人们就将江南发达地区产业的先进经验和生态环保理念，比如功能区分立、管网分流、绿化优先，融入到两个园区设计规划之中。漫步于一排排整洁干净的厂院、整齐的林荫道，与置身于沿海世界第一流的生态花园工业园区无异。

抓生态底线，既要坚定提出，又要敢于落实。在国家支持的传统优势产业领域，入园企业的减排从不允许打折扣。西藏藏缘青稞酒业有限公司自建污水处理站；西藏第三极羊绒制品有限公司则在建设了7级隔油沉淀池后达标排放，每月仅清理花费就是数千元。

目前，根据自治区环境监测中心站对园区监测显示，整个园区排放的废水量较少，废水排放对拉萨河的影响也很小。为了达到在园区下游6千米范围内，拉萨河的水质仍能保持其Ⅲ类水域功能（指适用于集中式生活饮用水等）的要求，拉萨市政府正规划建设一个新污水处理厂，计划占地50亩，采用目前国家先进污水处理技术，日污水处理总量达12000吨。

同时，为了保证拉萨河的清澈、宁静与洁净，工业园区还在下游村庄打井饮水，下游灌溉取自墨达灌渠。而拉萨市主要企业则使用药王山等水源地自来水或自打井供水，不直接取用拉萨河水，从而以最小限度影响拉萨河区域的生态环境。很难想象，在拉萨产业发展过程中，这一近乎苛刻的环境规划和产业经济政策竟被一丝不苟地执行并落实了。

在过去，拉萨河既是居民生活、耕种的水源，又是生活垃圾和污水的自然排泄口，面积广阔的拉鲁湿地一度因此缩小至不足15平方千米。而在新时期，拉萨河长久以来积累的生态恶化趋势实现了永久性逆转。

拉萨河激荡的流水，无时无刻不在提醒生活于雪域高原的人民，良好的生态环境与经济社会的发展，一荣俱荣，一损俱损。现代文明有责任，更有技术和生态意志，在21世纪实现"美丽拉萨""幸福拉萨""产业拉萨"三大目标的兼容并立。

只要拉萨紧守生态文明的生命线，在不久的将来，现代化的新拉萨将以更加圣洁和强盛的姿态，屹立在青藏高原之上；拉萨人民唱出的幸福之歌，也将在神山圣水之间悠远回荡。

主要参考文献

［1］胡舒立.中国2015：看清新常态［M］.北京：民主与建设出版社，2015.

［2］胡舒立.新常态改变中国：首席经济学家谈大趋势［M］.北京：民主与建设出版社，2014.

［3］国家发展和改革委员会产业经济与技术经济研究所.中国产业发展报告（2013—2014）：我国工业发展的阶段性变化研究［M］.北京：经济管理出版社，2014.

［4］上海财经大学，中国产业发展研究院.2014中国产业发展报告：新改革与大转型［M］.上海：上海财经大学出版社，2014.

［5］图解政府工作报告（2015）［M］.北京：人民出版社，2015.

［6］杨锐锐.跨越式发展背景下西藏战略性支撑产业发展研究［M］.北京：中国社会科学出版社，2013.

［7］罗莉.西藏文化产业发展探析［M］.北京：社会科学文献出版社，2015.

［8］《西藏百科全书》总编辑委员会.西藏百科全书：拉萨卷［M］.拉萨：西藏人民出版社，北京：北京联合出版公司，2013.

［9］艾俊涛.西藏经济社会发展问题研究［M］.北京：中国财政经济出版社，2010.

［10］张帆.产业漂移：世界制造业和中心市场的地理大迁移［M］.北京：北京大学出版社，2014.

［11］王立.拉萨市"四业工程"助民就业增收［N］.西藏日报，2013-06-05（11）.

［12］王珊.拉萨市"四业工程"成绩喜人：1-9月新增就业10692人［N］.

西藏日报，2015-12-08（2）．

　　［13］吉福增.有轨电车未来将成为公交骨干［N］.西藏商报，2015-04-22（4）．

　　［14］肖涛.城市发展的重大里程碑：热烈庆祝《拉萨市城市总体规划（2009—2020）》获国务院批准实施［N］.西藏日报，2009-04-16（7）．

　　［15］黄伟虎.发展文化产业，构建三大区域格局［N］.西藏商报，2013-09-18（2）．

　　［16］黄伟虎.文化产业项目将享受优惠政策［N］.西藏商报，2013-09-18（3）．

　　［17］马丽丽，卢明文.拉萨将建顿珠金融产业园：首个以金融商贸为主题功能的园区，提供2.1万个就业岗位［N］.西藏商报，2014-11-04（3）．

　　［18］冯骥.羊八井20兆瓦光伏电站竣工投产：吴英杰杨海滨等出席投产仪式［N］.西藏日报，2012-05-11（1）．

　　［19］罗强.地热水先发电再养鱼剩水还可冷却发电机［N］.重庆日报，2010-08-11（32）．

　　［20］魏山，杨正林，刘文军."西藏三峡"在这里崛起［N］.西藏日报，2013-08-30（5）．

　　［21］田志林.好日子越过越"神气"：拉萨市农村沼气发展富民小记［N］.西藏日报，2011-02-14（6）．

　　［22］佚名.沼气入户：燃出万家新生活［N］.西藏日报，2014-12-17（6）．

　　［23］杨正林.拉萨市农村沼气建设好处多［N］.西藏日报，2008-02-21（6）．

　　［24］王立.拉萨市2万余家农户用上沼气［N］.西藏日报，2013-09-04（11）．

　　［25］吴凡."十三五"成新兴产业成败关键期［N］.深圳特区报，2014-11-18（9）．

　　［26］裴聪.工业强市奏华章［N］.西藏日报，2011-02-15（6）．

　　［27］柴罡.拉萨家居建材行业电商化进行时［N］.西藏商报，2015-09-02（21）．

［28］田沙沙.曲水县要打造一个葡萄谷［N］.西藏商报，2014-04-14（7）.

［29］王立.引进葡萄新品种12.5万余株［N］.西藏日报，2014-01-08（11）.

［30］张雪芳.种葡萄养鱼儿，都是为了它［N］.西藏商报，2015-06-16（7）.

［31］曹磊，王茂松.本地量产蘑菇，四季都吃得到［N］.西藏商报，2014-09-26（13）.

［32］刘倩茹.拉萨市消费维权网络覆盖全市城乡［N］.西藏日报，2014-03-15（2）.

［33］刘庆顺.金融IC卡将进入更多民生领域［N］.西藏商报，2015-04-01（2）.

［34］刘庆顺，李海霞，卢明文.刷卡付车费，两秒钟就能搞定［N］.西藏商报，2015-04-01（2）.

［35］张雪芳.拉萨市将建智能化货运枢纽［N］.西藏商报，2013-05-07（3）.

［36］江飞波，赵丽莎.不跑腿，动动手指就能办事［N］.西藏商报，2015-07-24（3）.

［37］徐智慧.有了三家网店，吞巴藏香卖得很好：总投资7000多万元，《吞达村新农村建设规划》即将开始实施，计划3年完成［N］.西藏商报，2012-06-01（4）.

［38］叶飞，刘欢.西藏："双11"让企业和快递员"压力山大"［DB/OL］.中国经济网，（2013-11-01）［2015-09-06］.http://district.ce.cn/newarea/roll/201311/01/t20131101_1698423.shtml.

［39］张丽娜.西藏50年："互联网＋"改变传统生活［DB/OL］.中国西藏网，（2015-08-18）［2015-11-30］.http://www.tibet.cn/news/index/xzyw/201508/t20150817_3850855.htm.

［40］佚名.腾讯与拉萨市政府签订"互联网＋"战略协议［DB/OL］.腾讯科技，（2015-07-23）［2016-01-02］.http://tech.qq.com/a/20150723/052928.htm.

［41］佚名.西藏自治区最大规模一站式建材市场开建［DB/OL］.中国建

材市场网，（2013-05-16）[2015-11-17].http://www.zhaoshangbao.com/News/20130516/Detail308298.htm.

[42]阙影.羊八井地热或为拉萨供暖，新能源保护西藏蓝天碧水[DB/OL].西部网，（2010-08-11）[2015-11-17].http://news.cnwest.com/content/2010-08/11/content_3359560.htm.

[43]刘敏，荣守俊.西藏羊八井地热电站累计发电超过24亿千瓦时[DB/OL].新华网，（2010-04-06）[2015-11-17].http://tibet.news.cn/gdbb/2010-04/06/content_19434815.htm.

[44]佚名.旁多水利灌溉输水洞将解决林周植被缺水问题[DB/OL].中国西藏新闻网，（2013-10-15）[2015-11-17].http://www.xzxw.com/xw/xzyw/201501/t20150121_70824.html.